本著作为国家社会科学基金西部项目"敦煌医学文化及其现代价值"
（项目号：18XMZ031）研究成果。

# 敦煌医学

## 文化及其现代价值

主　编　梁永林

副主编　安耀荣　史光伟

人民卫生出版社

·北京·

**图书在版编目（CIP）数据**

敦煌医学文化及其现代价值 / 梁永林主编 . -- 北京：人民卫生出版社，2025. 6. -- ISBN 978-7-117-37499-6

Ⅰ. K870. 64

中国国家版本馆CIP数据核字第2025G949W6号

| | | |
|---|---|---|
| 人卫智网 | www.ipmph.com | 医学教育、学术、考试、健康，购书智慧智能综合服务平台 |
| 人卫官网 | www.pmph.com | 人卫官方资讯发布平台 |

**敦煌医学文化及其现代价值**
Dunhuang Yixue Wenhua ji Qi Xiandai Jiazhi

主　　编：梁永林
出版发行：人民卫生出版社（中继线 010-59780011）
地　　址：北京市朝阳区潘家园南里 19 号
邮　　编：100021
E - mail：pmph @ pmph.com
购书热线：010-59787592　010-59787584　010-65264830
印　　刷：三河市宏达印刷有限公司
经　　销：新华书店
开　　本：710×1000　1/16　印张：14
字　　数：214 千字
版　　次：2025 年 6 月第 1 版
印　　次：2025 年 8 月第 1 次印刷
标准书号：ISBN 978-7-117-37499-6
定　　价：98.00 元
打击盗版举报电话：010-59787491　E-mail：WQ @ pmph.com
质量问题联系电话：010-59787234　E-mail：zhiliang @ pmph.com
数字融合服务电话：4001118166　E-mail：zengzhi @ pmph.com

**编　者**（以姓氏笔画为序）

孔令娟（甘肃中医药大学）

王亚娟（甘肃中医药大学）

王凯莉（酒泉市中医医院）

白　敏（甘肃中医药大学）

史光伟（酒泉市中医医院）

任红艳（甘肃中医药大学）

刘梦雅（甘肃中医药大学）

安　冬（甘肃中医药大学）

安耀荣（甘肃中医药大学）

何归顺（甘肃中医药大学附属医院）

张　磊（甘肃中医药大学）

李　钦（湖南医药学院）

李　璐（甘肃卫生职业学院）

李晓玲（甘肃中医药大学）

李智慧（甘肃中医药大学）

杨秀娟（甘肃中医药大学）

杨晓轶（甘肃中医药大学）

柳　春（甘肃中医药大学）

柳　荣（江西中医药大学）

赵怡坤（江西中医药大学）

郭宏明（南阳医学高等专科学校）

高艳奎（甘肃中医药大学）

梁永林（甘肃中医药大学）

梁建庆（甘肃中医药大学）

舒　乐（甘肃中医药大学）

翟艳会（甘肃中医药大学）

蔺兴遥（甘肃中医药大学）

# 序 一

"中医药学是中国古代科学的瑰宝，也是打开中华文明宝库的钥匙"。习近平总书记对中医药在文化复兴方面的特殊地位和突出价值给予了高度评价，总书记多次指示"促进中医药传承创新发展"。2023年5月，习近平总书记在中国-中亚峰会上就提出"中方邀请中亚国家参与'文化丝路'计划，将在中亚设立更多传统医学中心"。更早在2022年1月同马耳他总统维拉通电时也提出"深化务实合作，推进共建'一带一路'……密切文化交流和中医药合作"。

本人一直以来致力于对传统中医药的传承、创新方面的研究，尤其关注中医经典古籍的现代临床应用价值，并以《医宗真髓》《新脾胃论》等著作及时予以总结。学校现建有教育部敦煌医学与转化重点实验室，敦煌医学是中医药学不可分割的部分，能够体现与印度、西域、中亚等多种文化碰触的痕迹，形成了一批开展敦煌医学研究的团队。

梁永林教授团队的国家社科研究项目"敦煌医学文化及其现代价值"的命题紧扣时代要求，立足中医药传承创新发展，抢抓"一带一路"倡议机遇，紧贴"命运共同体"新时代内涵。该书从思维智慧和组方配伍角度，把"三阴三阳开阖枢"气化理论引入典藏卷之一的《辅行诀》组方配伍原理及其病机、药理进行研究，重建尤以"外感天行病"致病传变规律的"三阴三阳开阖枢"气化理论为代表的敦煌医药文化体系，以辅助于《伤寒论》等医籍中相关方剂的学习和应用；同时，深入挖掘探讨了敦煌医学文化中富含的民族医药学内容，把"位、交、中、和"思维引入到对敦煌医学发生发展变化的解读中，整理了其完整的传承方式、复杂的交融动态以及系统的典藏途径，尤其在关于敦煌医学与印度医学关系的研究中完整展现了医学"文化交变"的过程。

该书从天文学、物候学、地理学、气象学、文字学、图像学等多角度切入，以西域文化、敦煌文化、丝路文化为背景，以敦煌医药学、西域医药学、中医药学理论为核心，以历史文化、医药传承、哲学因素、医学原理、科技手段等为分支，以"三阴三阳开阖枢"气化理论为经典研究对象，以"位、交、中、和"四位一体的哲学框架作为核心的章节线索（其中"位"是前提条件，"交"是关键环节，"中"是重点要求，"和"是终极结果，以"位、交、中、和"四位一体的哲学框架将敦煌医学"定位、定性、定向、定成"），以敦煌医药学中散在的诊疗科技手段和养生保健方法为重点凝练对象，采用原卷、轴书、手抄本等文献与思维内涵、考古资料相结合，全面系统地研究敦煌医学文化的内涵与外延，力求从更深层次的意义上分析挖掘敦煌医学文化的现代应用价值，并将其应用于生命科学、社会生活等多个领域。

据我了解，该书形成过程漫长，研究历程艰辛，却也正是"一分耕耘一分收获"，最终能够以这样丰富的内容呈现于我们视野。我觉得我的同行们、我的学生们也会喜欢这样的作品，若能如期出版发行，定能创造较为可观的社会效益和学术价值。

乐意为之作序。

全国名老中医药专家学术经验继承工作指导老师
甘肃中医药大学教授

2024 年 9 月

# 序 二

敦煌医学相关的内容，一直都是我很关心的话题。

敦煌医学文献主要来源于敦煌莫高窟藏经洞的敦煌遗书。敦煌医学文献研究可以追溯到 19 世纪末 20 世纪初，经过众多学者的不懈努力，使得敦煌遗书中的医药学内容作为敦煌学的一支新学科，备受重视，并成为"敦煌学"研究的重要领域之一。对敦煌文化的研究，其显著成果多集中在 20 世纪末，但都以敦煌壁画及绘画艺术的鉴赏和评述为主，其次则多是历史汇考和敦煌文学作品研究，再者便是敦煌宗教文化一类的研究，但相对于基于尚存藏卷原件的古医书考释类研究而言，其研究并没有引起医学学术界的普遍关注。

习近平总书记在党的十九大报告中强调"中国有自己的科学传统，中医药就是中国传统科学最具代表性的门类之一"。那么研究敦煌医学文化的现代应用就是对敦煌医学文化科学性的最佳证实，这些便是抢抓国家"以高度文化自信推动中医药振兴发展"重大战略机遇，积极响应"中华民族伟大复兴"政策的积极体现。梁永林教授团队的国家社科研究项目紧跟时代步伐，抢抓战略机遇，致力于对敦煌医学文化的现代应用的综合性研究，探究其历史文化、医药传承和哲学因素等的现代应用价值。显然"敦煌医学文化的现代应用价值"这一综合性研究，也是顺应国家"一带一路"倡议，积极响应"一带一路"政策的积极体现。

该书所论及的敦煌医学文化富含民族医药学内容，对拓展和丰富现今中医临床和中医药学有着重要的意义；而其完整的传承方式和系统的典藏途径则又是现代中医复兴之路的参照，更是中医药学传承与民族医药学传承的成功模板；在题材上它又是图文并茂，也可以作为现代中医药学基础理论教学和实训的借鉴。

另外，正如该书项目组所谓：敦煌医学文化中还具有许多尚未开发的医疗工具和理疗方法，以及养生保健方式，这些都是其现代应用的研究范畴，可以丰富祖国医学的经典内容；敦煌医学文化中高度凝聚、系统深奥、丰富庞杂的医学文化体系和哲学思想体系又可以补充现代中国式文化的内容。

当然，通读专著定稿，不难发现该书语言文风灵活朴素，既有能够对有学术价值的内容深耕细作、深剖细究，又有能够对有文化价值的内容通俗表达、深入浅出，其所面对的不只是中医药专业人员，对中医药初学者、中医药爱好者同样有益。而且，该书全篇原创内容居多，原创思维居多，原创模型居多，对解读敦煌医学文化、中医药文化有着独特的科学观和方法论，值得广大读者细品。该书内容涉及广泛，在研究敦煌医学文化现代价值的同时，图文并茂地串解了与之关联的传说、历史、地理、人文的内容，所涉知识面广泛，不仅值得阅读研究，亦值得收藏品鉴。

该书的出版发行，会引起中医药学术界、中医药学生群体、中医药爱好人群的广泛喜好，能够创造较为可期的社会效益，对助力复兴中医药文化有积极意义。

国家中医药管理局"十二五"敦煌医学学科带头人

敦煌医学研究所副所长

甘肃中医药大学教授

2024 年 9 月

# 前　言

　　敦煌医学文化是世界各生命学科体系中少见的以我国地名（敦煌）命名的"医药学显学与新秀"，在中国乃至世界都有其不可或缺的学术价值与学科地位。作为敦煌学研究重要内容之一的敦煌医学文化，在不断地向世界展示着其特有的学术地位与魅力，其核心内容蕴藏着中医药学的理论、方药、治疗、针灸、养生等，引起了中医药学界学者的广泛兴趣，不断有标志性的成果问世。

　　对敦煌文化的研究，其显著成果多集中在 20 世纪末，但都以敦煌壁画及绘画艺术的鉴赏和评述为主（段文杰，1988；潘絜兹，1957），其次则多是历史汇考 [ 榎（jiǎ）一雄，1980；齐陈骏，1980、1981；施萍亭，1981] 和敦煌文学作品研究（周绍良，1987），再者便是敦煌宗教文化一类的研究（姜伯勤，1987），但相对于基于尚存藏卷原件的古医书考释类研究（马继兴、丛春雨等）而言，其研究并没有引起医学学术界的普遍关注。而对于敦煌医学文化的综合研究，至今业界未闻其名，更无关乎现代应用的研究。笔者在长期学术研究中，日渐发现该类研究的重要性与可实现性，也尝试着将其作为眼下研究学习的重点任务，并不断探索完善。

　　先期，笔者就尝试从思维智慧和组方配伍的角度，把"三阴三阳开阖枢"气化理论引入对敦煌典型藏卷之一的《辅行诀》组方配伍原理及其病机、药理中进行研究，初步构建了"开阖枢"思维视域下对"外感天行病"之大小阴阳六神二旦汤和大小五脏补泻汤研究的知识体系，以有助于《伤寒论》相关方剂的学习和应用；随后又花费更大的精力组建学术课题组，依托"国家社会科学基金西部项目"，展开"敦煌医学文化的现代应用"这一综合性研究，最终形成以《敦煌医学文化及其现代价值》专著为主要形式的学术研究成果，以期唤起业界对该类研究的共鸣。

笔者在先期的研究中就发现，敦煌医学文化的特点为西域文化圈各地方医药学融合并富含丝绸之路地方特色，而在其中隐匿着标示东方智慧的哲学思想和"三阴三阳开阖枢"气化理论，即使现代中医学对其的认识也渐行渐远，但研究这些知识对提高中医基础理论认识水平具有极其重要的意义，对揭示《伤寒论》《金匮要略》经方的组方思想、提高《伤寒论》《金匮要略》经方的临床运用水平具有极高的学术和临床价值。至于敦煌藏卷遗书、洞窟壁画等对中医药经典的再补充，以及印度医学、西方医学在中医药文化传承中的留痕，也能昭示敦煌医学文化的敦厚充实和包容兼蓄。当然，开展"敦煌医学文化的现代应用"这一综合性研究，也是紧抓国家"一带一路"倡议机遇，积极响应"一带一路"政策的积极体现。

为了能够方便广大中医文化爱好者阅读，我们尽可能深入浅出地论述专业知识，多举例比拟、总结提炼，多点面结合、动静叙议。该书主要体现以下两点：其一，贯穿整个专著的章节线索，是"位、交、中、和"四位一体的哲学框架，其中"位"是前提条件，"交"是关键环节，"中"是重点要求，"和"是终极结果，书中将从"敦煌位"出发并以此为基础，逐个论述"敦煌交""敦煌中""敦煌和"，诚如《中庸》首篇所言"喜怒哀乐之未发，谓之中；发而皆中节，谓之和。中也者，天下之大本也；和也者，天下之达道也。致中和，天地位焉，万物育焉。"其二，该书并不拘泥于对敦煌医学文献的整理，也并不仅针对医药经典内容开展研究，而是紧密围绕敦煌医学文化，全方面梳理、探讨敦煌医学传承创新脉络和医药文化元素，并高度提炼蕴藏在其中的思维智慧，深入挖掘其现代应用价值，力求飨待广大读者敦煌医药文化精髓。

何其有幸，该书出版最终得到了"敦煌医学与转化教育部重点实验室"的经费支持。在出版之际，对编写过程中给予我们大力帮助的单位和领导，给予我们学术指导和技术支持的专家同仁表示由衷的感谢；特别感谢全国名老中医药专家学术经验继承工作指导老师、甘肃中医药大学王道坤教授及国家中医药管理局"十二五"敦煌医学学科带头人、敦煌医学研究所副所长、甘肃中医药大学李应存教授为本书作序；同时对长期致力于敦煌医学研究的前辈们致敬！

该书是在笔者多年从事中医经典理论教学与中医临床实践感悟的基础上携团队历经五年余研究的成果体现，希望对广大读者有所裨益。不足及谬误之处，欢迎批评指正。

梁永林

2024 年 11 月于金城兰州

# 目　录

# 绪　论

习近平总书记在致中国中医科学院成立 60 周年贺信中说："中医药学是中国古代科学的瑰宝，也是打开中华文明宝库的钥匙"。习近平总书记在 2016 年全国卫生健康大会上指出："中医药学是我国各族人民在长期生产生活和同疾病作斗争中逐步形成并不断丰富发展的医学科学，是我国具有独特理论和技术方法的体系。"习近平总书记在"中医孔子学院"授牌仪式上指出："中医药学凝聚着深邃的哲学智慧和中华民族几千年的健康养生理念及其实践经验，是中国古代科学的瑰宝，也是打开中华文明宝库的钥匙。深入研究和科学总结中医药学对丰富世界医学事业、推进生命科学研究具有积极意义。"习近平总书记在考察回访南阳"医圣祠"（东汉医学家张仲景的墓祠纪念地）同样强调："中医药学包含着中华民族几千年的健康养生理念及其实践经验，是中华民族的伟大创造和中国古代科学的瑰宝。"而敦煌医学正是这"民族瑰宝"中不容忽视的一部分，探寻、挖掘敦煌医学的意义深远、重大。

敦煌医学是敦煌学的重要分支，是继陈寅恪先生提出"敦煌学"概念后的又一分支学科概念，是以我国古丝绸之路重镇"敦煌"命名的医学类学科。它包含"中医药学""藏医药学""西域医学""古印度医学""宗教医学""壁画医学"等相关内容在内的以"敦煌医学残卷、遗书"为主体的中华传统医学体系，是人类文明史上又一医学类宝库！这般丰富的医学内涵的沉淀、积累、结晶则又与其背后独特、神秘、敦厚的敦煌医学文化息息相关。所谓的敦煌医学文化，是"敦煌位"上中医药文化、西域各民族医学文化以及外来医学文化发生"交变"的结晶，是"敦煌－西域文化圈"各地方医药学文化大融合并富含丝绸之路地方特色的医学文化，其主体内容是中医药文化，其属性归属是中华

民族文化。研究"敦煌医学文化及其现代价值"正是紧抓国家"一带一路"倡议机遇，积极响应"一带一路"政策的积极体现；也是抢抓国家"以高度文化自信推动中医药振兴发展"重大战略机遇，积极响应"中华民族伟大复兴"政策的积极体现。该书主要包括以下内容。

### 1. 多角度切入研究敦煌医学文化

课题组在运用历史学、文献学研究"敦煌医学文化"的同时，注重从天文学、物候学、地理学、气象学、文字学、图像学的角度切入，以西域文化、敦煌文化、丝路文化为背景，以敦煌医学、古印度医学、宗教医学、中医学理论为核心，以历史文化、医药传承、哲学因素、医学原理、科技手段、宗教养生为分支，以"三阴三阳开阖枢"气化理论为经典研究对象，以敦煌医药学中散在的诊疗科技手段和养生保健方法为重点凝练对象，采用原卷、轴书、手抄本等文献与思维内涵、考古资料相结合，与现代应用思维相关联的方法，全面系统地研究敦煌医学文化的内涵与外延，力求从更深层次的意义上分析挖掘敦煌医学文化的现代应用价值，并尝试将其应用于生命科学、社会生活等多个领域。

### 2. 多层次深入研究敦煌医学文化

首先，课题组通过大量文献检索、资料收集等扎实的前期准备，明确了撰写该书章节的线索脉络，力争做到纲目凸显、层次分明。即是以"位、交、中、和"四位一体的哲学框架作为核心的章节线索，其中"位"是前提条件，"交"是关键环节，"中"是重点要求，"和"是终极结果，以"位、交、中、和"四位一体的哲学框架将敦煌医学"定位、定性、定向、定成"。我们从"敦煌位"出发并以此为基础，逐个论述"敦煌交""敦煌中""敦煌和"，重点提炼富有中医药学、敦煌医药学特征的学科思维模式和学科专业技术。通过研究显示，中医是在"位、交、中、和"的动态过程中求平衡，在平衡中求取"气化合和"的最佳状态。

其次，在探析"位、交、中、和"四位一体的哲学框架时，又进一步进行了细致分解、深入阐述，例如在"敦煌位"章节，从文字演变结合易、医及百家思想来明晰"位"的思维内涵,而后基于"位思维"从敦煌医学文化地理位、历史位以及文化本位进一步深入研究"敦煌位"。"地理位"是发生医学文化交汇、融合不可或缺且恰到好处的载体,也是独一无二"文化位"历史演变的基础条件,于此基础上可以详尽描绘出部族、政权更替的历史动态,描绘出莫高窟及宗教文化兴衰的历史动态,描绘出"医学教育"相关的历史动态,随后用其数千年政权交替、部族更替以及文明演化的历史动态赋予"敦煌医学位"生机和活力,这有助于对"敦煌医学文化本位"进行研究,有助于给出"回归"这种"本位"更好的思路和方向,也同样有助于更深刻地认识、挖掘、提炼"敦煌医学文化"在"敦煌位"上发生"交""和"的深层次内涵与意义。以此模式展开对"交、中、和"的铺陈、论述。

### 3. 多领域对比研究敦煌医学文化

敦煌医学是中医药学和古印度医学及其他文化摩擦碰撞、融合交汇的结晶,敦煌医学不仅富含中医药文化内涵,还包含、包容了诸多医学文化在敦煌"地理位、历史位以及文化本位"上交汇、交融的成果。不光敦煌医学文化如此,中医药学、古印度医学也如此。虽然医学领域不同,但值得对此"敦煌交"展开比较研究。我们从关于敦煌医学与古印度医学关系的研究中可以得出以下结论与推断:①古印度医学经典是敦煌医学卷子重要组成部分;②敦煌本草学卷子中有从古印度医学引入的内容;③部分古印度医学理论与方剂组成对敦煌医学有深远影响;④敦煌医学以宗教医学为承载"互流"影响古印度医学。不管是古印度医学,还是西方宗教医学,只要进入中华文明的范围就一定会在中华传统文化的指导下被消化后再吸收,这种学术理论的引入与交流绝对不是单纯的"拿来主义",更多的是"文化交变"的过程!

敦煌医学守其"中医学本位",在面对东、西方医学交流,面对中医学、古印度医学碰撞,面对儒、道、释教义和百家思想交汇时表现出来的"遇见—碰撞—交流—融合—共存—吸收—发展"的"交"之过程,值得我们深思与挖掘,这样的"交"之思维和经验在这个时代同样有着极其重要的现实意义。当下,中、西医学竞技,祖国医学正在复兴,西医学也在猛进,中西医结合对机体生理、病理的认识更显全面,中西医结合对疑难杂症、危重疾病的诊治也凸显积

极意义；然而"中医黑"也在这个物欲横流的时代演绎出纷纷闹剧，不止一次将祖国医学套上"伪科学"的名号，极力阻碍文化复兴，阻碍中医药复兴，当然也有抵触和抨击西医学的案例，这些都是负面的学科、文化交流事件，应坚决予以抵制。正如此，"敦煌医学文化'交'"之宝贵思维和经验刚好有其得以实践的必要。

### 4. 多成果实践研究敦煌医学文化

首先，该书并不拘泥于对文献的整理，而重点是在"思维智慧"的高度上，在"现代价值"的视野里，对敦煌医学文化的现代应用价值进行提炼、挖掘。我们将创新思维观念、丰富思维内涵、拓展思维思路、破解思维原理、转变思维方式，积极呈现给中医药爱好者、敦煌学爱好者以及传统文化爱好者，以较高水平的医学文化、医哲思维的视觉盛宴，并力图以此为平台将中国古代哲学中"中和"的文化精髓与内涵魅力呈现给广大读者。

其次，从敦煌医学文化的"位、交、中、和"看人体生理、病理的"位、交、中、和"，例如可以深刻领悟"人是气交于中的产物"，可以归纳"含中腧穴的名义及诊疗价值"，可以总结"天地之气交变于中则发病"的医学内涵，也可以深入"谈形气神于中"。不仅如此，还可以从"敦煌医学文化'交、中'"去归纳总结出世家文化的推动作用以及医学教育的传承作用，并由此推想出官办中医教育、民间师承教育，以及结合其他中医学教育并行的多样化教育方式，无疑更有利于中医药文化、技术的传承和推广。

### 5. 该书的主要价值

敦煌医学文化富含民族医药学和宗教医药学的边缘内容，对拓展和丰富现代中医临床和中医药学有着重要的意义；而其完整的传承方式和系统的典藏途径则又是现代中医复兴之路的参照，更是中医药学传承与民族医药学传承的成功模板。在题材上，我们用图文并茂的方式呈现，可以作为现代中医药学基础理论教学和实训的借鉴。另外，敦煌医学文化中还具有许多尚未开发的医疗工具和理疗方法，以及养生保健方式，这些都是其现代应用的研究范畴，可以丰富、健全祖国医学的经典内容。敦煌医学文化中高度凝聚、系统深奥、丰富庞杂的医学宗教文化体系和哲学思想体系又可以再次补充现代中国文化的内容。

研究团队致力于对敦煌医学文化的现代应用进行综合性研究，探究其历史文化、医药传承和哲学因素等的现代应用价值，并提炼再现其中重要的思维智慧和科技手段，应用于生命科学、社会生活等多个领域。我们也期望可以通过不断努力，重现敦煌医学文化在诊疗时涉及的所有相关的传统科技手段，以期择优复兴道地医药产业链与民族医药产业链，从而推动甘肃地方民族特色经济、文化产业的发展。但同时我们也深刻认识到，任何传统文化得以体现其现代价值的前提，首先是其得以被保护，其次才是传承与弘扬！

尽管限于篇幅，这部专著的内容设定并不算特别完整，但对于医学知识丰富、文化功底扎实、思维思辨敏捷的广大读者来说，每一段落的医学内涵足可以或多或少勾起大家与之紧密相关的中医理论、临床实践的独家回忆，而每一章节的背景故事又完全可以扩展出另一些细节翔实的文化内容，正如此，敦煌医学文化现代价值当由大家一起来争议、完善。当然，我们绝不会因该书的顺利收尾而停住探索、学习、前进的脚步，构建、丰富、完善"三阴三阳开阖枢"气化理论将是我们再接再厉的使命，挖掘、传承、创新传统中医药学文化更是我们不懈努力的责任。我们定"不忘初心、牢记使命"，努力争取将更多的中医药学成果呈现、分享给大家，定不负支持与期待，也希冀能够时时刻刻收到广大读者的批评指正和不吝赐教。

# 第一章 敦煌位

## 第一节 从"位"开始说起

### 一、位之本义

从文字演变的角度而言,"位"的象形意义便是从"直立的人"开始的(图1-1)。"人类"能够直立起来对人类进化和文明的诞生具有重要意义,"智人"(20万年前—1万年前)也必然是在"直立人"(200万年前—20万年前)的基础上进化而来;而"人类"从出生到可以自主站立之后,才逐步将思维和行为加以结合使用,并将其推向更完美的方向。

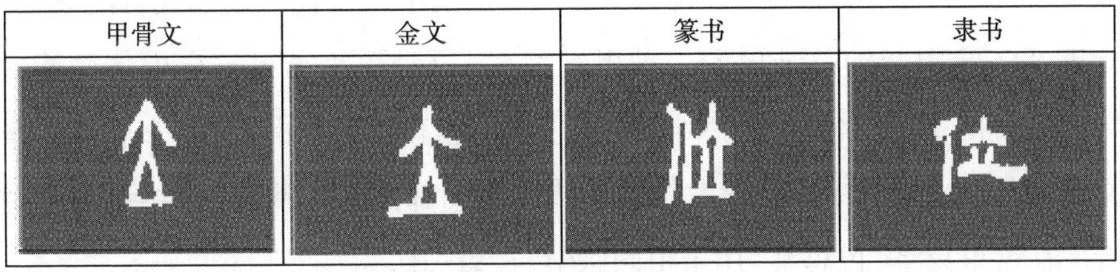

| 甲骨文 | 金文 | 篆书 | 隶书 |
| --- | --- | --- | --- |

图1-1 "位"的文字变迁

当然,就人类个体而言,"位"也有相对丰富的含义。首先,最基本的是时空位置,例如人出生、成长和行为等的时空位置,最终构成不断变化的时空位置;其次,是身份地位,例如人出生时、在家庭中和步入社会后等的身份地位,近似于不同社会环境下的角色扮演,最终构成不断变化着的身份地位;最后,是道德地位,通过历练、修养、感悟及实际行动而获得的道德地位,是时空位置与身份地位在精神层面的升华。三者有时一致,有时也并不显同步,当然还有一样不能被忽视的经济地位。对人类而言，"位"这个字如此重要，它甚至可以指代具有社会属性的人并将其量化，如"各位、诸位"，又如"一位、几位"。

"位"有本位位置、职位地位、方位位移，以及表示量词和代词的一位、诸位等含义。对于人类个体而言，受其社会属性和诸多社会因素及时空位置的影响，又引申、交变出了物质层面的经济地位和精神层面的道德地位两类，它的这些含义虽然相互独立，但却彼此影响不可分割。对于敦煌、敦煌学，甚至作为"世界显学"的敦煌医学而言，也一样具有这些"位"。我们要做的正是运用"位"的思维去寻找敦煌医学的"本位"，探索它"守本位""回归本位"的意义，挖掘它的现代价值并寻找体现这种价值的方法。

## 二、"位思维"的概念和特点

在研究中医学基础理论时，首重"位"，其次重"数象"，再次重"名义"，最后将之统一到"功用"与"临床实际"中，并认为"'位思维'是打开祖国医学与中国古代哲学的又一把金钥匙"。研究"敦煌医学"时，也是首重"位"，其次重"交"，再次重"中"，然后重"和"，最后将之统一到"敦煌医学文化"现代价值的挖掘、探索中，并认为"位是前提条件，交是关键环节，中是重点要求，和是终极结果"。"位"及"位思维"对研究敦煌医学意义重大。

与"象思维""数思维"一样，"位思维"是从中国古代哲学和先哲的著作、专著及实践中归纳总结出的一种思维方式，这种思维方式符合中华民族对"位"重视的文化习俗。"位思维"的提法虽然新颖，但其早已贯穿在整个中华文明和传统文化中，各个学术领域的研究者们都是其实践者、思维者和创造者。在这里只将"位思维"用于祖国医学与"敦煌医学"的研究。

什么是"位思维"？这是首先要解答的问题。

首先，"位思维"是一种思维方式，而思维方式是"在科学研究活动中关于如何理解、研究、解决科学问题的立场、观点、方法"的思维体系，所以"位思维"同样是"立场、观点、方法"的统一体，同样具备一般思维方式的一般属性和特点。其次，这里的"位思维"适用于"敦煌医学文化现代价值"的研究，所以它在较为专业、独特、鲜活的学术领域研究当中同样具有独特且充满活力的特点。再次，"敦煌医学文化"有着丰富的历史沿革、独特的地域风情，且掺入

了大量中亚、西亚民族医学和自然疗法的内容，所以这里的"位思维"就不再有时间、空间的限制，而使得其思维视野更为广阔，使得其思维导向更为活跃。最后，"位思维"不是完全跳跃而无章法的思维，相反，它是一种可以被具体的思维，是一种可以把理论研究直接导向实践检验的思维，是一种从"选择定位"开始到"定位评价"结束的贯穿研究始终（思路、方法、成果）的思维方式。

简而言之，立足于某"位"，通过"位"的某角度和某层面去探寻事物存在的意义，挖掘事物与事物之间的属性关联，更好地重构它们之间的逻辑联系……甚至于跨越历史长河，跨越地域国界展开思考，再从现代实用价值的研究立场对该事物的"本位"和"守本位"重新衡量、定位，这样一种以"位"为中心，将"位"贯穿研究始终的思维方式就是"位思维"。

## 三、一些典型的"位思维"

### （一）《易》言"位"

云牙子《周易参同契》第七章论"天地设位"谓："天地设位，而易行乎中矣。天地者，乾坤之象也，设位者，列阴阳配合之位也。易谓坎离，坎离者，乾坤二用，二用无爻位，周流行六虚。往来既不定，上下亦无常。幽潜沦匿，变化于中。包囊万物，为道纪纲。"其中"坎离"当作"水火"看，天地是阴阳大象，水火是阴阳小象；"设位""列位"与"立位""定位"同义；"六虚"即"六合"，即前后、上下、左右之全空间方位。这句话言明其先定天地之位，才明阴阳之象，先定爻卦之位，才出水火之用的规律。即是先定其位，才明其象，才出其用，才生其运行变化而囊括万物之规律。这种运行变化便是"易"。天地阴阳相对而立，两仪四象以位而成，五行八卦因位而运且交相完成其变化。《易传·系辞》谓："八卦成列，象在其中矣。""列"，亦即位列，或列位，如"位列仙班"之类，即先列出八卦之位，才能演绎出八卦之象。

又如后世"医易大家"张景岳《类经图翼·阴阳体象》中，"先天者太极之一气，后天者两仪之阴阳，阴阳分而天地立，是为体象之祖，而物之最大者也"一句，"天地立"同样是"天地定位"的意思，更加说明"天地定位"是"阴阳体象"的基础。换而言之，天地定位，而后有左右位，有前后位，有上下位，而后有四面、八方、六合位，才有"一元之气"周流于"天地位"之间而发生清浊离合，才

有"阴阳二气"在"天地位"之间完成"非五即六"（"五"即木、火、土、金、水；"六"即风、寒、暑、湿、燥、火）的运行变化。

江慎修在《河洛精蕴》中，论先天八卦时，引《说卦传》名句"天地定位，山泽通气，雷风相薄，水火不相射，八卦相错"。此处"天地定位"与《参同契》"天地设位"同义。足见伏羲八卦之方位同样先以天地定其位，而后八卦之气运行于天地之间，各出其功用性能，即由"卦位"定"卦之数象"、定"卦之名义"、定"卦之功用"。江慎修的《河洛精蕴》还涉及"方位""河图位""洛书位""卦位""阴阳位""五行位"等诸多"位"，其内容深奥且颇为详尽，值得研读。

先、后天八卦的演化也与"位"有密切联系：天地阴阳之大象，水火阴阳之小象；先天八卦中乾父坤母位于正南正北之天地位（圣人面南画卦的"前后位"或"上下位"），而坎水离火则位于正东正西位（圣人面南画卦的"左右位"），这与《素问·阴阳应象大论》中"天地者，万物之上下也；阴阳者，血气之男女也；左右者，阴阳之道路也；水火者，阴阳之征兆也；阴阳者，万物之能（tāi）始也"不谋而合。八卦之先天演化后天，类似于父母退位而后子女当家的过程，则其演化起自于乾父坤母之退位，父母退位又好比太阳西归（成而当家，老而退位，"归西"即为去世），则乾父坤母同样向西退位。而先天化生后天的首要前提和必要条件是"阴阳交位"，将"乾坤西退"和"阴阳交位"两个运动同时进行，则得到一个结果，就是先天的乾向西与正在西退的坤相交后继续西退至西北位，而先天的坤向西与正在西退的乾相交后继续西退至西南位，即得后天之乾坤位。天地退位，则水火当位，离火占天之位而位于正南位，坎水占地之位而位于正北位，即得后天之坎离位。其他四卦如此类推。

其他如《彖（tuàn）》中，"大哉乾元，万物资始，乃统天。云行雨施，品物流形，大明终始，六位时成，时乘六龙以御天。乾道变化，各正性命"则包含了对乾卦卦象的定位以及对乾卦之六爻中每一爻的定位，是"卦之位"富饶内涵的体现。"乾、元、亨、利、贞"，乾之"元"除了能说明"阳生万物"的规律，还能体现乾卦之位于卦首的"元始地位"。只有弄清"乾卦之位"，才能领悟乾卦"能以阳气始生万物而得元始亨通，能使物性和谐，各有其利，又能使物坚固，贞正得终"的内涵。乾之六爻各得其"位"，使乾阳"处则乘潜龙，出则乘飞龙"，而能随时"乘六龙"而"出变化"又"不失太和"以"统御天道"。

当然，如《系辞》中，"天尊地卑，乾坤定矣，卑高以陈，贵贱位矣"之论"尊贵卑贱之地位"的说法是儒学对"易"中"位"的拓展阐述。

## （二）医言"位"

诸多医家经典都有"位"的体现，《黄帝内经》中尤为明显。《素问·阴阳离合论》谓，"圣人南面而立，前曰广明，后曰太冲……"即是先定三阴三阳之"六经位"，而后在"六经位"的基础上明其表里、根结、离合关系，为论述"三阴三阳开阖枢"打好"位"之基础。《素问·阴阳应象大论》谓，"清阳为天，浊阴为地。地气上为云，天气下为雨，雨出地气，云出天气"。即是先定天地之位，而后言明清浊气机之上下，将其对应人体五脏：则肺位最高，为华盖，主呼吸清气与天相接，为人体之天；脾位在中，为土，主运化谷气与地相应，为人体之地，地气不升则天气不降，脾气不升则肺气不降，在人体体液代谢中这是尤为重要的一组关联。《素问·阴阳应象大论》又用同样的手法，先定"五行之方位"，后论述五行与机体个中的对应关系；其又谓，"天地者，万物之上下也；阴阳者，气血之男女也；左右者，阴阳之道路也；水火者，阴阳之征兆也；阴阳者，万物之能（tāi）始也"，也同样是先定天地左右之位，而后明阴阳水火之象。《素问·六微旨大论》谓，"上下有位，左右有纪……移光定位，正立而待之……""岐伯曰：亢则害，承乃制，制则生化，外列盛衰，害则败乱，生化大病。帝曰：盛衰何如？岐伯曰：非其位则邪，当其位则正，邪则变甚，正则微""帝曰：位之易也何如？岐伯曰：君位臣则顺，臣位君则逆，逆则其病近，其害速；顺则其病远，其害微，所谓二火也"，便是先定其"位"，后言其"位易"而病，再后言其"治"，后又同样"以位明治"论述了"地理之应六节气位"。《灵枢·营卫生会》也是通过论"三焦之所出"来证"营出中焦，卫出下焦"，足见也是先定"三焦之位"，后明"三焦出气"，后明"营卫清浊"之变化。其他他如《素问·三部九候论》也是先定"上中下三部之位"，而后言九候之方法。而《素问·五运行大论》中，"所谓面南而命其位，言其见也。上下相遘（gòu），寒暑相临，气相得则和，不相得则病。帝曰：气相得而病者何也？岐伯曰：以下临上，不当位也"，更加体现了"当其位"的重要性，即"气不当位则失其和，失其和则病"。

当世学者范崇峰在谈《从〈黄帝内经·素问〉看阴阳五行实质》时，为阐明"阴阳五行是气的运化规律"还专门设"阴阳有位"一条，认为"阴阳除了有空

间位置,也有时间位置",并将《黄帝内经·素问》中诸多条文按此归类、摘录、举例。表明"空间位置"的,如:《太阴阳明论》中,"阳者天气也,主外;阴者地气也,主内"。《金匮真言论》中,"夫言人之阴阳,则外为阳,内为阴。言人身之阴阳,则背为阳,腹为阴。言人身之藏府中阴阳,则藏者为阴,府者为阳。肝心脾肺肾五脏皆为阴,胆胃大肠小肠膀胱三焦六腑皆为阳"。《阴阳应象大论》中,"阴在内,阳之守也;阳在外,阴之使也"及"故清阳出上窍,浊阴出下窍。清阳发腠理,浊阴走五脏。清阳实四支,浊阴归六腑"。《生气通天论》中,"阴者,藏精而起亟也;阳者,卫外而为固也"等。表明"时间位置"的,如:《脉要精微论》中,"阴阳有时,与脉为期,期而相失,知脉所分,分之有期,故知死时。微妙在脉,不可不察,察之有纪,从阴阳始,始之有经,从五行生,生之有度,四时为宜,补写勿失,与天地如一,得一之情,以知死生"等。同时范崇峰也认为"阴阳之位不可违,人体之气不合阴阳空间位序则病生"。违反空间位置致病的,如:《阴阳应象大论》中,"清气在下,则生飧泄;浊气在上,则生䐜胀。此阴阳反作,病之逆从也"。《疟论》中,"阴阳上下交争,虚实更作,阴阳相移也"等。违反空间位置致病的,如:《太阴阳明论》中,"故犯贼风虚邪者,阳受之;食饮不节,起居不时者,阴受之。阳受之则入六腑;阴受之,则入五脏……阳病者,上行极而下;阴病者,下行极而上。故伤于风者,上先受之;伤于湿者,下先受之"。《本病论》中,"厥阴不退位,即大风早举,时雨不降,湿令不化,民病瘟疫,疵废风生,皆肢节痛,头目痛,伏热内烦,咽喉干引饮"等。连同前文所述,可总结为:天地有位,阴阳有位,诸气皆有位;得其位则和,失其位则殃(病)!

又如杨氏(明·杨继洲《针灸大成》)注解《标幽赋》,"拘挛闭塞(sè),遣八邪而去矣;寒热痹痛,开四关而已之"一句中的"八邪"时谓"八邪者,所以候八风虚邪",并将"八风虚邪"作了详细的阐释:"太乙移宫之日,主八风之邪……立春一日起艮,名曰天留宫,风从东北来为顺令;春分一日起震,名曰仓门宫,风从东北来为顺令;立夏一日起巽,名曰阴洛宫,风从东南来为顺令;夏至一日起离,名曰上天宫,风从正南来为顺令;立秋一日起坤,名曰玄委宫,风从西南来为顺令;秋分一日起兑,名曰仓果宫,风从正西来为顺令;立冬一日起乾,名曰新洛宫,风从西北来为顺令;冬至一日起坎,名曰叶蛰宫,风从正

北来为顺令……中宫名曰招摇宫，共九宫焉。此八风之邪，得其正令则人无疾，逆之则有病也。"这里涵盖了"八卦位"和"九宫位"，其位即为"风乡""风位"。"太乙移宫"是按九宫之位移动运行的（图1-2），其所主的正是八风二十四节气；每一时令风都有其位，风当其时令而又当其位则"和"，风当其时令而失其位则"邪"（关于"九宫八风"的论述早在《黄帝内经·灵枢·九宫八风》篇中就已然详尽）。简而言之，时令之气当其位则为"八风"，失其位则为"八邪"，同样也可体现"当其位"的重要性。

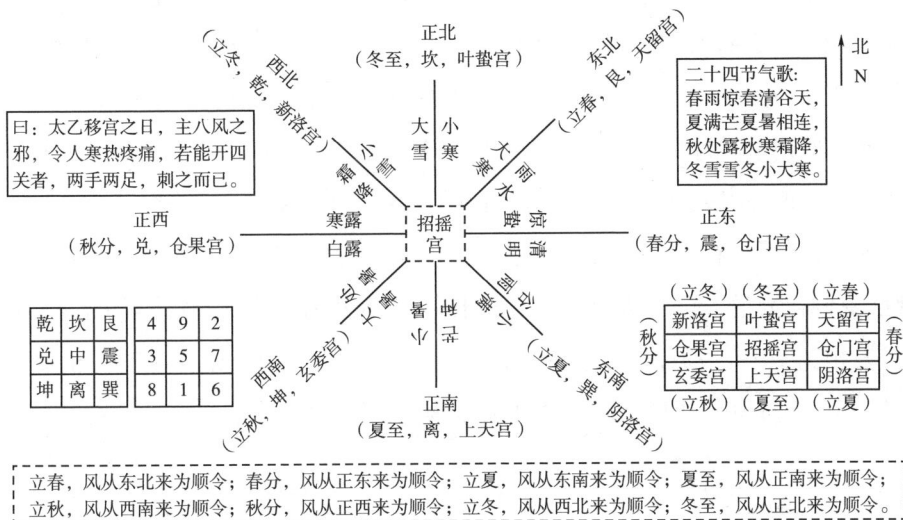

图1-2　太乙移宫之九宫图

对于"伤寒金匮"这样一本"分阴阳、举六位、辨病状"（日本汉方学者稻叶克、和久天寅在《腹证奇览》如是说）的书，其中自然也不乏"位"的体现。除去"六位"（即"六经位"）不必论外，其他如"脏腑位""传经位""病位""脉位"等不胜枚举。此处简短列举几例：《辨脉法》中"假令寸口脉微，名曰阳不足……假令迟脉弱，名曰阴不足"体现的是"脉位"中以寸、尺"脉位"来候阴、阳的太过和不及的情况，另外书中还多次提到其他"脉位"如上下、浮沉、内外以候表里、阴阳的情况。《中风历节病脉证并治》中"邪在于络，肌肤不仁；邪在于经，即重不胜；邪在于府（腑），即不识人；邪入于藏（脏），舌即难言，口吐涎"即是说风邪由浅到深（络→经→腑→脏）袭人不同"部位"时致病的病理表现。《痰饮咳嗽病脉证并治》中先言水饮分"痰饮、悬饮、溢饮、支饮"四种，随

后即按"水在心""水在肺""水在脾""水在肝""水在肾"五个部位（脏腑部位与脏腑所主部位）以及水饮对五个部位的影响程度和产生的病理反应来再次从不同角度（胡希恕谓其"在什么部位而如何如何"）论述"四饮何以为异"，并去衡量、定位水饮在不同"位"产生的不同脉证。

另外，《伤寒论·平脉法》中"问曰：脉有相乘、有纵、有横、有逆、有顺，何也？师曰：水行乘火，金行乘木名曰纵；火行乘水，木行乘金，名曰横；水行乘金，火行乘木，名曰逆；金行乘水，木行乘火，名曰顺也"，此句五行相乘的四种形式"纵、横、逆、顺"解释得极为模糊，若用"位思维"却可以将它们很好地阐明：五行有其特定的"空间位"（图1-3），即"五行位"，正所谓"东方甲乙木，南方丙丁火，中央戊己土，西方庚辛金，北方壬癸水"。按此画出"五行位"，然后将条文所列举五行相乘的几种情况用不同线条标记出来（图1-3）：双实线表示顺，双虚线表示逆，顺时针为顺，逆时针为逆；而单实线和单虚线在纵横（横竖）平面上，东西左右为横，南北上下为纵，这是第一层意思；第二层意思是纵有放纵（克制得太过）之义，即是相克之相乘一类，而横有强横（恃强凌弱）之义，则代表相克、相侮一类；所以在纵横面上（上下、左右方向），则又是五行相乘为纵，五行相侮为横，即如图1-3中单实线为纵，单虚线为横。

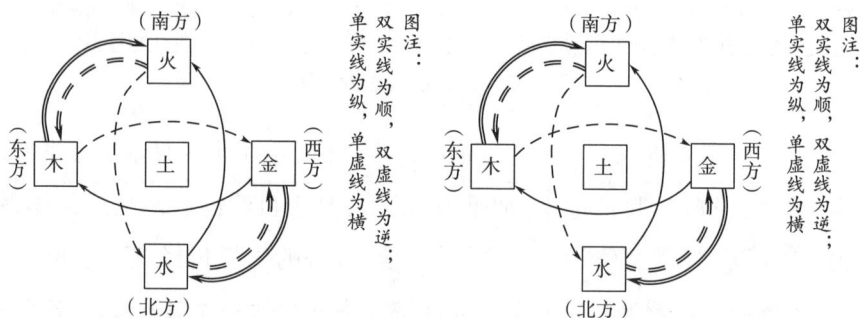

图1-3　五行空间位图图示"纵、横、逆、顺"

日本汉方学者稻叶克与和久天寅二人谨遵孟圣"尽信书，不如无书"与仲师"按寸不及尺，握手不及足"的训言，将《黄帝内经》诊尺之论（《素问·脉要精微论》："尺内两旁，则季肋也。尺外以候肾，尺里以候腹。中附上，左外以候肝，内以候鬲；右外以候胃，内以候脾。上附上，右外以候肺，内以候胸中；左外以候心，内以候膻中。前以候前，后以候后。上竟上者，胸喉中事也；下

竟下者,少腹腰股膝胫足中事也。")重新审视,总结出两种见解(其一以臂为尺诊臂肉,其二以腹中名尺诊腹候),并择其中之一为要("诊腹至重"),给予"尺诊即腹诊"的全新定位,并展开详细论述:他们将鸠尾至脐作为一尺,并定其为"尺内"之部位,然后分别出内、外、左、右的部位,又按"上竟上""上附上""中附上""下竟下",以及上、中、下三部将之与"经文"对应联系,重构了"尺诊即腹诊"的理论体系,全方位精细地绘制出了"诊尺左右内外上下三部图"(图1-4),为"腹诊"奠定了理论根据,最终著作《腹证奇览》一书。这无疑是一个运用"位"的思维去寻找"尺诊"的"本位"(即为"腹诊"),并去深刻认识、不断探索它"守本位""回归本位"的意义,去挖掘它的现代价值并寻找体现这种价值的方法,最终让其得以成功实现的尤为经典的案例。

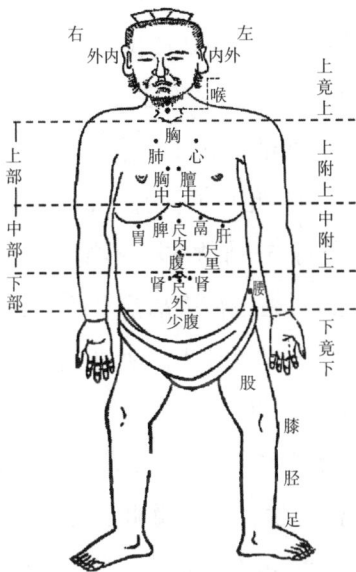

图1-4 诊尺左右内外上下三部图

(根据"《腹证奇览·总论》图4诊尺左右内外上下三部图"进行修改)

大概医之言"位"也不离乎天地阴阳,不离乎"以位辨证",其中能够简单列举的有六经位(胡希恕之阴阳各有表、里、半表半里)、脏腑位(脏腑有其阴阳之本位,有如"腰为肾府"之类的府居之位,有其分管的表里部位,还有如《素问·灵兰秘典论》中所言的功用、职能之官位等)、经络位(经络有其循行部位,有其分管络属部位等),以及卫气营血位、三焦位、九宫位,此外尚有脉位

（诊脉部位、三部九候之位以及对应人体上下所候之位等）、腹诊之位等。

### （三）儒家言"位"

《论语·为政》中，"子曰：'吾十有五而志于学，三十而立，四十而不惑，五十而知天命，六十而耳顺，七十而从心所欲，不逾矩'"一句不就是在说明修学之人到了不同年龄阶段（即不同"时间位"）应该达到的程度吗？《论语·学而》中，"子曰：'弟子入则孝，出则悌，谨而信，泛爱众，而亲仁'"与"子夏曰：'贤贤易色，事父母能竭其力，事君能致其身，与朋友交言而有信'"以及"孝者，所以事君也；悌者，所以事长也；慈者，所以事众也"（《大学》第十章）几句不就是说明在社会、家庭乃至庙堂不同位置上扮演不同角色，拥有不同身份地位时应该遵循的人伦吗？

《论语·为政》的首句，"子曰：'为政以德，譬如北辰，居其所而众星共之'"则又是在说"德位相配"的大道理：身居高位，并具有与其位相一致的大德，才能服众。同样的《泰伯·第八》中还有"不在其位，不谋其政"一句也是在说"位政相符""德位一致"的这个道理。《朱子治家格言》中尚有"伦常乖舛，立见消亡；德不配位，必有灾殃"一句，也可见"德位相配"的重要性。值得一提的是，佛家把它翻译成"我们的德行与我们的福报不相配"，值得大家深思！

《尚书·大禹谟》中记载舜帝授命大禹治水谓，"钦哉！慎乃有位，敬修其可愿！四海困穷，天禄永终"，即是让大禹明白"身居其位，当谋其政"而成就天下百姓心愿之事的重要性。《中庸》的首篇言天命时即谓，"喜怒哀乐之未发，谓之中；发而皆中节，谓之和。中也者，天下之大本也；和也者，天下之达道也。致中和，天地位焉，万物育焉"，说明了天地"致中和"方能"守本位"，"守本位"方能"育万物"，也就说明了"守本位"的重要性。

明代程登吉的《幼学琼林》更是诸"位"之集大成者：言"天文"即明天地之位，言"地舆"则明山川之位，言"岁时"则明节令之位，言"朝廷、文臣、武职、宫室"则明君臣将帅之位，言"祖孙父子"则明九族之位，言"兄弟、夫妇、叔侄、师生"则明生老人伦之位，言"朋友宾主"则明主宾之位，言"婚姻"则明夫妻之位，言"妇女"则明"从德"之位，言"外戚"则明宗婿之位……可见"位"与道德、伦理息息相关。

"德位相配"也罢，"善守本位"也罢，都是将"个人修为"与"位"紧密联系起来,从而建立二者互相约束、互相调和的关系,也都是"位"在人文修养、道德伦理方面的重要价值体现。

### (四)关乎"位"的些许思考

#### 1. 高度的"自我定位"是走向成功的第一步

"自我定位"是人们在成长过程中不断更新的思维本能,好的"自我定位"能够将自我行为导向积极、向上的一面,也会迎来一个让自己可以持之以恒的开端。

如开始上学前,把自己"定位"成一名好学生,上学时,把自己"定位"为一个与生俱来就该与荣誉相伴的学生;如上班第一天,把自己"定位"到年度优秀奖获得者,上班时,把自己"定位"到形象与业绩就该排单位第一位的人;又如为人子女把自己"定位"到行孝道,为人丈夫把自己"定位"到可依靠,为人兄长把自己"定位"到有担当;再如从一入医门,就把自己"定位"成将来可做大医的人,梦想着可以与大师们医道博弈,梦想着终有一日可以去触碰甚至有机会转动那个传说中决定中医命运的时代大轮……然后再有所作为,将之付诸现实,处高度定位,处处追求卓越,定然会让自己与众不同。当然也不是建议过分"定位",要反对那些没有付出和作为就把自己"定位"为功臣的人,反对那些没有业绩和资历就把自己"定位"为领导的人……如前文所言,德、位一定要相配!

#### 2. 研究者与敦煌医学之间的换位

业界研究者给予"敦煌医学"一个高度的"定位",却往往不曾与"敦煌医学"做"换位":假如我是"敦煌医学",这无疑是一个"回归本位"的思考,一个看似荒诞实则必要的"换位思考"。

我是"敦煌医学",我本来只是单纯地为生活在这"戈壁绿洲"的朴实、勤苦的百姓提供健康服务的一种技术,带我来这儿的可能是心怀苍生的修行者,可能是步履践行的医药人,也可能自始至终我就是与这里的人一起在这里、一起来这里,却也可能我只是政治教化的一部分,只是医药教育的那部分。

我是"敦煌医学",我本与这里的人一样朴实无华,只因我与生命紧系,所以被崇尚生命、信仰灵魂、想把一切美好与健康记忆、典藏、流传的人们视为珍宝,所以我成了书文经卷的形式,我有了图画彩绘的模样,被人们习惯性地画在了石壁上,被习惯性地藏在了石室里(经典中好多书名就可以体现人们这一习惯:如《兰室秘藏》《灵兰秘典》《石室秘录》《金匮要略》等)。

我是"敦煌医学",我本就是治病救人、调生修养的内容,我没有地域限制,所以我能与一切有关治病疗人的内容交汇更新并借鉴发展,我可以简单到日常护理、强身健体,也可以复杂到回生起死、保命全形,也可以只用来呼吸吐纳、摄生调养,但我拥有算是一门"学问"的身份地位,同样可以被世世代代流传。

我是"敦煌医学",我的"本位"就是医学,"敦煌"只是我的署名,只是我的特点,只是我诞生、成长的地方,而我拥有的是来自佛家、道家、儒家和诸子百家的智慧,我身上流淌着的是与祖国医学、自然疗法甚至古印度医学、古希腊医学一脉相承的血液,我的核心仍然是中医学,也早已被烙上了中华文明的烙印,只是我身上披上了西域文化圈特有的"飞天服饰"。

我是"敦煌医学",我有我的"本位",我有"敦煌位",我有我的"地理位""历史位""政治位""文化位",但都离不开我的"医学位"。

假如我是"敦煌医学",这是一场属于业界研究者该有的换位思考,也是一场将"敦煌医学"的学术研究导向更为广阔领域的思维活动。

### (五)经典阅读时要站对"语境"这个"位"

一位学生给我讲了个颇有意思的故事。

该学生说他特别好奇别人眼里的世界!迫切想知道每双眼睛从同一时间同一地点同一事物上提取的信息,是什么样的,迫切想知道医道同仁们在经典阅读时凝神注目最关注的"位"在哪里?后来他顿悟了,这个"位"就是"语境"!

他说,"柴胡劫肝阴"一说他也忘了自己是从哪本书上读到的,一般认为是出自张鹤腾的《伤暑全书》(又称《治暑全书》),后被叶天士于《临证指南医案》中加以引用。他记得的是约莫大学时期曾与几位同道激烈地交流过此事。映入眼帘的"柴胡劫肝阴"这五个字显然给了不同人不同的想法,诸如此类正是他读书爱做交流的缘由。后来他才知道现今的医学生看到这五个字想到的会是一系列关于"柴胡肝毒性"的实验课题,显然别人高大上的思维与他这样特别爱听神农爷爷话的人很不一样:他们的站"位"是药理实验,而他的站

"位"是深究原作者"语境"。

他说，他记得那时他就颇为自信，很是坚定地认为"柴胡劫肝阴"定与其升散作用有关，必然要从肝"体阴用阳"上去深入探究。直到读到《伤寒论类方汇参》第四章"柴胡汤类"相关论述，就又一次勾起了他关于那时那些超脑洞思维的记忆。让他兴奋异常的是左季云先生字里行间透露的信息都暗合了他那时的想法，只是他从未尝试把这种想法代入柴胡汤这样的大公式里去解读。

文字语言一定有其语言背景，简称为"语境"，他说这是他高中语文老师张先生刻在他大脑"硬盘"里的知识，张老师告诉他读诗与书一定要尽可能尝试从"语境"中"还原意境"（意境是大的面，语境则是小的位）。自然"柴胡劫肝阴"也有其特有的理论背景：是以叶天士为代表的温病学术派系所沿用、发挥的理论学说，是在"温热暑湿诸疟"的治疗时组方选药中存在的争议。

大法：风寒之疟，可以升散；暑湿之疟，必须清解。左季云先生谓，"疟之寒热往来，乃邪在少阳，木邪侮土，中宫无主，故寒热无定"，故充分肯定了人参、柴胡药对"驱邪健中"的精妙。王孟英曰："果系足少阳风寒正疟，则参、甘、姜、枣补胃和营，半夏利其枢，柴芩解其热，无不立愈。"这是柴胡汤治少阳风寒正疟的机制，而用在暑湿之疟则危害多矣：其一，"温热暑湿诸疟，邪从口鼻而受，肺胃之气，先已窒滞"，不当再用参、甘、姜、枣温补助邪，况且"姜、枣温腻湿浊于中焦，致运化之枢机失其灌溉之输布"，总之，"气机愈窒，津液愈干"；其二，"柴胡升提热邪上逆，致一身之治节，无以清肃下行"，热壅于上，则烁阴伤津，热属火，风木同属，必然狼狈为奸，克金伤水。前后对比中不难看出柴胡汤之当用不当用之处，也不难看出"柴胡劫肝阴"实则为在"温热暑湿之疟"中的"柴胡汤劫肝阴"之弊！

一言以蔽之，柴胡劫肝阴，全在柴胡升散，升提热邪上逆，热壅于上，火热与风木同属，狼狈为奸，顺从肝用而怂其火亢，烁津伤阴（肝体），克/侮金伤水（克从火解，侮从木理，皆可说通）。千古无端争议，从来都错在不看"语境"，不问出处，不知站语境的位，不考究大语境下文字语言的内涵外延（即语境之"交"）！是故，左季云先生乃明白人。

正如此，站在经典医籍原作者"语境"的"位"，探寻其"语境"的内涵外延之"交"，则可"中合"投入获悉其本来面貌，方能避免误解、曲解及无端争议。

# 第二节　敦煌医学地理位

## 一、敦煌地理概况

国学大师季羡林先生曾评价："世界上历史悠久、地域广阔、自成体系、影响深远的文化体系只有四个：中国、印度、希腊、伊斯兰，再没有第五个；而这四个文化体系汇流的地方只有一个，就是中国的敦煌和新疆地区，再没有第二个。"而敦煌这个举世瞩目的地方，则位于甘肃河西走廊的最西端［甘肃、青海、新疆三省（自治区）交汇处］。众所周知，敦煌"东峙峰岩突兀的三危山，南枕气势雄伟的祁连山，西接浩瀚无垠的塔克拉玛干大沙漠，北靠嶙峋蛇曲的北塞山"，地理位置独特而狭奇。

敦煌之范围恰巧作为"亚洲腹地"的重要部分，则又是它另一层不容被忽视的身份：如果细心地在全亚洲地形图仔细观察，则会发现这块"亚洲腹地"的四周不是被接连不断的主体高原阻隔，就是被绵延万里的大型山脉遮蔽，但是无论从哪一侧（东亚与中西亚相互间的）窥望，它都更像是这些高原、大山上一道天然的缺口；若不顾及它四下紧邻沙漠的现实，便也真就是在那个没有飞机、铁路的时代，从南亚、中西亚甚至罗马选择通往东亚最"平坦"的道路；更天然的造化是它被大自然打造成沙漠的绿洲，间断性的有这条远征路上可供人畜补给的水源，这是否可以被算作是上苍为整个亚洲人文交汇作出的最人性化的安排？以致后来的"丝绸之路"必须经过这里。琢磨到开心处，大概也会想到用"海洋的中间是陆地，陆地的中间是沙漠，沙漠的深处有绿洲"这样一句漫不经心的调子来反复回味、纪念这次跨越整个亚洲地图的冥想。是啊，如果不选择这样一条就好像是被上苍早已拟定好的、终究也必然会是途经这里的线路，就算是"古印度医学"，在那样的年代，又怎么可能毫无依赖、毫无凭借地做到？是径直翻过连"亚历山大东征"都不得不驻足的喜马拉雅山脉？之后又怎么可能再会接二连三地翻越整个青藏高原，翻过昆仑

山脉和唐古拉山脉而与"中国医学"在别处交汇？相比这些，塔克拉玛干大沙漠、吐鲁番盆地，还有祁连山脚下的"敦煌地理位"就平坦很多了。

　　敦煌属于疏勒河流域，疏勒河属于河西走廊三大内陆河（自东向西：石羊河、黑河、疏勒河）之一。斯坦因在其《西域考古记》中这样介绍："疏勒河盆地除去敦煌和其他一些小沙漠田之外，都无居人，我们毋庸久留；此地从东到西虽有二百二十英里左右，而自有史以来天然形势却是极为整齐一律。此地南有高山，北临大漠，而为从中国西北以入中亚、西亚的天然走廊，所以甚形重要。"（姑且将之称为"斯坦因第一视角"）斯坦因是"强盗"还是"学者"的论断在这里不具任何意义，唯独让人们在意的是他在看待"亚洲腹地"这块版图的时候运用的"位思维"很值得大家在给"敦煌位"勾画轮廓时借鉴。假如前面这句简短引用反映的是他从东亚途经敦煌甚至整个疏勒河盆地而窥望中、西亚的巧妙视野，那么下面这句引用则能反映出他从另一个角度的窥视："我们可以从西部的山岭开始，这不仅因为希腊、罗马以及印度、波斯的影响由此传入亚洲腹部，然后及于中国……"（对应地将之称为"斯坦因第二视角"）很显然他在对敦煌版图的最初考古"定位"上是聪明的，他的双向视野的"位思维"是绝对近乎全面的，也是切合这片被高山、高原、盆地重重包围的最平坦、最低洼的地段的地理实际的。唯一不同的是，我们着重研究的只是其中相对最东沿的"敦煌地理位"。再次借用他的"定位"来重申敦煌版图的重要意义："那里无论是山岭或是滴水俱无、遍望是沙的平原，大部分都是沙漠地带，但是在过去的历史上却占了很重要的地位，为古印度、中国以及希腊化的亚洲西部文明通道了好几百年，构成文化史上很绚烂的一章。这些文明在此地各种遗物上留下丰富的痕迹，因为地方的干燥，竟能给我们保存至今。"在我们眼里"敦煌地理位"亦如此。

　　疏勒河（《汉书·地理志》中称其为"籍端水"）源于祁连山脉西段托来南山与疏勒南山之间的疏勒脑，自东向西灌溉着旱地、化育着绿洲，最西端能够到达罗布泊。这条河水的给养与祁连山脉西段的雨季一样，在敦煌这个地方，都"干燥"得恰到好处。尽管其尾闾罗布泊在历经几个世纪后终究被风蚀成碱地沙海，但是文明的孕育一样离不开河流的灌溉和滋养，就像"丝绸之路"征途上的人畜也必然离不开水源的补给。毋庸置疑，疏勒河在"敦煌地理位"上

扮演着母亲河的角色,疏勒河滋润的土地为"敦煌文明"甚至"敦煌医学"的出现提供了土壤,也为其在后来数个世纪的丰富和传承提供了保障。

大部分时候,在人们眼里的"敦煌位"基本上被约定俗成地界定在了"丝路咽喉"上,如《隋书·西域图记序》中所载"发自敦煌,至于西海,凡为三道,各有襟带""故知伊吾、高昌、鄯善,并西域之门户也,总凑敦煌,其实咽喉之地"的那样。有这样的"定位"皆是从张骞出使西域开始,基于后来以此为干道雏形而形成的"陆上丝绸之路"——从长安(西汉始于长安,东汉始于洛阳、唐贞观时又从长安始)出发,西至敦煌后分为北伊吾、中高昌(今吐鲁番地区)、南鄯善(今罗布泊一带)三条道路(两汉时仅有南北两道,敦煌总扼阳关、玉门关分两道至西域,基本上与张骞出使西域的路线一样;隋炀帝时裴矩重走西域,考订经纬,方才指出三道),所以定位敦煌为"丝路咽喉"。

另外,学者窦侠父考证指出到唐朝时敦煌外向道路约有七条:"一是瓜州道,为内地经瓜州的干道;二是阳关道,由敦煌出阳关至阗(tián),再去印度;三是沙碛(qì)道,通往焉耆、龟兹再向西远行;四是大海道或沙海道,自敦煌出玉门关到高昌,此道甚为艰险;五是稍(shuò)竿道,又名伊吾道,自敦煌北经咸泉至伊吾(今哈密),再向西至哈萨克草原;六是南山道,自敦煌向南至吐谷(yù)浑(今青海);七是紫亭路,自敦煌沿党河经紫亭城(今肃北县城东),抵青海、吐蕃。"也可以看出敦煌的"咽喉地位",只是这样的"分道标准"多少有些辐射短浅。

樊锦诗眼里"敦煌如'咽喉之地'"的"位思维"则更近了一个方圆:首先,她考证到"自汉代设郡以来,敦煌成为总绾中西交通的'咽喉之地',由敦煌向东,经河西走廊,可达汉唐古都长安、洛阳;向西通过西域(现我国新疆地区),可进入中亚、西亚、南亚,乃至欧洲的罗马;向北翻过马鬃山,可到北方草原丝绸之路;向南越过阿尔金山,可接唐蕃古道。敦煌在丝绸之路上的特殊地位,使它在欧亚文明互动、中原民族和少数民族文化交融历史过程中占有重要的地位"。其次,她还考证到汉唐时期"丝绸之路"的路线,是"由敦煌向西出阳关南行,沿昆仑山麓(lù)经鄯善、且末、于阗至莎车,逾葱岭进入大月氏、安息等国,此为南道;由敦煌向西出玉门关北行,沿天山南麓经车师前王庭、焉耆、龟兹到疏勒,越葱岭进入大宛、康居、大夏,此为北道。到了隋代又增加了

中道，自敦煌出发，经伊吾、高昌、鄯善，而达中亚、欧亚"。

虽然人们肯定这样"定位"的准确性，但是不只局限于这样的定位，因为这样定位只能算是近乎"斯坦因第一视角"，我们更愿意将目光转移至"斯坦因第二视角"，更愿意将第一、二视角结合起来高度审视"敦煌地理位"。另外，我们也通过这些对"敦煌位"约定俗成的考证中大胆总结出了人类文明行进的首要特点：文明势力必然"傍山脉之麓，沿河床之流"而进行征途，这是长途跋涉中人畜都需要充足的饮食补给甚至药物治疗所决定的。山水除了能给人畜"地理位"上的安全感外，还能提供源源不断的饮食补给与药物保障。

英国历史学家彼得·弗兰科潘就是那个最全面应用"斯坦因第一、二视角"审视"丝绸之路"（Silk Road）的人，他因他的 *THE SILK ROADS* 在 21 世纪享誉全球。他的视野径直从地中海和波斯湾之间的由底格里斯河和幼发拉底河孕育的美索不达米亚平原开始，从公元前 6 世纪波斯帝国势力崛起并东征至喜马拉雅山脚开始，从公元前 600 多年各大宗教跨地域、多国境传播"信教文化"开始，他的视野自西向东又自东向西来回横穿整个亚洲地图，他的视野从古至今又从今往古来回纵观整个"丝路"历史。毫无疑问，这样的视野更符合"丝绸之路"的实际。但是，按彼得·弗兰科所言（邵旭东、孙芳译）"这些震颤都是通过一个网络传播到世界的各个角落，跟随着朝圣者、军队、牧人和商人的足迹，伴随着交易的进行、思想的交流、相互的适应和不断地提炼，他们传播的不仅是财富，还有死亡和暴力、疾病和灾难"的那样，古丝绸之路也将会被蒙上一层灰色的面纱。而我们不愿意这样毫不客气、不留情面地揭露，在他之所言传播疾病和伤亡的面前，我们更愿意看到的是从异地而来、又从中原而至的神圣医学，是不受语言约束、不受山川阻隔、不受信仰羁绊的神圣医学，是权力和财富无法绑架、暴力和灾难无法毁灭的神圣医学，当然还有那些几乎连名字都未曾留下来的医学传道者。彼得·弗兰科给我们的启示是用"位思维"对待、处理一个具体的"地理位"的问题时，不仅要有发散思维、辐射思维，还应该有整体思维和回归思维。

地理能够决定的大概就是哪里适合物种起源，哪里适合生命运动，哪里又能够孕育文明，哪里又可以承载交汇。刚好，欧洲的文明势力（古罗马文明、古希腊文明）与中亚、西亚、南亚文明的势力〔刘惠琴等以粟特人

（Sogdiana）的商业移民、波斯文明、古印度文明为其主要组成〕由于战争、侵略、商贸、宗教自西向东好不容易走到了"斯坦因第一、二视角"，而中国的文明也刚好由于对以"西王母"形象为代表的"西极"的探知和对以"匈奴"为代表的野蛮民族的抗击在近乎同一个时期传至以敦煌为门户的西域，也许正是高原大山和沙漠戈壁让二者"不甘情愿"地在这个所谓"亚洲腹地"的"地理位"上放慢了远行的脚步，甚至放慢了传播的速度，最后才"幸运"地在那片沙漠的绿洲拥有最充足的历史时期，完成了交汇、中和与沉淀。而敦煌就是这片"戈壁绿洲"的代表，"敦煌地理位"就是完成这类文明"交汇""中和""沉淀"的基础。好比美索不达米亚平原在彼得·弗兰科潘眼中"Silk Road"上的重要地位一般，"敦煌地理位"也在"中国丝绸之路"上具有极其重要的地位。如果说"Silk Road"的历史是一部浓缩的世界史，那么"敦煌地理位"就承载了整个"中国丝绸之路"的缩影。

## 二、敦煌地理传说

《山海经》是中国古代较为完整记载地理知识的书籍之一，其中《西山经》一卷在记"浮惕（dàng）之山"（祁连山—山岭名）之后"又西二百二十里"处提到了一个神奇的地方："又西二百二十里，曰三危之山，三青鸟居之。是山也，广员百里。其上有兽焉，其状如牛，白身四角，其豪如披蓑，其名曰獓（áo）貅（yà），是食人。有鸟焉，一首而三身，其状如鸐（luò），其名如鸱（chī）。"兽之獓貅也罢，鸟之鸐鸱也罢，这一类的生命非亲眼所见必不得想象出它们真实的模样，历代《山海经》的注解也只是稍加想象又单纯根据文字描述的大概模样将之粗略地绘制成可供后世眼观的图像。

之所以要将《山海经》的这一段话放在这里，是因为它提到了"三危山"。同样提到"三危山"的还有《尚书·禹贡》，其谓："三危既宅，三苗丕叙。"北魏郦道元的《水经注·卷四十禹贡山水泽地所在》更是对这里提到的"三危山"作出了较为精准的定位："三危山在敦煌县南。"文后还有一段小字注解，一并摘录于此。

山海经曰：三危之山，三青鸟居之。是山也，广圆百里，在鸟鼠山西，即尚书所谓窜三庙于三危也。春秋传曰：允姓之奸，居于瓜州。瓜州，地名也。杜

林曰：燉煌，古瓜州也。周之贡物，地出好瓜，民因氏之。瓜州之戎，并与月氏者也。汉武帝元鼎六年，分酒泉置。南七里有鸣沙山，故已曰沙洲也。

这段小字注解理解起来应该不是很难，其中"民因氏之"的"氏"是"姓氏""名氏"的动词用法，即"起名字"，因为产一种瓜，做过敬献给"周"的贡品，所以给这个地方"起名字"叫"瓜州"，其实还是敦煌。

研究"地理位"，最好先从《山海经》和《水经注》开始，经典是千年不变的传承。

历代史料性文字里还多处提到"三危山"。如《尚书·舜典》记载："（舜）流共工于幽州，放驩（huān）兜于崇山，窜三苗于三危，殛鲧（gǔn）于羽山，四罪而天下咸服。"又如西晋杜预《左传·昭公九年注》谓："允姓，阴戎之祖，与三苗俱放于三危者。瓜州，今敦煌。"《史记·五帝本纪》同样载："三苗在江淮、荆州数为乱。于是舜归而言于帝，请流共工于幽陵，以变北狄；放驩兜于崇山，以变南蛮；迁三苗于三危，以变西戎；殛鲧于羽山，以变东夷：四罪而天下咸服。"（其中"罪"是被惩罚的意思。）又有唐贞观时李泰主编的《括地志》中记载，"三危山有三峰，故曰三危，俗亦名卑羽山，在沙洲敦煌县东南三十里。"唐李吉甫（安邑李丞相）的《元和郡县图志》中也同样记载："三危山在县南三十里，有三峰，故曰三危，尚书窜三苗于三危，即此山也。"又有《太平寰宇记·沙洲·敦煌县》中记载："禹贡雍州之城，亦西戎所居。古流沙之地，黑水所经。书所谓舜窜三苗于三危，三苗既宅，即此地。其后子孙为羌戎，代有其地。"可见历史上敦煌之地名大概有三个别称：第一，是用《山海经》所谓"三危山"之"三危"代指；第二，是因为此处鸣沙山与古流沙之地而称之为"沙洲"；第三，是因为其产有曾作进贡用的瓜而称为"瓜州"。也就是说，"三危山"与"鸣沙山"一样，是古代地理书志中敦煌的"地理位"标志；所以"敦煌地理位"中一定要提到的敦煌地理标志不只是疏勒河还有三危山。然而，对上述史料中"三苗"的考证史界众说纷纭，但基本上也可以确定"三苗"最先是活动在长江中下游甚至更偏南方的部落，而"（舜）窜三苗于三危"与"阴戎之祖"同被流放于"三危"也成为敦煌发生有文史记载的民族大融合的不争事实。

当然，从上面这些古代历史、地理书籍中能感知到有关"敦煌地理位"的一

些历史印迹：敦煌曾经是西羌、阴戎范围，后与月氏部落合并，西王母的三青鸟在三危山上长居（说明敦煌除了是中原王朝的文化势力范围，同时也是"西王母国"的文化势力范围），尧舜禹时期曾多次讨伐"三苗"一族并最终将其迁配至敦煌一带定居，尧舜禹时期敦煌已在其主权势力和文化势力范围之内……然而，秦汉以前的史料记载终究显得模糊繁杂且多有错乱缺失的情况，加上还有"西王母""昆仑山"一类近乎神话中的人物、地名及其故事错综于其间，使得这些历史背后的真相终究不得而知，即便是史学界和考古界对它们的研究也一定是频现"百家讲坛"吧。不过，比起对这些模糊历史的考古、校订，我们更看重的则是从有文史记载的时期以来"敦煌地理位"就已经是一个多民族文化频繁发生交汇、融合的特殊的"地理位"，即是在说"敦煌位"上频繁演绎着"敦煌交"。

尽管西王母是近乎神话中的人物，但研究者认为西王母具有其特定的象征意义，而其最基本的意义应该是中原政权对"西极"未知部落的王权假说和信仰崇拜。正如学者张绪山在《汉唐时代华夏族人对希腊罗马世界的认知——以西王母神话为中心的探讨》一文中所评价的那样，"古代西王母神话包含信仰与地理两种意义""在古代华夏族人观念中，西王母神话始终与'西荒'相联系，是中原地区对'域外'地理认知的重要内容之一"。除了对"'西极'（或'西荒'）地理位"的认知外，"西王母"神话最能反映的还有古代中原文化对未知地域探寻的迫切心理和对"外域文化"的求知渴望。不仅如此，"西王母"除了不能被具体的象征意义外，还是可以被具体化的现实人物代表，但是其必不可能是同一个人。首先，三皇五帝时期就有不同的"西王母"；《瑞应图》载，"黄帝时，西王母献白玉环"；《贾子修政篇》则载，"尧身涉流沙地，封独山，西见王母"；《尚书大传》则谓，"舜以天德祠尧，西王母来献白环五块"；又有《竹书纪年》称，"舜九年，西王母来朝"。其次，周穆王与"西王母"会面的事也有史载：《穆天子传》中，"吉日甲子，天子宾于西王母，乃执白圭玄璧，以见西王母。……西王母再拜受之"；《竹书纪年》也载"周穆王十七年，王西征，至昆仑丘，见西王母；其年西王母来朝，宾于昭宫"之事；《列子·周穆王》中也论及"穆王不恤国是，不乐臣妾，肆意远游，命驾八骏之乘……遂宾于西王母，觞于瑶池之上，西王母为天子瑶，王和之，其辞哀焉"一事；李商隐《瑶池》中也有这样描述，诗曰，"瑶池阿母绮窗开，黄竹歌声动地哀。八骏日行三万里，穆

王何事不重来"。"西王母"在不同历史时期均与中原王朝有联系，同时"西王母国"的文化也与中原文化在以敦煌为代表的西域地区三番五次地发生着碰触，说明它是一种民族部落、民族的身份、王权的代表，可以确定其为"西域"某一或某几个部落的女王在不同历史时期的代称；同时据其频繁所献宝玉，能够联想到的是历来盛产美玉的新疆和田和酒泉南山（小昆仑）两个地区。而张绪山将其考证拓展到"东汉时代的华夏族人获悉'大秦国'（罗马帝国）更在'条支'之西，遂将西王母与'大秦'及更远的地区联系起来"（《史记·大宛（yuān）列传》谓，"安息长老传闻条支有弱水、西王母，而未尝见"）与"唐初入华'景教徒'利用汉魏史册对西王母的描述附会他们的故土叙利亚，助力传教，反映的是汉魏时代的地理观念"的两种情况也同样值得大家深思。

然而，西王母除了属于"地理位"的概念和象征外，还与医药有着密切的联系。如《淮南子·览冥训》："河九折注于海而流不绝者，昆仑之输也。潦（lǎo）水不泄，潢（wǎng）潒（yǎng）极望，旬月不雨，则涸而枯，泽受瀷（yì）而无源者。譬如羿请不死之药于西王母，姮娥窃以奔月，怅然有丧，无以续之。何则？不知不死之药所由生也。"无疑是把"昆仑山""西王母"与"不死之药"联系起来了。

另外，如西汉司马相如《大人赋》："西望昆仑之轧（zhá）芴（wù）洸忽兮，直径驰乎三危。排阊（cháng）阖而入帝宫兮，载玉女而与之归。登阆（láng）风而遥集兮，亢乌腾而壹止。低徊阴山翔以纡曲兮，吾乃今目睹西王母？曤（huò）然白首戴胜而穴处兮，亦幸有三足乌为之使。必长生若此而不死兮，虽济万世不足以喜。"又如东汉曹操《陌上桑》："驾虹霓，乘赤云，登彼九疑历玉门。济天汉，至昆仑，见西王母谒东君。交赤松，及羡门，受要秘道爱精神。食芝英，饮醴泉，柱杖桂枝佩秋兰。绝人事，游浑元，若疾风游欻翩翩。景未移，行数千，寿如南山不忘愆。"均是把"长生之术"与"昆仑山""西王母"联系了起来。

但是，无论是"不死之药"，还是"长生之术"，都是被宗教和传统文化神化了的医药内容，两汉时期的"西王母"能与之对应也可说明"西王母国"有丰富的医药技术和医药资源，那么与之能够紧密联系起来的"三危"自然在东汉时期以前就已经发生着丰富的医药文化交流活动。

大量列举有关"敦煌地理位"的传说和史料，主要有两个目的：一是说明，

最迟从尧舜禹时期开始，在"敦煌地理位"上就频繁地发生着多民族、多文化交汇融合的情形。这对于"敦煌地理位"而言，好比文化的交汇、融合是它在长期的安、乱变化中获得的一项技能，体现在人文上则逐日变成了敦煌善于接受、融合外来文化的本能，这难道不算是历史从一开始就为后来欧洲文化势力（古罗马文明、古希腊文明）和中、西亚文化势力（波斯文明，甚至古印度文明）与中国传统文化势力（中华文明）在这里汇聚并融合、沉淀打下的人文基础吗？另一个目的则意在说明，既然这里最迟从尧舜禹时期开始〔据《淮南子·主术训》所载"昔者神农之治天下也……其地南至交趾，北至幽都，东至旸（yáng）谷，西至三危，莫不听从"一句其应该要比神农时期还早〕就已经是中华文明的势力范围，那么神农、岐黄所创的中医药之术从一开始就有可能在这里扎根，并时刻准备着与后来的异域医学、奇术相遇，并交汇、借鉴、融合、沉淀，最终成就今天举世瞩目并慨然惊叹的"敦煌医学文化体系"。

正如鲁迅先生在《中国小说史略》第二篇中《神话与传说》所说，"其最为世间所知，常引为故事者，有昆仑山与西王母"。在"敦煌地理位"之历史传说中，其最为世间所知，常引为故事者，有"三危山"与"西王母"。它们背后，映射出的除了部落间的触碰，还有文化的交融和医药学的交汇。但是其"本位"，都是中华民族及其文化体系（包括医药文化）日益丰富、系统、完善的重要发生、构成的部分，而"敦煌地理位"就是这些交汇、融合不可或缺且恰到好处的载体。

# 第三节　敦煌医学文化历史位

正如上文探讨的"敦煌医学文化地理位"时一样，绝不是将"敦煌位"孤立在经度、纬度所限定的、单纯的点上；经、纬度的定位是机械的准确，是呆滞的孤立，而我们想要的是突破传统的定位思维（经纬思维、发散思维、辐射思维）而灵活地应用整体思维、回归思维，在整个亚、欧文化大交融的动态中，结合史载历史事件和史诗神话传说来全方位地探讨该"地理位"。而"敦煌位"上的民族、宗教的历史动态（包括"敦煌位"上的莫高窟兴衰的历史动态和"敦煌位"上安、乱更替的历史动态）和"敦煌位"上的"敦煌医学教育"相关的历史动态更值得大家关注。

## 一、民族、宗教的历史动态

### （一）敦煌民族历史动态

敦煌是华夏文明的发祥地之一,这是敦煌史学界和考古界广为流传的定位。无论是20世纪30年代中瑞西北科学考察团(瑞典学者布林)在党河流域发现"甘肃古猿"化石,还是中国古脊椎动物学家杨中健先生在马鬃山明水地方发现来自旧石器时代人类打造的石器,都说明敦煌原始文明同样经历了由古猿人、直立人到智人的演化,后来又同样经历了由旧石器时期到新石器时期再到青铜时期的过渡,敦煌文明在人类文明的漫长进化史上并未掉队。

考古界告诉大家,新石器时代的敦煌属于马家窑文化(以马厂类型为主),这也证实了这块土地上同样经历了由母系社会向父系社会过渡的部落文明进化。此处不赘述马家窑文化在敦煌境内的详情,但值得注意的是这一时期的敦煌已经是农业、畜牧业并存的时代,彩陶艺术也已经为这一时期增添了生机与色彩。在青铜时期,即夏商周时期,敦煌文化之遗存则被证实属于四坝文化(以火烧沟文化和骟马文化为典型)。

前面提到的"(舜)窜三苗于三危"与"阴戎之祖"同被流放于"三危"的历史传说,可见敦煌最早活动的是三苗后裔。"西羌之本,出自三苗"(《后汉书·西羌传》)又说明西羌正与之相接,氐、羌两族可能是能被文字追溯到的夏商周时期在敦煌境内活动过的主要部落。孔颖达注疏《诗·商颂·殷武》"自彼氐羌,莫敢不来享,莫敢不来王"中的"氐羌"时谓:"氐羌之种,汉世仍存,其居在秦陇之西。"此外,还能在"甲骨卜辞"中关于商王对西北边境部落的征防记录中也能依稀看到其谈到的对象主要是氐羌族。当代学者孙占鳌先生在《敦煌文化与敦煌学》一书中则直接指出:"夏代的敦煌先民主要是氐羌两种部族。氐人定居于河谷、平川等较低地带,是以农业种植为主要生活来源的农耕部落人群,兼营饲养业和狩猎……羌人是生活在草原、山地的游牧部落人群,主要从事畜牧业生产,兼营农业种植。"

孙占鳌等人还指出,从西周末年到春秋战国时期"氐羌、周人"因河西地

区所经历长达百年的气候寒冷期影响农耕而大量东迁，后来由月氏、乌孙等北方游牧民族填补了这一地理真空。秦朝初年，月氏攻杀乌孙王难兜靡，乌孙被迫迁出河西走廊；汉朝初年，月氏又被匈奴攻击，被迫迁分，演化形成了后来的大、小月氏，大月氏在阿姆河流域建立贵霜王国，小月氏依附羌人留居河西。《史记·大宛列传》中这样记载："始月氏居敦煌、祁连间，及为匈奴所败，乃远去，过宛，西击大夏而臣之，遂都妫（guī）水北，为王庭。其余小众不能去（去，'逃亡'的意思）者，保南山羌，号小月氏。"又有《汉书·西域传》中记载："昔匈奴破大月氏，大月氏西君大夏（大月氏王国，又称贵霜王国，印度称其为吐火罗王国），而塞王南君罽（jì）宾，塞种（今多称胡人）分散，往往为数国，自疏勒以西北，休循、身毒之属，皆故塞种也。"直至西汉王朝在敦煌设郡［汉武帝元鼎六年（约公元前 111 年），河西四郡最西门户］以前，匈奴成为敦煌这块土地上又一个文化的主人。多部族交相入住"敦煌位"，随之而来的无疑是被不同语言、文字、服饰标识的各部族传统舞蹈、音乐、祭祀、医疗等文明的大交融。

张骞无疑是第一个完全见证并洞悉这种部族格局的人，不论是"地理位"的探知上还是"文化位"的认识上，也都已经名垂青史。而当敦煌才刚刚进入西汉王朝的视野内时，它的周遭仍然被复杂的西域部族文化交相覆盖着，这一切在《史记·大宛列传》中依然可以窥测一斑："大宛在匈奴西南，在汉正西，去汉可万里。其俗土著、耕田，田稻麦，有葡萄酒。多善马，马汗血，其先天马子也……其北则康居，西则大月氏，西南则大夏，东北则乌孙，东则扜罙、于阗……而楼兰、姑师邑有城郭，临盐（yán）泽（zé）（《汉书·西域传》称'蒲菖海'，今称罗布泊）……"自此，西域各部族文化分布格局方始明了。此外，《史记·大宛列传》还提到，"大宛闻汉之饶财，欲通不得，见骞，喜"，这表明西域诸国都有东行交流的欲望。

从这个多文化交相影响、多部族格局的"文化历史位"中可以看到：其一，敦煌在西汉以前就已经有农耕、畜牧、狩猎、手工艺等文明的演化存在，就已经能够顺利接纳多民族文化，并将之吸收沉淀；其二，月氏部族的逃亡足迹或许为"丝绸之路"之最初形态，而张骞出使让这条道路变得更加明朗与复可续接，算是将之真正"凿通"；其三，大宛之"汗血宝马"与"葡萄酒"为使者，也为后来的旅者穿越沙漠提供了物资支持，而敦煌至今还保留着将地道种植的葡

萄与祁连山的雪水相结合酿制成葡萄酒的传统工艺；其四，西域"地理位"与"文化位"的明确，为后来的"丝绸之路"之"交"奠定了基础，也成为了其必然发生的条件。至于西汉在敦煌设郡后，则必然使敦煌跟随我国历史王朝的兴衰更替与多民族的交融延续而完成它的独特使命。

敦煌郡的设立无疑空前提升了"敦煌位"在西汉乃至以后的重要性，正如窦侠父在《敦煌史迹》中"敦煌郡的产生不是偶然的"一文中所说："而敦煌恰好是经营西域的前哨阵地，自敦煌出两关（阳关、玉门关）则直通西域；由两关入敦煌则交连内地；据两关守敦煌则内地与西域畅通；丢两关弃敦煌则内地与西域联系中断……敦煌郡的产生，不仅是经营西域的需要，也是中西经济、文化交连的需要""敦煌郡的产生也是从远古直到西汉近两千年来三苗、羌戎、大月氏、乌孙、塞种胡人、匈奴、汉等居住在敦煌地区的各族人民共同开发的结果"。西汉王朝正是看到了"敦煌位"这样的重要性，才将西域疆土巩固至稳定一时，才将"丝绸之路"开辟至辉煌一时，才将"敦煌交"的功能发挥到了极致。20世纪学者在汉代敦煌郡范围内考古发掘大量"简牍"，史称"敦煌汉简"（以"悬泉简牍"最为丰富），先后出土十余批，将近3万枚；其内容涵盖了官署文书、历法律例、私文契约、诏书命令和公文簿籍，还有成典的如《仓颉篇》《急就篇》《九九术》《力牧》等，以及与相刀、相马有关，与术数、医方有关的书籍残简，均可为这一时期的敦煌政治、军事、经济、文化、医药行为作辅证。

敦煌设郡以后，汉族活动频繁，其文明基本与中原文明同步，但"敦煌位"仍然呈现多民族、多文化的大交融动态。莫高窟第263（张大千编号，史岩编号同）窟（北魏）壁画，除呈现大佛、菩萨、飞天的佛教壁画艺术形态外，还呈现了箜篌、琵琶、筝、琴、五弦、排箫、角等15种乐器合奏的画面，这些乐器并非来自同一个民族；莫高窟第285窟（北魏）则又呈现了氐羌、鲜卑、胡戎、月氏等多民族服饰装束的人物形象画面，这些都是敦煌多民族大融合的历史动态的真实写照。这种多民族文化交融的局面也沉淀、保留至今，敦煌现存人口中除汉族外，尚有回族、藏族、蒙古族、哈萨克族、土族、侗族、苗族、满族、裕固族等民族及其文化存在。

## （二）敦煌宗教历史动态

佛教诞生于古印度，由迦毗罗卫国（今尼泊尔境内）的王子乔达摩·悉达

多（即释迦牟尼）大约在公元前 535 年创立；无独有偶的是，几近同一时期（正值我国春秋时期），在我国境内，李耳（老子）开创了道家学说，孔丘（孔子）开创了儒家学说。

释迦牟尼开创了佛教，但佛教真正被发扬流传开来却是在孔雀王朝统一印度之后，君王阿育王推崇佛教，为教化百姓、巩固王权，开始在各地兴建佛塔、鼓励传教，佛教文化也随之在印度境内风靡一时。到了公元前 1 世纪前后（西汉时期），佛教在整个中亚传播开来，也在这一时期逐渐东传已经有进入西域的趋势。至西汉末年，佛教又经敦煌辖区一路东传至汉都长安，并在我国内地始有一定影响力。

两汉相交之际正值中原大乱，佛教在中原的传播基本上停滞，但在以"敦煌位"为主的西域范围内仍然盛行、流行，更多的佛教徒、僧侣跟随着丝绸之路上的贸易商旅来到这里，完成他们的传教使命。西汉王朝的"徙民实边政策"（《汉书·西域传》载"设置酒泉、敦煌郡后稍发徙民充实之"）在从中原引入劳力人口的同时，还将世家大族（如张氏、索氏、宋氏、侯氏、吕氏、曹氏等）迁至敦煌，随之春秋典籍也一并流入这里；东汉末年敦煌"流行"起儒、道之学"隐居"的文化风，较为出名的如《尚书记难》的作者张奂，还有其子"草圣"张芝，"亚圣"张昶（chǎng），另外还有宋纤、索袭、敦禹等也为避中原战事而"隐居"于此讲学授业。足见两汉政权对敦煌的开发，不仅给敦煌带来了军事上的空前稳定、经济上的空前繁荣，同时也把中原的诸子百家文化带到了这里，自然儒家、道家也在这一时期在这片土地上开始播下了文化的种子，也注定佛教与诸子文化在"敦煌位"上最先会面。

敦煌因"敦煌位"而特殊，佛教文化与诸子文化的流传也因"敦煌位"而呈现了一个特别有趣的规律：中原战乱，中原政权无暇西顾，致使中央集权到不了西域，则西域要么出现部族祸乱，要么迎来相对安稳的时代；中原平盛，中央集权将重拾"敦煌位"之重要性，西域则经战而安；西域安稳时，中西亚与东亚文化流经敦煌而在丝绸之路上流行一时，西域或中原战乱时，则东西往来的各种文化又会被滞留在"敦煌位"而继续发展、交融。

"敦煌文化位"的这种规律在"三国、两晋、南北朝时期"表现得尤为突出。西晋末年，中央政权发生"八王之乱"，我国历史开始进入"五胡十六国"时期，

河西则进入"五凉时期"。五凉政权在敦煌更迭，东西僧侣被滞留在敦煌郡范围，不得往复东西，佛教徒开始大量译经注疏和写经典藏，佛教经典得以在敦煌大量留存，"敦煌菩萨"竺法护（228—306）便是在这一时期作出成就而留名青史的。竺法护以弘扬大乘佛法为追求，八岁出家，师从沙门竺法高，为习佛法遍游西域，通晓三十六国语言，几经努力方有大成，集中在敦煌、长安、洛阳等范围传译经文，代表作为《正法华经》，相传其译经 170 余部 354 卷；其弟子竺法首开创"关河学派"为汉传佛教之最早学派，其弟子竺法乘也是这一时期敦煌建庙、译经者的杰出代表。后来东晋鸠摩罗什（344—413）在长安译经传教，影响力空前，致使诸多信仰者西行求法，敦煌便成了这一时期东行译经传教与西行求经拜佛的往来僧侣的必经之地和栖养供佛之所。《高僧传》所传如单道开（俗姓孟）也是"十六国时期"出名的敦煌高僧，诵经 40 余万字，修禅定，练内气，知呼吸吐纳术，只食松子、姜、椒可达数年而无恙。还有如令狐崇哲则是将书法、佛学合参的"写经家"代表，令狐共典经五部，写经三部（较出名的有《诚实论卷第十四》《华严经卷第十六》等，原件见敦煌文书 S.1427、S.1457、S.341、S.2179 等）。

另外，在这一时期，佛教东渐的同时，道教也在大量西传。道教写经、画像也大量缘住敦煌石室，较为出名的如西晋道士王浮的《老子化胡经》。莫高窟壁画（第 249 窟）也新添了如东王公、西王母等道教传说人物画像（需要提醒的是：西王母单独出现可能只是三危山原来就有的部族传说，而西王母与东王公同时列位时，则是道教的特殊认识）。此外，在敦煌魏晋墓中小陶罐上"急急如律令"字样同是道教文符。经卷与书法绘画的结合，无疑是将其艺术化的升华，为其赋予了更为灵动的生命力，可见十六国时期儒道释三家依然在"敦煌文化位"上开枝散叶、华实兼收。

莫高窟的开凿大概也是在这一时期开始的。据莫高窟第 156 窟前室西壁《莫高窟记》（图 1-5）一文知，前秦建元二年（公元 366 年），游僧乐遵路过三危山感悟佛法，开凿了第一个佛窟予以香火供养，而后游僧法良路过此地，秉乐遵之诚在旁边开凿了又一个佛窟，同样香火供奉，自此敦煌三危莫高开启了过往僧侣诚心凿窟供佛的历史，莫高窟在"敦煌位"上的时代也一并来临。而莫高窟现存最早的洞窟据考证就是北凉时期所凿，即编号 268、272、

275，今合称“北凉三窟”。另外敦煌研究院的专家们还断定出早期洞窟 40 个：北凉（401—439 年）7 个，“北凉三窟”加 4 个第 267、296、270、271 窟；北魏前期（439—500 年）8 个，第 259、254、251、257、260、263、265、487 窟；北魏后期（500—534 年）10 个，第 246、247、248、249、285、286、288、431、435、437 窟；北周（557—581 年）15 个，第 250、290、294、296、297、298、299、301、428、430、438、439、440、442、461 窟。

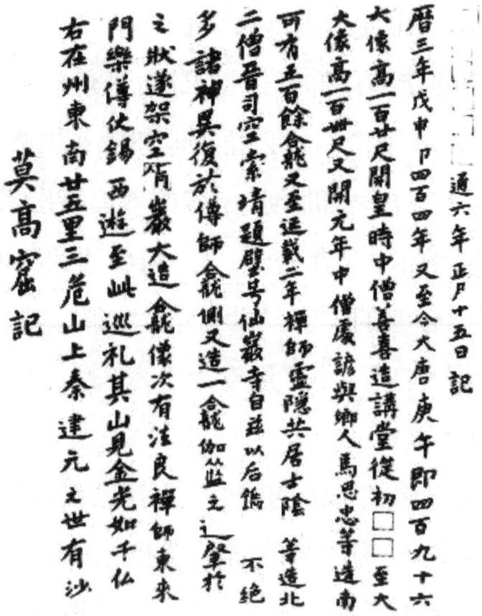
莫高窟記
右在州東南廿五里三危山上秦建元之世有沙
門樂僔仗錫西遊至此巡禮其山見金光如千仏
之狀遂架空鐫巖大造龕像次有法良禪師東來
多諸神異復於僔師龕側又造一龕伽藍之建肇於
二僧晉司空索靖題壁号仙巖寺自茲以后鐫　不絕
可有五百餘龕又至延載二年禪師靈隱共居士陰　等造北
大像高一百卌尺又開元年中僧處諺與鄉人馬思忠等造南
大像高一百廿尺開皇時中僧善喜造講堂從初□□至大
曆三年戊申即四百四年又至今大唐庚午即四百九十六
通六年正月十五日記

图 1–5 《莫高窟记》影印图示

隋唐时期，佛教在我国盛行。隋代虽短短 38 年，然而在莫高窟保留下来的隋窟就多达 70 余个，而隋炀帝内史侍郎裴矩又遍访西域、重考丝路终写成《西域图记》大作，共三卷，合四十四国，从此也有了西域“发自敦煌”与丝路“总凑敦煌”对“敦煌位”的高度概况。唐代佛教在敦煌传播更为空前，敦研标号 492 窟中唐窟就有 228 个。

唐贞观年间（627—649 年）佛教更是执政者最为看重的宗教，“玄奘取经”与《大唐西域记》的撰写正是这个年代，玄奘苦行十九年，从古印度带回大量经书、佛像，途经敦煌，回归长安，这一行为将佛教在中国的传承推向巅峰，也在敦煌佛教传承史上留下了功德，同时期莫高窟新添了许多佛像壁画。到了武则天时期，敦煌修建大云寺，筑造弥勒大佛（第 96 窟）。另外，盛唐前后敦

煌还盛行着世族集中凿窟的行为，如索氏第 12 窟，李氏第 332、148 窟，阴氏第 231 窟，翟氏第 85、220 窟，曹氏（与阴氏合凿）第 61、55 窟，慕容氏第 12 窟等。另外贞观年间景教（基督教）途经敦煌传入长安，唐高宗永徽二年（651年）伊斯兰教途经敦煌传入长安，多宗教在敦煌汇聚交流。

公元 755 年，唐朝因"安史之乱"而内政不稳，致使人口丧失、国力锐减，而出现"藩镇割据"的局面。青藏高原的吐蕃（bō）一族开始趁机大肆入侵河西，最终占领敦煌（781 年），这是藏传佛教涉足中土的第一历史记录，标志着藏传佛教（密教为主）与汉传佛教终于在敦煌会面。吐蕃一样推崇佛教，莫高窟内多了好多反映藏传佛教的壁画，更有大量吐蕃文译经卷出现。敦煌莫高窟与莫高佛教文化在这一时期开始丰富、繁盛，其开凿数量也有所增多（增 40多窟），经卷壁画甚至以百千计数。唐元和三年（808 年），回鹘（hú）（唐分封匈奴后裔而成的可汗国）的保义可汗连续击破吐蕃入侵，收复北庭、龟兹，疆域达到费尔干纳，令唐代丝路交通重新打开；回鹘汗国助唐平定安史之乱，又和唐王朝保持着紧密的政治、经济和文化往来，算是对东亚、中亚文化的发展、交汇作出了巨大贡献。

唐灭后（五代十国及两宋时期），敦煌短暂地出现过张氏"敦煌国"和曹氏政权时期，但大部分时间仍为甘州回鹘控制（1036—1068 年），而回鹘人同样信仰佛教，与自己文化结合发展成独特的回鹘佛教，这是"敦煌位"上佛教类型的又一丰富。其后敦煌又属西夏（党项族）统治（1068—1227 年）（中原正值两宋更替），佛教仍然为其"国教"，西夏将汉传佛教、藏传佛教、回鹘佛教有机结合，积极推广，进一步在莫高窟丰富开凿。1227 年，西夏灭，蒙古高原上的蒙古汗国（即孛儿只斤·铁木真于 1206 年建立的大蒙古国）占领敦煌，将铁骑踏入西亚、东欧的成吉思汗也在这一年去世；1271 年，忽必烈建立元朝，因其疆域版图空前辽阔，致使敦煌不再是边防重镇和战略要地，使敦煌原有"地理位"大幅跌价，自此敦煌佛教文化开始走下坡路。至明朝时甚至"关闭"嘉峪关（1524 年）致敦煌失去丝路枢纽地位，嘉靖七年（1528 年）敦煌直接为吐鲁番部族（信仰伊斯兰教）占去，敦煌佛教及莫高窟衰败一时，相继出现"佛像毁坏、龛（kān，神龛）亦为沙所埋"之情形。清时满族（主信萨满教）对佛教的信仰又呈现消极，加上敦煌的政治、军事地位一再萧条，中国佛教文化在敦煌与

"陆上丝绸之路"的传播开始凋敝。

历史更迭，岁月留痕。虽然无法目睹这历经数千年的文明演化和文化传承，但不随任何一个王朝交相更替与凋敝衰落的是部族文明的沉淀、宗教氛围的渲染、诸子文化的充填、人文信仰的升华，敦煌医学文化正是将这些文明悉数在"敦煌位"上兼收并蓄、交汇融合，最终呈现给人们丰富多彩而颇具多民族风格与西域地理风情的"敦煌医学文化历史位"。这正是研究者们挖掘"敦煌医学文化本位"所必须重拾和回顾的历史动态，也是"敦煌医学文化历史交"的基础条件。

## 二、"敦煌医学教育"相关的历史动态

### （一）隋代以前的"敦煌医学教育"

"敦煌医学"是以敦煌历史文化为载体传承的，其历史动态同样满足上文中提到的"敦煌宗教历史动态"所具有的规律：中原战乱，则中原政权无暇西顾，致使中央集权到不了西域，则西域要么出现部族祸乱，要么迎来相对安稳的时代；中原平盛，则中央集权将重拾"敦煌位"之重要性，西域则经战而安；西域安稳时，中西亚与东亚文化流经敦煌而在丝绸之路上流行一时，西域或中原战乱时，则东西往来的各种文化又会被滞留在"敦煌位"而继续发展、交融。同样的"三国、两晋、南北朝时期"的"敦煌医学"发展最为显著。

这一时期，中原时局动荡，战乱纷纷，中央集权无暇西顾，以"敦煌位"为代表的西北河西走廊相对稳定，敦煌之文化格局也尤以"五凉时期"较中原最为完整，这样的安定前前后后大约持续了 200 年之久。这一时期的最大特点是：敦煌政权都在氏族手里（前凉张氏、后凉吕氏、西凉李氏等），中原学者为躲避战乱又往往投奔"归隐"于此。而"世族尚学"也是我中华民族家族教育的一大优良传统；氏族多崇尚儒学，儒学又多可兼容百家之长。一时间"敦煌位"之范围内大氏族、大学者开馆授教、招贤纳士、弘扬经学、著书立说，继而经史儒学、宗教信仰、天文地理、阴阳历法、河图数理、医方针术等都在敦煌流传开来，呈现百家齐聚、百花齐放的文化繁荣景象。

同时，开办公、私学堂也成了这一时的社会风气。较有影响力的如前凉宋纤、郭瑀（yǔ）皆有弟子千余人；西凉李暠的"泮宫"就"增高门学生五百

人"，设"秀孝之科""五经博士"等；北凉王匈奴贵族沮（jū）渠蒙逊招敦煌阚（kàn）骃（yīn）主持文教，先后刊定先秦诸子文集三千卷，又尊刘昞（bǐng）为"国师"开馆授学使"国人上下皆从而受教"。他们皆有典籍留史：郭瑀著《春秋墨说》《孝经错纬》，宋纤著《论语注》，刘昞著《三史文繁著略记》《凉书》《敦煌实录》《方言》等。

然而，并没有史料记载这一时期医学内容被单独设置科目在上述官办、私立学校中传授，但是医学内容却一直掺杂在诸子文化中流传也是无须争议的事实，所以在隋唐以前，"敦煌医学教育"是以百家文化为载体在敦煌社会日常医疗环境中进行的。

### （二）唐代的"敦煌医学教育"

隋炀帝时期裴矩的《西域图记》重申了西域"发自敦煌"与丝路"总凑敦煌"的敦煌绝对地理地位。在唐代，中央政权对敦煌更加重视，敦煌仍然成为东西交通枢纽，且为"经略西域、保护商路"的重镇；唐太宗北灭东突厥，西讨吐谷浑（本为辽东鲜卑慕容部的一支），进军西域，灭高昌，攻焉耆，克龟兹，于西州（今吐鲁番）设安西都护府，几近扫除了敦煌外部威胁，其后敦煌的军事、政治、经济、文化皆为中央政权管辖，敦煌的官方教育也空前展开，敦煌医学也成了其重要板块。

《沙州都督府图经》（编号 P.2005）中显示了"敦煌有相当完备的州学、县学两级学校体制"；姜伯勤《敦煌社会文书导论》中语：州学在"城内，在州西三百步"，县学在"州学西连院"。从 P.2005 卷中还可证实"医学教育"是"州县两级学校"都必须教授的内容："医学：在州学院内，于北墙别构房宇安置。"另外《唐天宝年间敦煌郡敦煌县差科薄》（编号 P.2657）又证实了敦煌官方体制内有"医官"一职："令狐思珍，载五十一，翊（yì）卫（wèi），医学博士。"其中"翊卫"是官职，"医学博士"是职称。又据吐鲁番阿斯塔纳 380 号墓出土的《唐西州高昌县和义坊等差科薄》[编号 67TAM380：01（a）]中载"刘威感廿（niàn）九，医学助教"与哈拉和卓一号墓出土的《唐西州某乡户口账》一件残文书[编号 64TKM1：28（a）、31（a）、37/1（b）、37/2（b）]载"二人医学生、□□州学生、□人县学生"可见唐对较敦煌更远的西域地方的医学教育的管理。

又据《唐六典·卷三十·三府都护州县官吏》"大都督府……经学博士一

人，从八品上，助教二人，学生六十人。医学博士一人，从八品下，助教一人，学生十五人"与唐《医疾令》[中国社会科学院历史研究所程锦据宋《天圣令》校录《医疾令卷第二十六（假宁令附）》本]中，"诸州医博士、助教，于所管户内及停家职资内，取医术优长者为之（军内者仍令出军）。若管内无人，次比近州有处兼取。皆州司试练，知其必堪，然后铨补，补讫申省。其学生取人，依太医署。若州在边远及管夷獠之处，无人堪习业者，不在置限。诸州博士教授医方，及生徒课业年限，并准太医署教习法。其余杂疗，行用有效者，亦兼习之"更可知唐时敦煌"医学博士"的官品等级、科考选举与实际职能，可见中央政权对敦煌"医学教育"以及"方、术疗效"的重视。唐《医疾令》还有医学教育制度几条，一并录于此。

　　诸医、针生以业成申送尚书省者，所司覆试策，各十三条。医生试《甲乙》四条，《本草》《脉经》各三条。针生试《素问》四条，《黄帝针经》《明堂》《脉诀》各二条。其兼习之业，医、针各三条。问答法式及考等高下，并准试国子监学生例。得第者，医生从九品上叙，针生降一等。不第者，退还本学。经虽不第，而明于诸方，量堪疗疾者，仍听于医师、针师内比校，优者为师，次者为工。即不第人少，补阙不足，量于见任及以理解医针生内，简堪疗疾者兼补。

　　诸按摩生学按摩，诵伤折经方及刺缚之法，限三年成。咒禁生学咒禁、解忤、持禁之法，限二年成。其业成之日，并申补本色师、工。

　　诸女医，取官户婢年二十以上三十以下、无夫及无男女、性识慧了者五十人，别所安置，内给事四人，并监门守当。医博士以教以安胎产虽及疮肿、伤折、针灸之法皆按文口授。每季女医之内业成者试之年终医监、正试。限五年成。

　　可见唐朝对医学人员的培养、选拔已经颇为规范、完善，且分"医、针、按摩、咒禁、女"五个专业，这已经接近现代医药大学教育体制，整体上显得较为科学、完善。然而，官方"医学教育"体系在敦煌的留存终究与"敦煌政治位"有关，唐朝灭亡，则体制荒废。但是，《医疾令》在北宋又被使用并增加诸多条例，即有了北宋《天圣令》的发行。然而，两宋时期敦煌为西夏统治，其对敦煌"医学教育"远不及唐朝规范，而后敦煌医学的官方教育行为日渐衰落。

### （三）敦煌佛教"寺学"是"敦煌医学教育"得以保存的重要原因

李正宇在《唐宋时代的敦煌学校》中指出敦煌教育机制"在不同的时期，至少包括了官学、私学、义学（义塾）、寺学、道学等多种形式"，即由官办、民办和自发组织的教育体制加上宗教行为的教育体制构成。前文已经讨论了汉唐以前主要以百家文化教育为载体和唐代以官办医学教育模式为主的医学教育历史动态，这里便着重对宗教行为特别是佛教的医学教育进行探讨，即针对佛教"寺学"。"敦煌宗教历史动态"是"敦煌医学文化历史位"的重要内容和主要背景，而佛教医学则是敦煌医学的重要组成部分，"寺学"又是"佛教医学教育"的主要形式，因此敦煌佛教"寺学"就成了"敦煌医学教育"得以保存的重要原因。

李良松先生谓："什么是佛教医学？佛教医学就是以古印度'医方明'为基础，以佛教理论为指导的医药学体系"。"医方明"（Cikitsa Vidya）是"五明论"之一，是属于佛教医学，与古印度医学的专用名词，是印度佛教教义的内容。在玄奘《大唐西域记·卷二》中就对此有所综述："而开蒙诱进，先导十二章。七岁之后，渐授五明大论。一曰声明，释诂训字，诠目流别；二工巧明，伎术机关，阴阳历数；三医方明，禁咒闲邪，药石针艾；四谓因明，考定正邪，破覆真伪；五曰内明，究畅五乘，因果妙理。"显然，佛教修为有医学的内容在里面，其分量举足轻重；佛以普度众生为大修为，"医方"之法也为其主要途径与手段；而"医方"之中方药和咒语的单用、联用和通过禅定来修养身心的方法又是"佛教医学"的特点；同样说明佛教重视"医学教育"！

此外，唐代高僧义净《南海寄归内法传》又对"医方明"有所拓展："然西方五明论中，其医明曰：先当察声色，然后行八医，如不解斯妙，求顺反成违。言八医者，一论所有诸疮，二论针刺首疾，三论身患，四论鬼瘴，五论恶揭陀药，六论童子病，七论长年方，八论足身力。"他还说："五天之地，咸悉遵修，但令解者无不食禄。由是西国（是指印度）大贵医人，兼重客商，无为杀害，自益济他。"这些足以看出印度对医者的重视，也足以看出在唐代佛教医学对"医方明"的重视。

学者陈明在《敦煌的医疗与社会》中对"敦煌寺院的'五明论'与医学教育"展开了更为详细的论述，他将其按"有关教义规定、师资、教材和生源"分条论述，阐明了"敦煌寺学是有开展医学教育的足够条件的"。现将其论述中

提到的敦煌遗卷名列于下。

第一类是一面抄经，一面抄写医书：P.2115 正面《穷诈辨惑论·卷下》，背面《张仲景五脏论》和《平脉略例》；P.3093V 一面《杂方术》，一面《定风波》。另外 S.4433 正面抄写道经《太玄真一本际经》卷四《道性品》，背面抄写医书。

第二类是佛教经卷中含有医学内容：S.6107R《金光明最胜王经》含"大辩才天女品"的洗浴药方，S.5379《佛说痣病经》，S.0988《佛说护诸童子陀罗尼经》，以及 S.6151、S.1210、S.1405 等的《千手千眼观世音菩萨广大圆满无碍大悲心陀罗尼经》含有《千手千眼观世音菩萨治病合药方》。

第三类是僧学生史料：S.5643 题记为"大云寺学郎"等。

此外，马继兴的《敦煌古医籍考释》中列举的类似情况一并录于此：P.2665 正面残道经，背面佛家医方、愿文，S.5598 佛经中载神妙补心丸一方，P.3230《金光明最胜王经》含"大辩才天女品第十五"的洗浴药方（S.6107 中也含其片段），另外 P.4038 含道家医方十二首。

学者陈明还注意到 P.3287 中依次"节录"了《素问·三部九候论》（第 1～31 行）、《伤寒杂病论·伤寒例》（第 32～50 行）、佚名《脉经》（第 51～60 行）、《伤寒杂病论·辨脉法》（第 61～67 行）、佚名《脉经》（第 68～149 行）五段中医基础理论，P.3287 中有"岐伯曰""黄帝问曰/岐伯答曰""又问/答曰""问曰/答曰"和"问曰"五种问答方式且先为理论后附方药，还有 P.3655、S.6245、P.2115V、S.5614 中存在"节录汇抄"现象，这些皆疑为寺学教材或摘抄笔记。

郑炳林等人也认为："吐蕃占领敦煌以后，正常的学校制度遭到破坏，学术文化从官府转向寺院。这时，除了民间医家依旧招收徒弟外，寺院医学就显得格外重要。"以上这些都足以证明敦煌"寺学"，尤其佛教"寺学"是"敦煌医学教育"得以保存的重要原因。

重视"敦煌位"上的部族、政权更替的历史动态，重视莫高窟及宗教文化兴衰的历史动态，重视"医学教育"相关的历史动态，而将"位思维"运用于对"敦煌医学文化历史位"的探讨，用其数千年政权交替、部族更替和文明演化的历史动态赋予"敦煌医学位"生机和活力，这有助于对"敦煌医学文化本位"的研究，有助于给出"回归"这种"本位"更好的思路和方向，也同样有助于更深刻地认识、挖掘、提炼"敦煌医学文化"在"敦煌位"上发生"交""和"的深层次内涵与意义。

# 第四节　敦煌医学文化本位

　　"敦煌医学文化"是世界各生命学科体系中少见的以我国地名命名的"医药学显学与新秀",它在中国乃至整个世界都有其不可或缺的学术价值与学科地位(马继兴先生主编的《敦煌古医籍考释》对其做过高度概括)。其核心为敦煌中医学,其特点为西域文化圈各地方医药学融合并富含丝绸之路的地方特色,并且极具世界各大宗教(佛教、道教、基督教、伊斯兰教为主)文化气息;其历史意义在于它以"敦煌地理、历史、文化位"为中心,为西域文化圈和河西文化圈的各部族人民提供医疗文化服务;其现代实用价值在于可以被挖掘、开启和再利用,为以"中国地理、历史、文化位"为代表的"一带一路"文化圈和世界文化圈的各民族人民提供医疗文化服务。

## 一、敦煌医学文化本位研究

### (一)敦煌医学概述

　　敦煌医学是敦煌学的重要分支,是继陈寅恪先生提出"敦煌学"概念(1930年陈寅恪先生为陈垣先生《敦煌劫余录》所作序中首次提到"敦煌学"一词,段文杰和刘进宝先生都是这方面的专家)后的又一分支学科——医学类学科概念,是以我国古丝绸之路重镇敦煌命名的包含"中医学""藏医药学""西域医学""古印度医学"和"宗教医学"以及"壁画医学"等的相关内容在内的以"敦煌医学残卷、遗书"〔马继兴教授在《敦煌古医籍考释》中对此作了相关查证,指出:主要是指1899+1年在敦煌莫高窟今编第17窟(现称"藏经洞")发现的中医药古文献,时属先秦、汉代、南北朝、隋唐时期。〕为主体的中华传统医学体系,是人类文明史上又一医学类宝库!

　　20世纪80年代,甘肃中医药大学首次提出"敦煌医学"概念,1985年,时任甘肃中医学院(现甘肃中医药大学)院长的丛春雨教授带领研究团队先后收集整理散在于国内外的敦煌文物资料,组织编辑刊出了《敦煌中医药全书》一

书。此后，学院相关专家继续着力研究，相继发表刊出了许多该领域的优秀专著与论文，该学科内容日益丰富。敦煌中医学是从敦煌学中医药文献残卷、遗书、壁画、彩绘等挖掘出的符合中医药基础理论和临床实践的，主要为汉唐时期及其以后而富含丝绸之路地方特色的学科内容。其内容正如丛春雨教授说的那样：包括"从阴阳五行学说到脏腑为中心的中医基础理论，从脉学诊断到内外妇儿临床各科，从针灸遗书到大量的古医方，从本草学著作到敦煌遗书中的医事杂论，从古藏医药文献的发现到独具一格的道医佛医的展示"，是敦煌医学的重要组成部分，也是其核心内容，更是"敦煌医学文化本位"的承载。

敦煌医学卷子（又称"敦煌医学遗书"）和"敦煌医学壁画"则是研究"敦煌医学文化"的首要文献、图像资料。敦煌医学卷子虽然流散海内外，但经业界学者、爱国者的努力整理和国外学者的归档保存已重现于世，"到世界寻找'敦煌'"和"从'敦煌'看世界"的提法也被越来越多的学者重视，"敦煌医学文化位"的重要性与现代实用价值日渐升华！

敦煌医学卷子覆盖了中医学多个学科分支的内容。赵健雄先生认为，其"丰富了隋唐前后的医学典籍，为校勘、辑佚、考证提供了宝贵资料，反映了隋唐五代医药学术成就"。李金田教授同样认为，"其中的医学内容填补隋唐前后内容之空白，为古医籍的校勘和辑佚提供了重要证据，是对古佚'经方'的重要发现"，并概况了它"涉及医学理论、脉学知识、本草精华、方剂大成、针灸真髓、道医佛医等方面的内容"；还指出其"对中医学的研究和发展有重要的补充作用，尤其是别具一格敦煌壁画形象医学，是中医象思维的生动描绘，其中的练功运动、卫生保健、诊疗疾病等壁画内容，对养生保健也非常有指导意义"。

"敦煌医学文化"的现代实用价值研究不是空穴来风，而是建立在敦煌医学现有研究成果上的理论与实践相结合的新课题。早期甘肃中医药大学敦煌研究所开展敦煌医学"临床应用和开放研究"课题成果：中国敦煌二七二腹带、敦煌医学骨伤科技术的研究（1994年）、敦煌医方硝石雄黄散临床实验研究（1995年）、敦煌消肿镇痛贴的开发研究（1995年）、菩提保命茶的研制（1995年）、敦煌古医方神明白膏治老年性皮肤瘙痒的临床与实验研究（2002—2003年）、敦煌石室大宝胶囊的研制与开发（2002年）、敦煌前列宝治疗慢性前列腺炎的临床与实验研究（2006年）、新药敦煌石室大宝胶囊的开发应用研究（两

项,2006年)、敦煌养颜面脂开发研究(2006—2007年)。其公开的敦煌理论研究专著就有10余部,如王道坤等人的《医宗真髓·敦煌医方选粹》、张侬的《敦煌石窟秘方与灸法图》,丛春雨的《敦煌中医药全书》《敦煌中医药精萃发微》,赵健雄等人的《敦煌医粹》《赵健雄医学文萃·敦煌医学研究》、刘喜平的《敦煌古医方研究》,还有张宏强等人的《敦煌石窟气功·一分钟脐密功》与《敦煌脐密梦谈》,田永衍的《敦煌医学文献与传世汉唐医学文献的比较研究》,李应存等人的《敦煌佛儒道相关医书释要》《敦煌写本医方研究》《敦煌佛书与传统医学》与《俄罗斯藏敦煌医药文献释要》,还有李应存教授主编的《实用敦煌医学》《实用敦煌医学汇讲》2部教材,此外尚公开有百余篇敦煌医学相关论文。

近年来,敦煌医学的理论与临床相关的研究成果颇丰,较具代表性的专著,如潘文和袁仁智合著的《敦煌医学文献研究集成》《敦煌医药文献真迹释录》,以及陈明(季羡林大师最器重的学生之一)的《敦煌的医疗与社会》等。潘文和袁仁智的合著中收录关于"敦煌医学主要研究性著作"的索引目录(截至2015年)有110本之多,收录关于"公开发表研究敦煌医学的文章"的索引目录(截至2015年)包括了"文献研究类"266篇、"临床研究类"167篇、"实验研究类"43篇、"研究报道类"56篇和"硕博士学位论文类"27篇。2023年,由甘肃中医药大学组织编写的《敦煌医学研究大成》是一套系统整理与研究敦煌医学文献的权威学术著作。2023年,敦煌医学数据库也成功上线,实现了文献全球共享和高效检索。2024年敦煌医学与转化教育部重点实验室在教育部评估中获评"良好"。可见近年来,"敦煌医学文化"的相关研究呈现空前热潮。

敦煌医学颇具魅力,我与我的团队已经完成和正在进行的关于"敦煌医学文化"的研究课题主要是有关《辅行诀五脏用药法要》《张仲景五脏论》等敦煌医学卷子相关学术价值的研究和现代实用价值的挖掘。研究团队期待有效重构"敦煌医学'三阴三阳开阖枢'气化理论"的知识体系和系统框架,从而将"四神六旦汤"和"大小诸五脏补泻方"更好地用于临床实践中,从而有效地服务于"一带一路"。

## (二)敦煌医学卷子与壁画内容概述

敦煌医学卷子涉及中医学多个学科分支的内容:涉及中医学典籍《黄帝内经》的有 P.3286 卷(较王冰补注《素问》的内容更早)、P.3481 卷(现存最

早的《灵枢经》残段）、P.3287 卷（含《三部九候论》原文），还有 Дx.02683 卷、Дx.11074 卷与 Дx.00613 卷（《黄帝内经》节选本）；涉及中医学典籍《伤寒论》的有 S.202 卷、P.3287 卷（含有宋校订前的《伤寒论》内容）；还有中医学"五脏论"相关的如 P3655 卷的《明堂五脏论》（P.3655 卷尚含《青乌子脉诀》内容），以及 S.5614、P.2115、P.2755、P.2378、Дx.01325v（李应存教授定名）五个卷子的《张仲景五脏论》，其中 S.5614 卷中还有《占五脏声色源候》与另外两种脉学相关残篇；另外还有敦煌藏卷手抄本《辅行诀五脏用药法要》（张大昌先生及弟子手抄）亦为其值得深究的内容。还有涉及医案类的如 S.5901 卷和涉及医法的 S.4433 卷。此外，古印度医学相关的于阗文医典《医理精华》（共两件：一件编号 P.2892，另一件现藏于印度事务部图书馆编号为 Ch.ii 002）与梵文于阗文双语医典《耆婆书》也均是从敦煌藏经洞出土。

涉及脉学相关的有 P.3477 卷的《玄感脉经》，P.3655 卷的《青乌子脉诀》《七表八里三部脉》（P.3655 卷尚含《明堂五脏论》内容），S.5614 卷的《平脉略例》《五脏脉候阴阳相乘法》。涉及针灸治疗学的有 P.2675 卷的《新集备急灸经》，S.6168 卷的"明堂图"及 S.6262 卷的"灸法图"。

涉及本草学相关的有 P.3714 卷、S.4534 卷、P.3822 卷及"李氏（即李盛铎）旧藏本"是《新修本草》的古抄本，龙 530 卷为陶弘景《本草经集注》残卷，S.76 卷与 S.7357 卷为孟诜（shēn）《食疗本草》早期写本，S.5968 卷含有《本草经集注》《亡命氏本草序例》中药物总论部分内容，另外 S.5614 卷、P.2882 卷、P.3930 卷及 P.2115 卷中尚提及了"河内牛膝""上蔡防风""中台麝香""泰山茯苓""江宁地黄"等道地中药。尚有其他已破残的药方残卷如 S.5976 卷。

涉及杂疗经验方剂的有 P.3378 卷的《杂疗病药方》（尚存 25 方），P.2565 卷（存 105 行文字，录 21 方）的"治小儿赤白热痢方"（黄连、黄柏、黄芩、乌梅、阿胶、犀角），P.2662 卷（背面，存 111 行文字，录 62 方）的"治热病不退柴胡汤"（柴胡、黄芩、知母、石膏、大黄、芒硝、升麻、大青、栀子、芍药），其中 P.2565 卷、P.2662 卷（正面，存 83 行文字，录 27 方）和 P.3731 卷三卷定名为《唐人选方》。S.1467 卷（正面本草内容并抄 18 方，背面又存 28 行录另外 10 方）"定志丸"（以猪马牛羊犬之心合制）与"羌活补髓丸"（以牛羊脑、骨髓合制），另外 P.3930 卷（存 187 行文字，录 187 方）中收录了治产后瘀血腹痛（桂

心、牛膝、蒲黄、当归）、治耳流脓（白矾、黄矾）、治鼻衄（人发灰、龙骨）、治牙痛（细辛棉裹外敷）、治喉痹（升麻、紫雪）、治眼热暗（养肝）以及治昏迷不醒（冰片、犀角口服，皂角末或菖蒲末吹耳鼻、着口舌）等大量的用药经验。其他还有如 S.3347 卷的"效方记"、S.3395 卷的"药效方"、S.729 卷的医方残页、S.5741 卷的"合眼法"、S.5795 卷的药方、S.6052 卷的炮制药法、S.6084 卷的药方目录、S.6958 卷的医方残卷、S.7108 卷的医方残卷等。

　　涉及诊疗技术的内容有：P.3596 卷（存 247 行文字，录 212 方）用笔筒纳口中吹气的人工呼吸法抢救自缢者，用"伏头、面向下使水从鼻、口中出"的方法抢救溺水者；P.2882 卷（存 153 行文字，录 42 方）用上口套有竹管的羊皮药囊，将竹管插入肛门的外治灌肠法；S.5435 卷（存 232 行文字，录 37 方）用苇筒作插入导管将羊胆汁灌肠的外治灌肠法。涉及中医美容学方面的内容，如 P.2882 卷记载用针沙、破铁汁、玉门矾石、没石子等炮制染黑须发，另外还有其他卷子也散在提及面脂、面膏、生发、香衣等技术。

　　涉及佛教医学的内容有：P.2665 卷（记录了药物治疗与佛家咒语的结合）、P.3230 卷、P.3777 卷、P.3244 卷、P.2637 卷、P.2703 卷、P.3916 卷、S.6107卷、S.5598 卷（这 9 卷皆在《敦煌宝藏》中有所收录）和 S.5761 卷，其中《佛家辟（bì）谷方》（P.2637 卷、P.2703 卷）、《佛家香浴方》（P.3230 卷、S.6107 卷）的相关内容值得引起注意，很大程度上与古印度医学间有着宗教相关的特定联系。涉及道教医学的有罗氏（即罗振玉）《疗服石医方》藏卷、P.4038 卷的《道家养生方》、S.6052 卷的《服食养生方书》、P.3093 卷的《道家合金丹法》、P.3043卷的《服气体粮方及妙香丸子方》、S.2438 卷的《绝谷仙方》、S.5795 卷的《残辟谷方》、P.3960 卷的《黑帝要略方》、S.4433 卷的《求子方书》、P.2539 卷的《天地阴阳交欢大乐赋》、P.2662 与 P.2882 卷的《祝由方》、P.3114 卷的《疗鬼疰方》，以及 S.2072 的《道医董奉传记》[ 即"三神医"之一：人们把侯官县的董奉、谯（qiáo）郡的华佗、南阳的张仲景并称"建安三神医"]。还有如 P.2856 卷的《发病书》一类的中医"数术类"文献卷子。

　　此外，在保存至今的 492+1 个敦煌莫高窟洞窟中，大约有 4.5 万平方米的壁画和超过 2000 多尊塑像，其医学类壁画更是研究"敦煌位"上古代医学的重要图像资料。李金田教授从西魏第 285 窟西壁正面佛龛上提炼出了练功运动的内容,从北周第290窟人字坡东坡的清扫图中提炼出了卫生保健相关的信息。我们团队此前又从第217窟"得医图"和第296窟、第302窟"诊疗图"中的"女医童"一形象中寻迹到了"中医护士"的雏形,这极大程度上丰富了"中医护理学"的历史研究,填补了医学史记录的又一空白。

## 二、中医学之位

　　敦煌中医学是敦煌医学文化的核心内容与主体部分,对"中医学之位"的研究既是"敦煌医学文化位"的拓展内容,也是开启挖掘、探索其现代实用价值的又一把黄金钥匙。"位思维"在诸子百家中皆有体现,"百家之言'位'"尤其是"'医'言位"的内容都已在前文加以举例说明,这里将在此基础上延伸拓展,拟从中医生理、病理、诊断、治疗、养生等几个方面归纳阐述中医学中"位"的体现,亦即"医学位"。下面则重点选取《黄帝内经》中相关片段对此问题展开举例讨论。

### (一)中医学"生理位"

　　中医学不同于现代医学的是,其具有自身独特的生理系统理论与脏腑定位,脏象学说就是其最为核心的"生理位"。中医认为,人体是一个有机的整体,是以"五脏为中心",配以六腑,通过经络系统"内属于脏腑,外络于肢节"将机体六腑、五体、五官、九窍,甚至四肢百骸等全身器官紧密联系而成的有机整体,并通过精、气、血、津液的协调作用与阴阳二气的周流往复(一元复始)来完成机体统一的机能活动。

### 1."生理位"核心是"五脏中心位"

　　"脏象"一词最早出现于《素问·六节藏象论》:"帝曰:藏象何如? 岐伯曰:心者,生之本,神之变也,其华在面,其冲在血脉,为阳中之太阳,通于夏气。肺者,气之本,魄之处也,其华在毛,其充在皮,为阳中之太阴,通于秋气。肾者,主蛰,封藏之本,精之处也,其华在发,其充在骨,为阴中之少阴,通于冬气。肝者,罢(pí)极之本,魂之居也,其华在爪,其充在筋,以生血气,其味酸,其色苍,此为阳中之少阳,通于春气。脾胃大小肠三焦膀胱者,仓廪(lǐn)之本,营之居也,名曰器,能化糟粕,转味而入出者也,其华在唇四白,其充在肌,其味甘,其色黄,此至阴之类,通于土气。凡十一藏取决于胆也。"这一段

既是脏象系统的完整表述,却也在细节上点明了神、魂、魄,以及精、营在脏腑中所居处的"本位",同时还言明了脏腑功能分别反映在机体的"其华""其充"及与之相应的"位"。

而在《素问·灵兰秘典论》中又将"十二脏"之"相使贵贱"进行了阐述,言明了五脏六腑的"官位"属性,通过"官位"与"司职"的联系,以及"在其位,谋其职"的基本道理论述了五脏的基本属性和六腑的基本功能,并正视了"心居君位"的重要意义。《灵枢·海论》中"夫十二经脉者,内属于藏府,外络于肢节"一句,高度凝练了"藏府—经络—肢节"的整体性,高度肯定了"藏府中心位"的重要意义。对于脏与腑,《素问·金匮真言论》谓,"藏者为阴,府者为阳;肝、心、脾、肺、肾五藏皆为阴,胆、胃、大肠、小肠、膀胱、三焦六腑皆为阳……皆阴阳、表里、内外、雌雄相输应也",又有《素问·阴阳应象大论》谓,"阴在内,阳之守也;阳在外,阴之使也",足以看出"藏府中心位"之核心就是"五脏中心位",而且还可以细分为"阴阳位""表里位""内外位""雌雄位"等。

## 2. "生理位"特点是"脏位相配"

对于"五脏为中心"则又表现出来脏象与"时间位""空间位"相配的特殊"中医位"模式,这在《素问》中最能体现。

《素问·金匮真言论》谓:"帝曰:五脏应四时,各有收受乎? 岐伯曰:有。东方青色,入通于肝,开窍于目,藏精于肝,其病发惊骇……其应四时,上为岁星,是以春气在头也……是以知病之在筋也,其臭(xiù)臊。南方赤色,入通于心,开窍于耳,藏精于心,故病在五藏……其应四时,上为荧惑星,是以知病之在脉也……其臭焦。中央黄色,入通于脾,开窍于口,藏精于脾,故病在舌本……其应四时,上为镇星,是以知病之在肉也……其臭香。西方白色,入通于肺,开窍于鼻,藏精于肺,故病在背……其应四时,上为太白星,是以知病之在皮毛也……其臭腥。北方黑色,入通于肾,开窍于二阴,藏精于肾,故病在豀(xī)……其应四时,上为辰星,是以知病之在骨也……其臭腐。"

又有《素问·阴阳应象大论》谓:"东方生风,风生木,木生酸,酸生肝,肝生筋,筋生心,肝主目……南方生热,热生火,火生苦,苦生心,心生血,血生脾,心主舌……中央生湿,湿生土,土生甘,甘生脾,脾生肉,肉生肺,脾主口……西方生燥,燥生金,金生辛,辛生肺,肺生皮毛,皮毛生肾,肺主鼻……北方生寒,寒生水,水生咸,咸生肾,肾生骨髓,髓生肝,肾主耳……"这些展示了"空间位—时间位—五藏"最简单的"脏位相配"关系:"东方—春—肝""南方—夏—心""中央—长夏—脾""西方—秋—肺""北方—冬—肾",亦即五个"脏位系统"。先哲正是先将"五脏中心位"与"时空位"对应起来才取象比类、司外揣内、归纳演绎出脏腑的属性、功能,也才能够进一步完善人体"五行生化制约"的相生相克规律,才可以将之用于指导临床诊断和治疗。

《素问·诊要经终论》中还记录了另一种"生理位",即"时间位—人气—五脏"的对应关系:"正月、二月,天气始方,地气始发,人气在肝。三月、四月,天气正方,地气定发,人气在脾。五月、六月,天气盛,地气高,人气在头。七月、八月,阴气始杀,人气在肺。九月、十月,阴气始冰,地气始闭,人气在心。十一月、十二月,冰复,地气合,人气在肾。"

不难看出,中医对脏腑功能属性的认识离不开"时间位"和"空间位",脏腑的生理特性都是由"时空位"所决定的。只有将五脏与四时、五行、六合以及天地阴阳联系起来,才能正确而完整地认识脏腑功能,进一步认识"天人合一"。至于人体"生理位"关乎阴阳、表里、上下、内外位的联系,则可直接通过图1-6来认识。

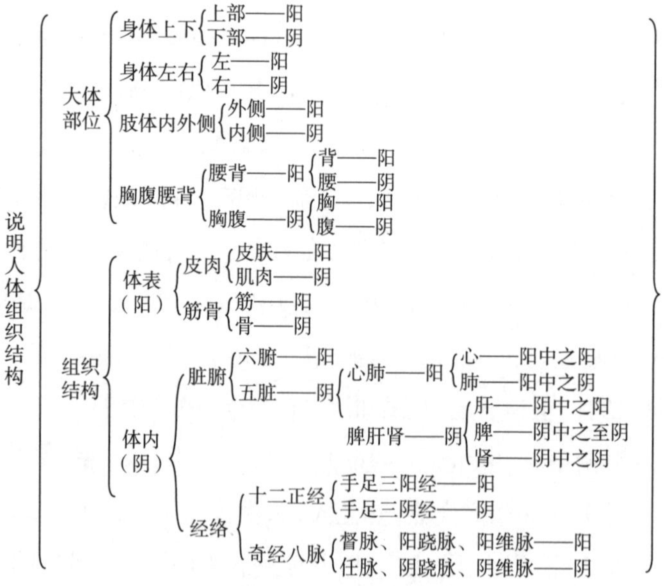

图1-6　人体组织结构

## （二）中医学"病理位"

### 1."时空位"与"病理位"的相关关系

《素问·金匮真言论》谓："东风生于春，病在肝，俞在颈项；南风生于夏，病在心，俞在胸胁；西风生于秋，病在肺，俞在肩背；北风生于冬，病在肾，俞在腰股；中央为土，病在脾，俞在脊。故春气者，病在头；夏气者，病在藏；秋气者，病在肩背；冬气者，病在四支。故春善病鼽（qiú）衄，仲夏善病胸胁，长夏善病洞泄寒中，秋善病风疟，冬善病痹厥……"这段文字表明了五脏系统与"时空位"的对应关系，五脏也因与特定的"时空位"相对应而"感应"其"邪风"最终致病。

《素问·异法方宜论》谓："黄帝问曰：医之治病也，一病而治不同，皆愈何也？岐伯对曰：地势使然也。故东方之域，天地之所始生也。鱼盐之地，海滨傍水……故其民皆黑色疏理，其病皆为痈疡。西方者，金玉之域，沙石之处，天地之所收引也……其民不衣而褐荐，其民华食而脂肥，故邪不能伤其形体，其病生于内。北方者，天地所闭藏之域，其地高陵居，风寒冰冽，其民乐野处而乳食，藏寒生满病。南方者，天地之所长养，阳之所盛处也……故其民皆致理而赤色，其病挛痹。中央者，其地平以湿，天地所以生万物以也众，其民杂食而不劳，故其病多痿厥寒热。"这段内容表明了"地理位"对人体生理特点的影响，不同"地理位"上的人生理特点多有区别，从而不同"地理位"上的人生病则可以表现出病理上的"地理位"差异，可以确定"因地制宜"和"同病异治"的治则。

### 2. 违逆"时空位"则引发病理过程的举例

《素问·四气调神大论》谓："……逆之则伤肝，夏为寒变，奉长者少……逆之则伤心，秋为痎疟，奉收者少，冬至重病……逆之则伤肺，冬为飧泄，奉藏者少……逆之则伤肾，春为痿厥，奉生者少……"还谓"逆春气，则少阳不生，肝气内变；逆夏气，则太阳不长，心气内洞；逆秋气，则太阴不收，肺气焦满；逆冬气，则少阴不藏，肾气独沉。夫四时阴阳者，万物之根本也。所以圣人春夏养阳，秋冬养阴，以从其根，故与万物沉浮于生长之门。逆其根，则伐其本，坏其真矣。故阴阳四时者，万物之终始也，死生之本也，逆之则灾害生，从之则苛疾不起，是谓得道。道者，圣人行之，愚者佩之。从阴阳则生，逆之则死；从之则治，逆之则乱。反顺为逆，是谓内格。"这段内容说明了机体违逆"时空

位"之阴阳气机变化就会导致不同程度的疾病。

《素问·异法方宜论》还载有"春刺夏分……春刺秋分……春刺冬分""夏刺春分……夏刺秋分……夏刺冬分""秋刺春分……秋刺夏分……秋刺冬分"与"冬刺春分……冬刺夏分……冬刺秋分"的针刺与"时间位"不相对应而操作误治的病理演变过程，可见"时间位"在针刺治疗的重要性与针刺不与"时间位"对应而误治致病的严重性。

再如《素问·六节藏象论》谓："岐伯曰：求其至也，皆归始春。未至而至，此谓太过，则薄所不胜，而乘所胜，命曰气淫。至而不至，此谓不及，则所胜妄行，而所生受病，所不胜薄之也，命曰气迫。"其中"求其至也，皆归始春"一句与"胆－春"的"腑位系统"对应则可以解释该篇后文中"凡十一藏取决于胆"；而"五运六气"当其"时空位"先至或未至则引发了"太过之气淫"与"不及之气迫"两种病理后果。其实不单"运气"如此，五脏六腑、十二经络、肢节官窍皆如此，一气周流于全身各个组织器官，大到机体整体，小到机体腧穴，气机当其"时空位"恰至则呈"中和"而机体无恙，先至或未至则为"太过""不及"两种情况，严重时则致病。诚如《素问·五运行大论篇》所谓："从其气则和，违其气则病，不当其位者病，迭移其位者病，失守其位者危，尺寸反者死，阴阳交者死。"这也是大家反复所说的：得其位则和，失其位则殃（病），甚者死！

### 3. 敦煌医学中经典的"病理位"

《辅行诀五脏用药法要》是一部总结"辨五脏病证"组方用药规律的书籍。敦煌遗书《辅行诀五脏用药法要》原藏于河北省威县中医师张握南先生家，世代珍传至握南先生嫡孙张大昌先生。原卷不幸被毁，现仅存两个抄本：一本为张大昌先生对原卷日夜展玩，诵记如流，原卷被焚毁后，追忆成本；另一本为大昌先生弟子据原卷抄录。其核心内容可以总结为两部分，一部分是按"五脏位"顺序排布、罗列的"大小五脏补泻方"，另一部分是按"四象位"推演、铺陈的"大小四神六旦汤"，其中"四象位"之"大小四神六旦汤"更能体现出中医学之"病理位"，也最当以"三阴三阳开阖枢"气化理论来探讨。我们研究团队已经对此系统深入研究，并成果显著，在该领域相继发表多篇论文。此处就以"小玄武汤"（对应"真武汤"）名义、方证为例，以示"位思维"在其中的作用以及"敦煌位"的魅力。

　　该组汤方以"玄武"命名，整体涵盖了两个方面的内涵：其一，"玄"即"黑"（玄比黑稍深），属"北方水位"，《说文》直言"黑而有赤色者为玄"，依《素问·金匮真言论篇》中，"北方黑色，入通于肾……其类水……其应四时，上为辰星，是以知病之在骨也"，又有《后汉书·王梁传》谓，"玄武，水神之名，司空水土之官也"，则"玄武"对应"北方水位"；而《楚辞·远游》洪兴祖补注"玄武"谓"玄武，谓龟蛇。位在北方，故曰玄。身有鳞甲，故曰武"，众所周知，戴盔甲的士兵称为"武士"，则戴鳞甲的龟蛇亦是"武"，"玄武"则又是带有鳞甲的龟蛇，镇守"北方水位"；而"玄武"也被称为"玄冥"，诗人李白《大猎赋》中，"若乃严冬惨切，寒气凛冽，不周来风，玄冥掌雪"则描绘了严冬、"玄冥"的环境画面。"冥"者正言龟蛇居处"北方水位"之"幽冥含寒"，"武"者则言龟蛇装备鳞甲"可攻可守"，龟蛇能在"玄冥"之地装备鳞甲而"显武"，足见"玄武"尚能攻寒克寒。

　　其二，"玄"为北方，为冬季，又有彭子益谓，"六气之时，地面上的阳热，经秋气之收敛，全行降入土下的水中……中下阳多，故称太阳。此阳热降入水中，水即将它封藏不泄……水外已寒，则水内阳藏，故称寒水"，不难想到"玄武"的作用对象就是这"太阳寒水"，前条"冥"即是避藏北方"太阳"，而前条"武"即是打开释放北方"太阳"。这样，"玄武"属"北方水位"就有主水、攻寒，而主管"北方太阳寒水"的内涵。

　　在"外感天行"初起时，正值寒气凛冽，阳气冥藏，亦属"北方水位"，天人相应，"天地人位"皆一致交相感应。若其人"肾气不足"，即肾中阴阳皆不足：肾阳不足，阳不足则寒；肾阴不足，依阴气"同名相传"，心阴不足，则心火不能下降温暖小肠，能量不得下潜凝聚在膀胱，同样"内生虚寒"，小肠和膀胱亦寒。当其侵袭人体，冬寒之邪（阴邪）外袭太阳表，阴寒之邪性主闭合，致使肌表毛孔收缩闭合，来自肺脏阴液无法及时外输肌表而不得作汗，必然"通调水道，下输膀胱"却不能"水精四布"，水气津液皆向下聚集在膀胱。《素问·灵兰秘典论》中，"膀胱者，州都之官，津液藏焉，气化则能出矣"，而今膀胱外有寒邪侵袭，内无相火下温，无阳气以完成"气化"，则小便不利；外寒束闭人体，太阳不得"开升"，身之阳气无法沿前文两条途径升起合入阳明，阳明胃、大肠阳气不足，则胃和大肠亦寒；今胃、大肠、小肠、膀胱皆寒，尚有津液聚于下焦，寒水互凝，则"腹中痛"。胃寒无足够阳气传交给脾，加之本就"肾气不足"，

肾阳亏虚,则脾阳更虚脾更寒,"脾胃主四肢",今脾胃阳气不足则无以温养四肢,是故"四肢冷"。《辅行诀五脏用药法要》的小玄武汤证就是针对"外感天行病"北方水位之"寒水"冥藏,太阳无法正常"开升",能量无法释放温养脏腑、周身,终致"虚寒内生、小便不利、腹中痛、四肢冷"而设(图1-7)。

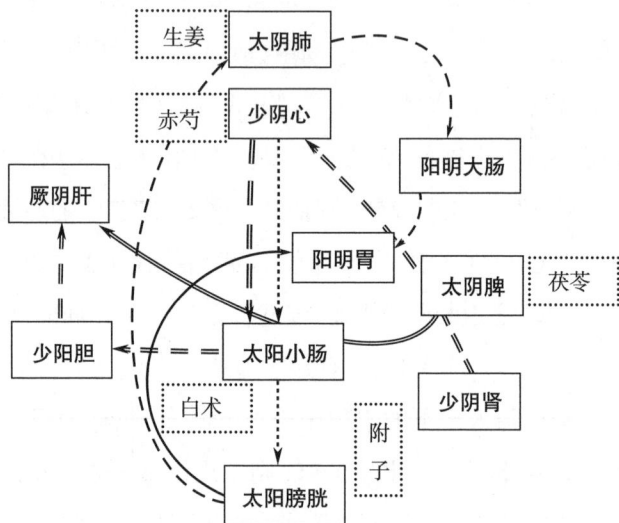

注: 单实线为阳气途径1, 单虚线为阳气途径2

图1-7 小玄武汤作用于六经气机升降示意图

如图1-7所示,选别号"玄武"归属"北方水位"的附子为君,取其性味辛温而色黑褐,入肾经而温暖肾阳;再者,"附子"附于乌头旁侧,是乌头多余温热力量的聚集与储存之地,正好与"太阳膀胱"和"太阳寒水"聚集能量相对应关联,所以附子亦为补充膀胱中"能量聚集",以增强"寒水"中"太阳"的力量。再佐用赤芍滋补心中阴血加强对该"南方相火"的敛降作用,解决心火(相火)不降的本质问题,使小肠、膀胱得以温暖;用生姜辛开太阴肺,帮助阳气沿"阳气途径2"从太阳开升,合入阳明,以温暖胃、大肠。白术、茯苓同用,白术苦温归小肠(味苦—火—小肠),帮助小肠吸收水液("小肠主液");茯苓甘平归脾(味甘—土—脾),则健运太阴脾帮助其将从小肠吸收的这部分水液运输至膀胱,使水液不从大便出而为溏泻。总之,附子温暖肾阳、膀胱阳,芍药敛降心阳使相火下暖小肠、下藏膀胱,则北方"寒水位"中"太阳"得以充足,膀胱"气化"的功能得以恢复;生姜帮助阳气开升,使阳明中合入阳气,则胃、大肠

得温；小肠、胃、大肠、膀胱得温，脾、肾阳生，则"四肢冷"得温，"内生虚寒"得解；茯苓、白术联合又可将下焦聚集的水液从小肠吸收而由脾转运至膀胱，膀胱"气化"功能已然恢复，则水液因"气化"而出，小便得利，腹内无寒水互凝则疼痛得去。五药分别作用于北方水位的少阴之气，南方火位的太阴天气、太阳火气，中央土位的脾胃土气，以及北方水位的太阳寒水，使人之一身之气复归周流，万化皆安。

### （三）中医学"诊断位"

#### 1."诊断位"首先体现在"辨病位"

"诊病"一词见于《素问·五脏生成论》："诊病之始，五决为纪，欲知其始，先建其母，所谓五决者，五脉也。是以头痛巅疾，下虚上实，过在足少阴、巨阳，甚则入肾。徇蒙招尤，目冥耳聋，下实上虚，过在足少阳、厥阴，甚则入肝。腹满䐜（chēn）胀，支鬲胠（qū）胁，下厥上冒，过在足太阴、阳明。咳嗽上气，厥在胸中，过在手阳明、太阴。心烦头痛，病在鬲中，过在手巨阳、少阴。"这段内容言明了通过病症所在的部位来诊断疾病相关的经络和脏腑，即是"诊断位"最好的体现。

#### 2."时空位"对诊断的指导意义

《素问·移精变气论》谓："色脉者，上帝之所贵也，先师之所传也。上古使僦贷季，理色脉而通神明，合之金木水火土四时八风六合（即前后左右上下），不离其常，变化相移，以观其妙，以知其要。欲知其要，则色脉是也……色之变化，以应四时之脉，此上帝之所贵，以合乎神明也。"这段文字说明了察色诊脉要与"五行四时八风六合"的"时空位"相关因素对应起来方能"知其要"。

又有《素问·脉要精微论》谓："脉其四时动奈何……万物之外，六合之内，天地之变，阴阳之应，彼春之暖，为夏之暑，彼秋之忿，为冬之怒，四变之冬，脉与之上下。以春应中规，夏应中矩，秋应中衡，冬应中权。是故冬至四十五日，阳气微上，阴气微下；夏至四十五日，阴气微上，阳气微下。阴阳有时，与脉为期，期而相失，知脉所分，分之有期，故知死时，微妙在脉，不可不察，察之有纪，从阴阳始，始之有经，从五行生，生之有度，四时为宜，补泻勿失，与天地如一，得一之情，以知死生。是故声合五音，色合五行，脉合阴阳。"即是说明了脉应"四时位"的重要诊断依据。另外，该篇还谓："尺内两旁，则季肋也，尺外以候肾，尺里以候腹。中附上，左外以候肝，内以候鬲；右外以候胃，内以候脾。上附上，右外以候肺，内以候胸中；左外以候心，内以候膻中。前以候前，后以候后。上竟上者，胸喉中事也；下竟下者，少腹腰股膝胫足中事也。"则又是"尺中脉位"的具体诊断内容。

《素问·平人气象论》谓："春胃（即春脉）微弦曰平……夏胃微钩曰平……长夏胃微耎（ruǎn）弱曰平……秋胃微毛曰平……冬胃微石曰平……"则是言明了"平脉"与"四时位"的关系，以及诊断四时平脉的脉象依据，这是脉应"四时位"的具体体现（《难经·第十五难》又对此作了拓展延伸）。同篇"脉有逆从四时，未有藏形，春夏而脉瘦，秋冬而脉浮大，命曰逆四时也。风热而脉静，泄而脱血脉实，病在中脉虚，病在外脉涩坚者，皆难治，命曰反四时也"一句则是对应的言明脉逆"四时位"则难治的诊脉依据。在《素问·三部九候论》中又通篇言明了"三部九候脉位"的诊断依据和具体方法。

## （四）中医学"治疗位"

### 1."空间位"与治疗工具的关系

《素问·异法方宜论》谓："故东方之域……其治宜砭（biān）石，故砭石者，亦从东方来。西方者……其治宜毒药，故毒药者，亦从西方来。北方者……其治宜灸焫（ruò），故灸焫者，亦从北方来。南方者……其治宜微针，故微针者，亦从南方来。中央者……其治宜导引按跷（qiáo），故导引按跷者，亦从中央出也。"即是体现治疗工具的诞生、进化以及更新、改进与人类所处的"时空位"密不可分。

### 2."时间位"对针刺治疗的指导意义

《素问·诊要经终论》有"春刺散俞（shù）""夏刺络俞""秋刺皮肤""冬刺俞窍于分理""春夏秋冬各有所刺"的针刺治疗与"时间位"对应的指导原则，这即是典型的因"时间位"而实施不同针刺手法的记载。又如后世何若愚撰、阎明广注的《子午流注针经》则更是针灸治疗与"时间位"结合得更为详细、系统的论著：十二经脉气血运行状态根据不同的时间变化而相应盛衰变化，其中"子午"即十二时辰变化的代称，"流注"即十二经脉气血运行的过程以及在十二经脉上井、荥、输（原）、经、合五腧穴等特定穴位上所呈现的气血盛衰变化情况。可以将"时间位"与针刺治疗的这些对应关系简单总结为"按时选

穴""按时深浅"以及"按时补泻"。

### 3."浅深位"对用药的指导意义

（1）对食药类型的指导意义：《素问·玉版论要》谓："揆度（duó）者，度病之浅深也……客色见上下左右，各在其要。其色见浅者，汤液主治，十日已。其见深者，必齐主治，二十一日已。其见大深者，醪酒主治，百日已。"其中，"汤液"指五谷汤液及食疗法，"齐"作"剂"解为药剂，"醪酒"即"药酒"，换言之，对于病浅者食疗即可，病深者则须服用药剂才能获效，病情更为严重者，可能需要借助药酒加以治疗。这段即是通过区别疾病"浅深位"来指导临证食、药类型的选择。而在具体药剂里边，"位"则可能体现的是具体药物的"归经理论"和药物在组方的"引经报使"方面。

（2）对用药剂量的指导意义：敦煌医药文献 P.3378 中收录"三黄丸"一方："三黄丸方。疗男子五劳七伤，消渴脱肉，妇人带下，手足寒热。春三月，黄芩四两、大黄四两、黄连四两；秋三月，黄芩六两、大黄一两、黄连七两；冬三月，黄芩六两、大黄二两、黄连三两。凡三物，随时令捣筛，白蜜和丸。"王凝等认为："春天为万物生发之时，一片生机勃勃的气象，等量用此三药清中焦之火热，使人体气机得以顺畅生发，从而以适应春之生发；秋三月，天气收敛肃降，因此以黄芩六两、黄连七两以走心肺，清夏来之余火、平将降之肺火以应乎时节；冬三月，天气闭藏，阴盛阳衰，不能使阳气受扰，故以黄芩六两清肺胃蕴热、黄连二两清心火、大黄二两通降腑热以防外寒引发冬瘟之热，此种密切关乎四时天气、五脏变化以随季节用药治病方法深刻体现了'天人相应''天人合一'的辩证思维和古代哲学观。"这是敦煌医药文化中基于"时间位"顺应自然调整方剂的典型案例。

## （五）中医学"养生位"

《素问·金匮真言论》所谓"夫精者，身之本也。故藏于精者，春不病温。夏暑汗不出者，秋成风疟"一句算是针对"时间位"提出了"冬藏精""夏暑汗"的中医养生方法。又有《灵枢·本神》中，"故智者之养生也，必顺应四时而适寒暑，和喜怒而安居处，节阴阳而调刚柔，如是则僻（pì）邪不至，长生久视"一句提出了智者"顺应四时"的养生大法。

《素问·四气调神大论》更加详细记录了中医养生与"时间位"的关系，即

确立了顺应"四时位"之阴阳消长变化,从而"规矩"自我行为,并调节精神情志的基本原则,提出了"春夏养阳,秋冬养阴"的基本观点。具体内容如下。

"春三月,此谓发陈,天地俱生,万物以荣,夜卧早起,广步于庭,被发缓形,以使志生,生而勿杀,予而勿夺,赏而勿罚,此春气之应,养生之道也。逆之则伤肝,夏为寒变,奉长者少。"

"夏三月,此为蕃秀。天地气交,万物华实,夜卧早起,无厌于日,使志无怒,使华英成秀,使气得泄,若所爱在外,此夏气之应,养长之道也。"

"秋三月,此谓容平。天气以急,地气以明,早卧早起,与鸡俱兴,使志安宁,以缓秋刑,收敛神气,使秋气平,无外其志,使肺气清,此秋气之应,养收之道也。"

"冬三月,此谓闭藏。水冰地坼,无扰乎阳,早卧晚起,必待日光,使志若伏若匿,若有私意,若已有得,去寒就温,无泄皮肤,使气亟夺,此冬气之应,养藏之道也。"

另外,《素问·四气调神大论》还从养生的角度凸显了顺应"时间位"而"治未病"的重要性:"是故圣人不治已病治未病,不治已乱治未乱,此之谓也。夫病已成而后药之,乱已成而后治之,譬犹渴而穿井,斗而铸锥,不亦晚乎!"

无论是"整体观念",还是"辨证论治",中医在认识人体生理病理和诊疗疾病的过程中都离不开"位思维"。《黄帝内经》中像这样能够反映"时空位"与"医学位"紧密关系并能分别在生理位、病理位、诊断位、治疗位与养生位中有所体现的片段和条文还有很多,后世也有将之很好发挥的例子,这里就不再一一赘述。但是,"时间位""空间位"对机体的影响,以及对帮助人们认识中医学尤其是"中医位"的作用和价值值得大家进一步挖掘与探索,这也有助于大家认识和回归"敦煌医学文化本位"。

# 第二章 敦煌交

# 第一节 从"交"开始说起

## 一、交之本义

从文字演变的角度而言，"交"的象形本义是"两腿相交站立的人"（图 2-1）；那么从"位"到"交"，即是从人"直立"到人"两腿相交"，显然"交"的意识形态和行为活动较"位"更显丰富；而隶书的"交"则直接看起来成了上"六"（或"大"）下"乂"（yì），已经隐藏了"人形"。上之"六"即含"六合"（时空位）之义，下之"乂"则为"交"之形，所以"交"便是"六合之交"，其意义已经涵盖了天地间万事万物交相作用、变化、融合、平衡的状态，所以上半部分也可以看成"大"，概括为"六合大交"。显然，"六合之交"（或"六合大交"）是在六合之"时空位"上发生的一种动态过程，"位"尤其是"时空位"是发生"交"的基础。

| 甲骨文 | 金文 | 篆书 | 隶书 |
|---|---|---|---|
|   |   |   |   |

图 2-1 "交"的文字变迁

无独有偶，易卦之"爻"上下皆含"乂"，象形意义即是天地阴阳相交、阴阳交合以及阴阳交变的气化运动，是中医哲学所认为万事万物诞生的基本过程与必要条件，即所谓"道生一，一生二，二生三，三生万物"之气化动态过程。

在解读"爻"字时，可理解为以下意义："爻者交也，效天下之变动也！'交'上的一点一横可分别代表能量的聚散：点代表向内凝聚、收敛，为点，为精；横代表向外弥散、膨胀，为横，为气。一收一张，一聚一散，相交相感，催生万物，化生万物。催者是阳生阴长、阳杀阴藏的量变，是运动；化者是天地氤氲、万物化醇的质变，是新生。整个'交'字：一点一横，一开一合。"通过这样的论述或可更为形象、直观地理解"交"之内涵、外延，也期望从中找到解读它破题点睛的一笔！

"交"之词义也比较丰富，如彼此相逢称"交逢""交遇"，连接相合称"交合""交结"，频繁往来称"交往""交流"，聚集融合称"交汇""交融"，两心相比称"交心""至交"，还可以反映社会关系称"社交""邦交"，其他如"交付""交接""交通"等不再赘言。结合"位"可以看出，"位"好比是独立的个体，"交"则是两个或两个以上"位"之间发生的关系；在"时空位"中，唯有发生"交"，才能体现"位"的价值。这也能够说明前面花大量的篇幅来探讨"百家位"，阐述"医学位"，深究"敦煌位"的目的，在这些"位"的基础上找寻"百家交""医学交""敦煌交""敦煌医学文化交"。

## 二、"交思维"的概念和特点

易中之天地交，天人交；人中之肺脾交，心肾交；自然之气化交，诸如此类，"交思维"同样是中医认知事物及事物之间关系的思维方式，同样是用来解读和探知机体及其内部系统之间关联性的思维方式，也是用以挖掘和发现医学理论、医学内涵具体现实意义的必要思维过程。这一思维必然是建立在"位思维"的基础上，是对"位"与"位思维"的进一步延伸和关联。

"交思维"就是关联、系统地看待事物，用这样一种态度在"时空位"的基础上找寻事物的内涵和外在的变化规律。用这种思维看待事物的时候，就会更清楚地发现，没有完全独立的事物，事物与事物间必然有着某种联系，且属性相互关联的事物会相互影响。在人们认识宇宙的时候，是以"气"为介导的（以气为交），象分天地，气分阴阳，阴阳二气交相变化，消长更迭，生化制约，交变合和才产生了丰富的世间万物及其动态变化。换言之，没有"交"就没有"生化"，就没有变化。

但是，一定要知道，更要形成一种这样的思维习惯：要把"交"建立在"位"的基础上去探析、挖掘、探寻事物发生、发展的变化规律，去衡量、评估事物存在的整体意义与现实价值。

敦煌医学文化内容丰富多彩，其产生和发展过程更是生动悠久，想要高度概括这一切，便要在"位思维"的基础上运用"敦煌医学历史文化交思维"：它是"敦煌位"在莫高窟的兴衰及相关王朝的安、乱更替的历史动态中，在各民族和宗教内传、外播的历史动态中，在"敦煌医学教育"兴衰的历史动态中，在周边文化和他国文明（尤其是古印度文明）的历史影响中，在敦煌的"时空位"上发生的一切以"敦煌医学历史文化"为核心的大交融、交汇、交流、交变的动态变化过程中交变产生的一种特色医学文化。

## 三、百家之交

### （一）易中之交

#### 1. 从"天地定位"到"阴阳气交"

前面已经提到了《说卦传》名句"天地定位，山泽通气，雷风相薄，水火不相射，八卦相错"，其中"天地定位"已经在"位思维"中阐述明了。而"山泽通气"意为山能灌泽成川，泽能蒸山作云，是谓相通，反映的是山泽二气相互影响、交变化生的动态过程（以气为交）；而"雷风相薄"意雷与风是相伴出现的，相互逼迫交杂的，雷迅猛而风亦烈，风激扬而雷亦隆，即是风雷交汇融合、相互激动而蓄势递进的动态过程（以气为交）。至于"水火不相射"，有人把它解释为日月不同时出现在天空，日升月落、月升日落的天象；也有人把它解释为"水火不相厌恶"，反而水火既济；也有人把它解释为"水火相射"，即水火相克等等。但是不论怎样理解，这句话整体上都是反映八卦相错：相通、相薄、相射，皆相错之义！先定其"位"，后明其"交"，而后出先天八卦。又有《京氏易传·晋》中，"六爻交通，至于六卦阴阳，相资相返，相克相生"一句便说明了卦之"六爻交通"也同样内含阴阳生克制化的道理。

此外，前面在《易》言'位'"一节中也已经论述到先后天八卦的演化即是在"位"的基础上发生了"阴阳交变"的过程，先天化生后天的首要前提和必要条件就是"阴阳交位"，将"乾坤西退"和"阴阳交位"两个运动同时进行，其他

以此类推则可得到后天八卦（图 2-2）。

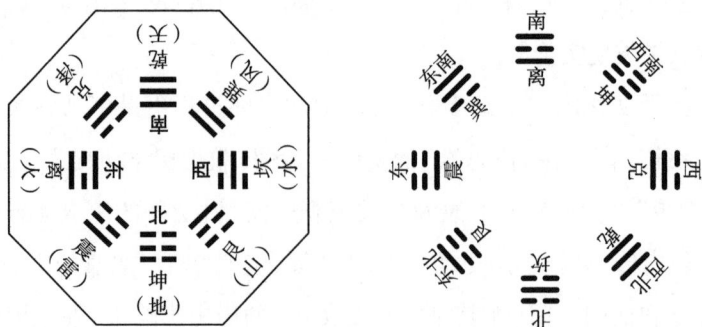

图 2-2　先后天八卦图示（左为先天，右为后天）

《易经·泰卦》中："天地交而万物通也，上下交而其志同也"，泰卦由乾坤二卦合成（图 2-3），上坤地下乾天，是天地交通最直白的反应。天本在上而尊，地本居下而卑，君尊臣卑，但在泰卦中恰恰颠倒了这种关系，看似尊卑颠倒，实则有利于阴阳二气交通畅达。所以古人从此卦中悟出了"万物通而志同"的运势，同时也因此赋予了"泰"诸多美好的寓意，如"泰日"（天下太平的时代）；"泰治"（太平安定）；"泰定"（安定）；"泰和"（太平）；"泰平"（政教清平，国泰民安，即太平）；"泰通"（国泰政通）……天地交泰，即天地之气祥和，万物通泰。诚如荀爽曰："坤气上升，以成天道；乾气下降，以成地道。天地二气若时不交，则为闭塞；今既相交，乃通泰。"即释否泰之义。天地交则泰，否自否（pǐ），诚如《京氏易传·否》谓："内象阴长，天气上腾，地气下降。二象分离，万物不交也。小人道长，君子道消。"所以"天地交而万物通也，上下交而其志同也"，这样也才有了"天地的阴阳交合，才有万物的生养畅通；君臣上下的交流沟通，方能志同道合"的深远内涵。

图 2-3　泰卦图示

此外尚有"管"之"阴阳交伏"，"解"之"雷雨交作"，"否"之"天地不交"，"随"之"金木交刑"，"震"之"阴阳交互"，"节"之"金水交运"，"屯"之"阴阳交争"，"丰"之"雷火交动"，"鼎"之"火木交合"（《京氏易传》）……其实"交思维"在"易"中无处不在，正是天地阴阳二气交相增长消损、升降收藏（以气为交），才有了日夜、四时、八风、二十四节气的变化，才有了两仪、四象、三才、六经、

八卦等,反映阴阳气交与度量阴阳气量的理论体系,化生了"易"之六爻卦术,才有了"易"之文化流传。又如天地交、山水交、日月交、天人交、人地交等等,甚至可以说,基于"位思维"上的"交思维"就是"易"文化之核心内容与价值所在。"易者,变易也",不就是说"阴阳二气"的交相变化吗?变易之两个方面:正常的称为"阴阳交",异常的称为"阴阳交变",即《伤寒论》所谓"阴阳交易,人变病焉"。"易之交"博大精深、群星罗布,此处只将其交互关系列举一二。

### 2. 易中交之"交互卦"

易卦之本义即是通过卦爻之象来言明"天地阴阳气交"过程中各种不断变化着的阴阳状态,以气相交是易卦爻与爻之间的内在联系和功能体现。事实上,易卦本身就有"交互卦"说法。江慎修的《河洛精蕴》中即有《四象相交为十六事图》(图2-4)与《十六卦互成四卦图》(图2-5)。

《杂卦明义》注《四象相交为十六事图》(图2-4)谓:"此互卦之根也。惟其方成四象时,所互有此十六卦,故十六卦成后,以中爻互之,只此十六卦。即以六爻循环互之,亦只此十六卦。四画互成十六卦,又以其中二画观之,则互乾、坤、剥、复、太过、颐、夬、姤者,皆中二爻为太阳、太阴者也;互渐、归妹、解、蹇、睽、家人、既济、未济者,皆中二爻为少阳、少阴者也,故十六事归于四象而已。"即是从十六"交互卦"的中二爻中发现了暗藏四象并以之为根源的交互关系。《系辞传》谓,"杂物撰德,辨是与非,则非其中爻不备。"即"交互卦"的交互关系是由中二爻维系的,这亦是"交于中"("敦煌中"篇论述)的体现。

《杂卦明义》注《十六卦互成四卦图》(图2-5)谓:"互乾、坤、既济、未济之十六卦,即诸卦之所互而成者也,故十六卦又只成乾、坤、既济、未济四卦,犹十六事之归于四象也。盖四象即乾、坤、既济、未济之具体,故以太阳三叠之即乾,以太阴三叠之即坤,以少阴三叠之即既济,以少阳三叠之即未济。乾、坤、既济、未济,统乎《易》之道矣,故《序卦》《杂卦》皆以是终始焉。"江慎修谓:"文王之《易》,以乾、坤始,以既济、未济终,六十四卦互之,其究以归于四卦,即宇宙终始之理也。四卦又以乾、坤为体,既济、未济为用,乾、坤互之常不变,既济、未济互之常循环,终则有始也。要之总归于《河图》之四象,以二太立不易之体,以二少为交易变易之用,实则天地水火四物而已。"互,即交,交互之义明矣;交互之结果就是不易与交易(变易)。实际上,顺着看其

中体现的是用四象统十六卦,逆着看就可以得出四象交互变化出十六卦的过程。

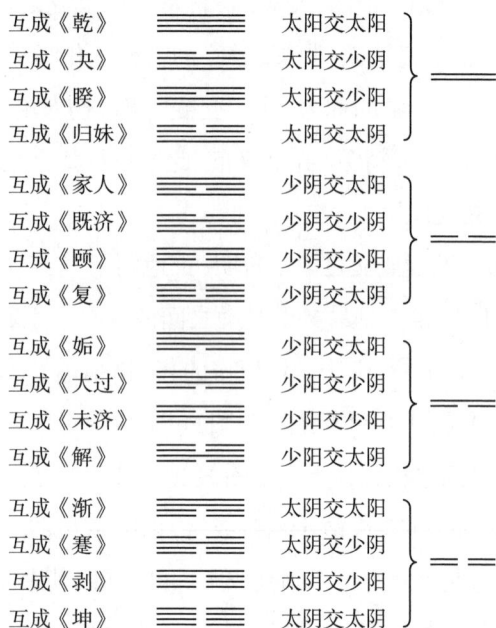

| 互成《乾》 | ☰ | 太阳交太阳 |
| 互成《夬》 | | 太阳交少阴 |
| 互成《睽》 | | 太阳交少阴 |
| 互成《归妹》 | | 太阳交太阴 |
| 互成《家人》 | | 少阴交太阳 |
| 互成《既济》 | | 少阴交少阴 |
| 互成《颐》 | | 少阴交少阴 |
| 互成《复》 | | 少阴交太阴 |
| 互成《姤》 | | 少阳交太阳 |
| 互成《大过》 | | 少阳交少阴 |
| 互成《未济》 | | 少阳交少阴 |
| 互成《解》 | | 少阳交太阴 |
| 互成《渐》 | | 太阴交太阳 |
| 互成《蹇》 | | 太阴交少阴 |
| 互成《剥》 | | 太阴交少阴 |
| 互成《坤》 | ☷ | 太阴交太阴 |

**图 2-4　四象相交为十六事图**

| 《乾》仍互《乾》 | 《渐》　互《未济》 |
| 《坤》仍互《坤》 | 《归妹》互《既济》 |
| 《剥》　互《坤》 | 《解》　互《既济》 |
| 《复》　互《坤》 | 《蹇》　互《未济》 |
| 《大过》互《乾》 | 《睽》　互《既济》 |
| 《颐》　互《坤》 | 《家人》互《未济》 |
| 《姤》　互《乾》 | 《既济》互《未济》 |
| 《夬》　互《乾》 | 《未济》互《既济》 |

**图 2-5　十六卦互成四卦图**

卦与卦之间是密切联系的,卦象不只是符号而已,它们之间的"交互"关系正是其灵魂所在,而"交互卦"仅仅是这种"交互"关系的一个方面。卦与卦既有阴阳二气的"递进交互",还有阴阳二气的"叠加交互",是象征自然界阴阳二气运动变化动态规律的符号,阴阳二气带来的气机交变在卦象中皆有体现,卦与爻皆是有生命的符号!

### 3."知'位'言'交'"或为开启易之象数的钥匙

江慎修的《河洛精蕴》中载了一张《圣人则河图画卦图》(图 2-6)。

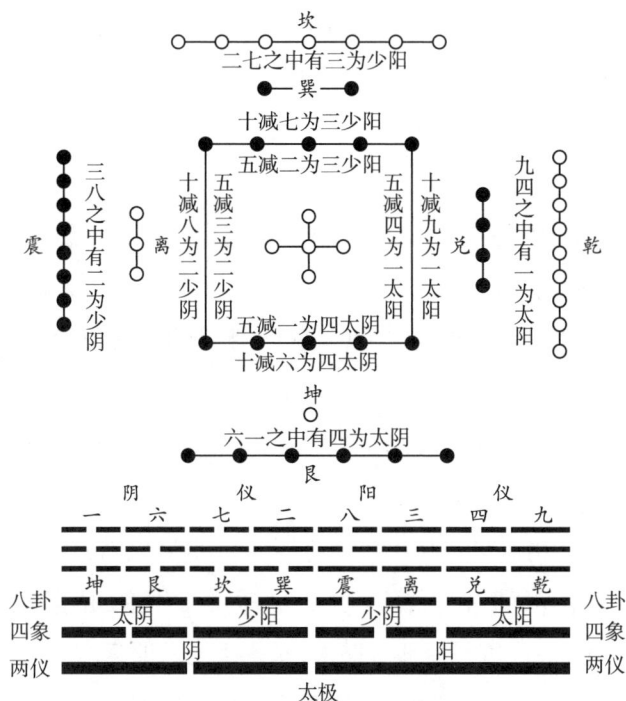

图 2-6 圣人则河图画卦图

该图正是以河图之象数的交互关系来推演"太极—两仪—四象—八卦"的演化过程。从中可以看出,维系这些不同层次卦象与河图之间的交互关系的核心是"阴阳二分法"与阴阳"空间位"的对应,四象相叠即成八卦。

然而,其中的推演甚是复杂,其气化交变的"空间位"也很难把握,其最终得到的"八卦数序"(即 1,6,7,2,8,3,4,9)更是让人难以理解。但是,若"知'位'言'交'",则会轻而易举地推演出"八卦数序":首先,天地定位,将按递进关系排列的河图数"竖"起来,九即是天,一即是地,而后九天一地以定其位;其次,天之数下降,地之数上升,发生"天地气交",直至"致极"(升不能升过天九,降不能降过地一);最后,将得到的数序完成"阴阳气交",使阴阳数相间分布最终达到"中和"状态,即得到"八卦数序"(图 2-7)。

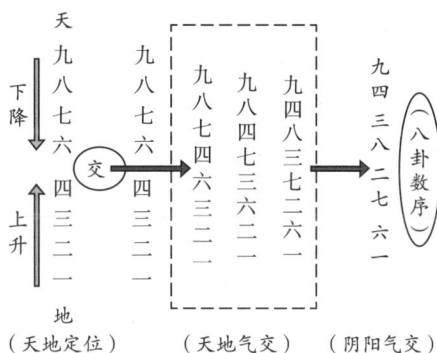

图 2-7 八卦象数排列顺序推演示意图

从"天地定位"始，因"天地气交、阴阳气交"而变化，最终达到"中和"状态得到"八卦数序"，所以不仅要知道八卦、河图在"空间位"上的对应关系，还应掌握它们之间的"气交"内涵。

### （二）医中之交

"交思维"在祖国医学基础理论中更是尤为重要的思想，如五脏之间的"交"，如六腑之间的"交"，如经络之间的"交"，如气血津液等基本精微物质之间的"交"，如精气神之间的"交"，甚至可以用"气化交变而至平衡"总结人体正常生理特点。然而，这一系列"交"之关系在大的方面可以分出两种：阴阳消长平衡和五行生克制化。其内在本质与核心介导就是"气"，即"以气为交"。

#### 1. 脏腑之交

（1）藏泄交—精血交—肝肾交：肝肾之交指肝肾之间的关系。肝、肾同属五脏，联系较为密切，素有"肝肾同源""乙癸同源"之说。依据五行学说，肝在五行属东方乙木，肾在五行属北方癸水，癸水生乙木即肾生肝，在《素问·五运行大论篇第六十七》有"北方生寒，寒生水，水生咸，咸生肾，肾生骨髓，髓生肝"一句，即肝为肾之子，肾为肝之母。即为五行之母子，其生理关系密不可分，其病理牵连同样不容忽视。

"肝肾同源"主要体现在"精血同源""藏泄互用""阴阳互滋互制"等方面。这也是肝肾之交的内容：首先，肝藏血，血即能养精以充养先天之精；肾藏精，精即能化血以补充肝中所藏，而精血皆由饮食水谷精微化生而得，故其同盛同衰，同化同源。其次，肝主疏泄，即是主精气的转输排泄；肾主闭藏，即是主精气的封闭贮藏，二者相反相成、藏泄有度，则能使精气青黄可接、新浊延续，这种"交"在女子月经排卵、男子阳强排精和男女生殖方面尤为重要。最后，肾之元阴充盛可以滋养肝阴，同时可以制约肝阳，即"水能涵木"；肾之元阳充实可以资助肝阳，同时可以温养筋骨，温煦肝脉，以防止肝所主之筋脉寒滞收引，可见肝肾阴阳息息相通、互滋互制。

一旦这种"交"的平衡被破坏，则会表现出各种病理问题。首先，如果精血两亏，则出现头昏目眩、耳鸣耳聋、腰膝酸软的症状。其次，如果肝肾藏泄失其度，在女子则多发生月经周期紊乱、经量过多或闭经、排卵障碍等病理情形；在男子则多表现为阳痿、遗精、滑泄或阳强不泄等问题。再次，如果肾阴

不足无以充养肝阴,则肝阳上亢,即为水不涵木,表现出眩晕耳鸣、面红易怒、腰膝酸软,甚则阴虚而致肝风内动;而若肾阳虚衰,则下焦(元)虚寒不能温煦肝脏与肝之筋脉,多导致寒滞肝脉,而表现出少腹冷痛、阳痿精冷、宫寒不孕等。

(2)水火交—君相交—心肾之交:心肾之交指肝肾之间的关系,祖国医学称之为"心肾相交",是中医脏腑关系中重要而经典的一组"交"。依据五行学说,心在五行属南方离火,肾在五行属北方坎水,占据坎离之位,即是易家《说卦传》所云"水火不相射"在人身之应征。

"心肾相交"主要体现在"水火既济""精神互用""君相安位"等方面。这也是心肾之交的内容:首先是"水火交",一样先言其"位",后言其"交",心位居上居离火之宫,心火必须下温于肾,肾阳得温才使肾水不寒,在男子则精不冷,在女子则胞宫不寒,而肾位在下居坎水之宫,肾水必须上济于心,心阴得滋才能敛降心火使其不至于过亢,心君之神方可安养。其次是"精神交",神居心之离宫,神可以驭精,神清则精可固,而精藏肾之坎宫,精可生神、化神、养神,精充则神全,精神交互为用。最后是"君相交",阳气在心之离宫化为君火,在肾之命门坎宫化为相火,经曰"君火以明,相火以位",即心火明著方为一身主宰,相火不失其位、命门秘藏方可为益,人体这一"君相交"的现象也暗合"大气潜藏相火"的规律。正如彭子益在《圆运动的古中医学》中所说,"造化之气,今年太阳直射地面的相火,降入冬季水中,明年由水中升至地面的天空,则成君火",二者各安其"位"、上下相济、互为终始。

一旦这种"交"的平衡被破坏,则会表现出各种病理问题。首先是"水亏火旺",肾水亏于下、心火亢于上,则"水不制火",在上表现为心悸心烦、失眠多梦,在下表现为腰膝酸软、男子遗精、女子梦交;相反,若"水气凌心",心肾阳虚不制水泛,就会上凌心君,表现为畏寒、水肿、尿少、心悸等症状,若累及肺金,子凌其母尚会发生喘咳;若二者皆虚,心肾不交,则神失所养、精失其温,多表现为头昏耳鸣、失眠健忘,甚至不能孕育子嗣。

(3)天地交—云雨交—肺脾交:在人体五脏,肺位最高,为华盖,主呼吸清气与天相接,为人体之天;脾位在中,为土,主运化谷气与地相应,为人体之地。经曰:"地气上为云,天气下为雨",地气不升则天气不降,脾气不升则肺气不降,在人体体液代谢中这是尤为重要的一组"交"——天地交、云雨交。另外,肺在五行属西方金,脾在五行属中央土,脾土生肺金,脾土为母,肺金为子,正合王冰"然脾土之气,内养肉已,乃生肺金"之谓也,这又是二者交通关联的另一种形式。

肺脾之交主要体现在水液代谢和气的生成两个方面:首先,肺为水之上源,主司通调水道,主管水液的正常输布和排泄,而脾主运化水液为水之下源,主管水液的正常生成与输布,二者交相协调维持津液正常代谢;其次,肺为人体之天,主呼吸而吸纳自然之清气,脾为人体之地,主运化而熟化饮食之谷气,二者交于膻中,化为胸中之大气——宗气,以走息道司呼吸,贯心脉行气血,维持气血之节律;最后,脾气主散精,上归于肺,肺得充养,肺气主宣降,可以将脾上承的水谷精气输布于周身皮毛,二者交相协同完成"转精化气"的复杂生理过程。

一旦这种"交"的平衡被破坏,则会表现出各种病理问题。首先,若脾气虚弱,也会因"母子相及",通过肺脾之间交通关联、密不可分的关系,终会导致肺气虚,变为肺脾两虚证;另外,脾若失其健运,水湿困脾,则会生痰生饮,即所谓"脾为生痰之源",而痰浊流注,往往也会痰湿停肺,致使肺失宣降,而发为咳嗽、喘咳,即所谓"肺为贮痰之器",二者交相累及。

其他的如脏与脏之间的肺心之气血交、心肝之神魂交、肺肝之升降交,以及脾肾之先后天之交等,还有脏腑间的表里交、络属交、开合交等,当然五脏六腑在五行之时空中所居的"位"不同,尚有不同的"五行交""生克交""制化交"。除此之外,人体五脏六腑、四肢百骸、周身肌表尚被经络交通连属,方才成为"中和平衡"的机体,换言之,正是经络联络着脏腑形体官窍,并沟通其上下内外,感应传导着其间的生命信息,所以"经络交"也是不容忽视的一种"中医之交"。

### 2. 六经开阖枢之"气化交"

"太阳为开""阳明为阖""少阳为枢"首见于《素问·阴阳离合论》和《灵枢·根结篇》,《素问·阴阳离合论》云:"帝曰:愿闻三阴三阳之离合也。岐伯曰:圣人南面而立,前曰广明,后曰太冲,太冲之地,名曰少阴,少阴之上,名曰太阳,太阳根起于至阴,结于命门,名曰阴中之阳。中身而上,名曰广明,

广明之下，名曰太阴，太阴之前，名曰阳明，阳明根起于厉兑，名曰阴中之阳。厥阴之表，名曰少阳，少阳根起于窍阴，名曰阴中之少阳。是故三阳之离合也，太阳为开，阳明为阖，少阳为枢。三经者，不得相失也，抟而勿浮，命曰一阳……三阴之离合也，太阴为开，厥阴为阖，少阴为枢。三经者，不得相失也，抟而勿沉，命曰一阴。"六经之"离合"即为"开阖枢"气化理论最初的内容，其实质是解释机体阴阳二气的出入变化（图2-8）。

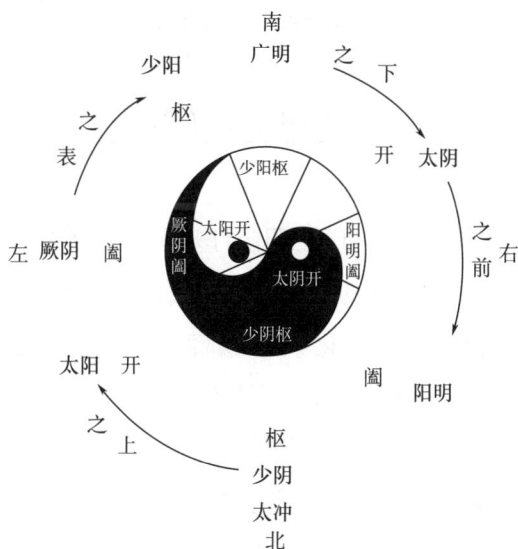

**图 2-8　三阴三阳开阖枢图**

"三阴三阳开阖枢"气化理论是中医学认识机体生理、病理的核心理论之一，也是解读敦煌医学经典文献的工具理论之一，更是攻克敦煌医学课题的核心所在。人体六经经气处在不断地开阖枢运行变化中，以适应自然界的气候变化，从而维护了人体和自然环境间的协调统一。"三阴三阳开阖枢"的基本功能（表2-1）：太阳、太阴为开，转输阳气阴津于周身肤表；阳明、厥阴为阖，闭阖阳气阴血于胃肠肝中；而少阳、少阴为枢，少阳能枢转太阳、阳明之阳气开阖，以少阳胆、少阳三焦为主转输气液，外以助太阳之开，内以助阳明之阖。少阴能枢转太阴、厥阴之阴气开阖，以少阴心、少阴肾为主转输血精，外以助太阴之开，内以助厥阴之阖。基本上构成了：少阴枢、主精、"关"太阳——水系统，太阴开、主津液、"阖"阳明——津液系统，厥阴阖、主血、"枢"

少阳——血系统。开阖枢之间同样交相关联，协同作用，终使机体六经气化达到"中和平衡"的状态。若感受外邪，影响了六经经气的正常转输规律，则导致气机开阖枢失调而为病。

表2-1　三阴三阳开阖枢基本功能

| 开 | | 枢 | | 阖 | |
|---|---|---|---|---|---|
| 太阳 | 太阴 | 少阳 | 少阴 | 阳明 | 厥阴 |
| 转输阳气、阴津于周身肤表（走表） | | 以少阳胆、少阳三焦为主 | 以少阴心、少阴肾为主 | 闭阖阳气、阴血于胃肠肝中（达里） | |
| | | 转输气液 | 转输血精 | | |

（1）"门轴理论"下的开阖枢

1）所谓"开"就是把门打开，把阳门打开称太阳为开，太阳为三阳之开，主一身之表，一方面主司汗孔的开合，另一方面抗御外邪，防止入侵，其太阳经通行营卫，其腑膀胱又主司气化。或阴邪袭人，则始自太阳。当正气不足，外邪侵袭人体，太阳首当其冲而发病，导致"开"的功能紊乱；或者当开而反闭，见发热恶寒、汗不出而喘，或气化不行而口渴，小便不利；或当"阖"而反开，致汗出恶风，脉浮缓。总之，太阳之气不能上行外达卫外而为固，腠理开合紊乱不节，以致产生了太阳病。所谓"阖"就是把门关闭，把阳门关闭称阳明，是指阳气敛蓄，阳门关闭，肃降有权而阴气生。合是聚合、合拢的意思，是把阳气（人体肾阳所散之阳气和肺所摄入的自然界阳气）从一种生发、释放的状态收拢聚合起来，使它转入蓄积收藏的状态使之能腐熟水谷，蒸化水津，传导化物，化生精气。所以张仲景说："阳明居中主土也，万物所归，无所复传。"若阳明阖折，阖机不利，合之不及，不能腐熟水谷，清气下陷，则出现便溏、泄泻，严重时则下利清谷。《素问·阴阳应象大论》云："清气在下，则生飧泄。"若合之太过，阳郁化热，津液被灼，谷食干结，大肠传导失司则"胃家实"，出现脘腹胀满、大便秘结，或小便频数、热结旁流。

2）所谓"枢"就是门轴，一开一阖之间的调节，则有赖于"枢"的功能，少阳为三阳之枢，意言少阳既能枢转太阳使春生阳气上升，阳气上升，万物皆能化生，又能枢转阳明使秋收阳气下降，阳气下降，万物皆能收成。汪讱庵注：

"少阳乃初生之阳,转输阳气,故为枢。"张景岳云:"少阳为枢,谓阳气在表里之间,可出可入,如枢机也。"而少阳与厥阴其经相通,其气合化,少阳相火以厥阴肝中阴血为基,其相火的潜蓄调节,升发致用,均离不开厥阴肝的藏血、拢血作用。肝体阴而用阳,内寄相火,为风木之脏,性喜条达,功主疏泄,其疏泄功能主要体现在调畅气机,促进脾胃运化等方面。如果因肝阴不足,阴不涵阳,或肝血不足,血不敛气,使少阳相火离位,便失去其主疏泄的功能,肝失疏泄,影响脾胃运化,甚至相火亢动,化风化热。又少阳三焦相火赖"太阴为开"的作用使"阳明为阖",将天之少阳相火敛降,有利于三焦气化,将水谷之精微吸收并及时转输。如果少阳三焦相火不降,则三焦气化不利,影响水谷之精的化生,使肝中所藏精血不足,易致相火离位。

（2）开阖枢的其他模型:在解释开阖枢气化理论之时尚提出了其他模型,比较突出的如交通运输模型、登山模型、江河湖海模型等。这里就简要用"江河湖海"模型(图2-9)来让大家更为直观地感受"开阖枢"之间的"交"。其具体应用实例见已发表的论文《开阖枢理论新探及其在小柴胡汤中的运用》中。

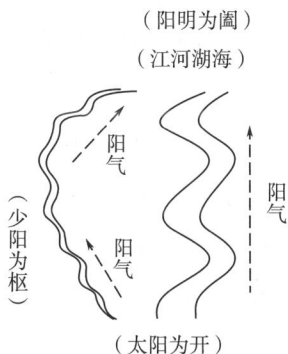

图2-9 开阖枢理论"江河湖海"模型

"开"则泄,"阖"则纳,然而,若要维持人体的正常生理功能,则太阳、太阴当"开",阳明、厥阴当"阖",少阳、少阴当"枢",即"旁开别路"之意。以阳经为例,将经脉的运行流注比作是从河流分叉到百川赴海的过程。从水的源头开始,河流流经河道后汇入大海,若河道有淤沙或其他原因导致该过程受到阻力,一部分水流便"旁开别路"从河流分支绕道而行,最终同样汇入大海，这是大自然的道理。然而，这个过程与经脉运行流注的过程同出一辙，若将太阳经比作河流的源头，阳气由此流出，即为"太阳开"，将阳明经比作河流的尽头"大海"，阳气汇入此处，即为"阳明阖"，少阳经可看作河流的分支，当阳气从太阳经传入阳明经的过程中受阻时，其中一小部分阳气便可通过少阳经这条分路经过其他脏腑经脉后再回归阳明经。同理，三阴经开阖枢亦是如此。具体来说，三阴三阳开阖枢是人体的"能量流"（阳）和"物质流"（阴或水谷精微）这两个系统，在它们的交互作用下，共同维持着体内阴阳的平衡。

正常情况下，在三阳开阖枢中，"太阳开"向外向上输布阳气，其中的两部分阳气直接阖入阳明经，剩下的一部分阳气转入少阳经，随即完成"足少阳胆经→足厥阴肝经→手太阴肺经→手阳明大肠经→足阳明胃经"的"能量"传输（传递）的过程；三阴开阖枢也是同样的道理，"太阴开"布散津液，化生气血，后阖至"足厥阴肝经"，如《素问·经脉别论》谓，"食气入胃，散精于肝……"食物进入胃中，以太阴脾为中转，最后布散精气于厥阴肝。从太阴脾到厥阴肝的过程就是"开到阖"的过程，这句话说明早在《黄帝内经》中就存在着"开阖枢理论"的原型。然而，阴主静阳主动，三阴要发挥其正常功能必须依赖于三阳的能量来推动，因此三阴开阖枢和三阳开阖枢密切相关。当"太阳不开、阳明不阖"时，胃内阳气虚少而水液停聚，进而导致水湿困脾，太阴脾阴液虚少，又阳虚无力，故不得直接阖至厥阴肝。此时便可通过"少阴"的"枢转"功能来实现"厥阴阖"，即完成"足少阴肾经→手少阴心经→手太阳小肠经→足少阳胆经→足厥阴肝经"的"物质"转输过程。在心经到小肠经进行阴津的转输过程中，心阳亦会下达小肠以温煦，有助于小肠受盛、化物，产生精微物质后下输膀胱，为"太阳开"提供能量。如此，三阴经开阖枢需要"阳明阖的阳气"才能正常运转，三阳经开阖枢则需要"少阴枢产生的营养物质"才能源源不断输布阳气，二者相辅相成。

"登山模型"是将气化交变的途径比喻成登山，太阳开升而起即是登山，太阳为开将两分阳气开升出再由阳明合降为一般通路。如果这条阳气开升道路因外感内伤而瘀阻不通，即当不能直接到达阳明，不能直接到达山顶时，就可以通过另外一条道路、一条盘山路——少阳枢。枢就是枢纽，是通

过另外一个途径亦可到达阳明。也就是想到一个地方去，可能这条路被堵住了，不能过去，则走另一条到达。枢就是它另外一条具有"调节"作用的道路。所以"登山模型"和"交通模型"基本上意思差不多。在六经病中就有可能直接太阳传阳明，也可能太阳先传少阳再传阳明的情况。如果这条道路上走的主要是能量，那就是三阳开阖枢；如果主要是精微物质，那就是三阴开阖枢。当然阴阳之间密不可分，也有交存在。如果能量被合降到膀胱就是"津液"的形式，然后从膀胱开出就是"能量"的形式，即"太阳寒水"。一个脏腑气机，有开阖两种状态：一种能量态，一种物质态，二者通过开阖枢发生交变联系。

（3）六经开阖枢气化的具体内容：三阴三阳开阖枢传交关系无论是门轴模型、江河湖海模型，还是交通运输模型，其主要目的就是更好地展示六经开阖枢气化的具体内容，而其核心与基础便是开阖枢之交，即三阴三阳开阖枢的传交关系。

1）三阳的开阖枢：人之肺吸入氧（阳）气，温暖后天心火；心阳得肺之天气肃降与心阴敛降按郭强中的"十二经阳气运行图"（《白话讲伤寒》）下行传交入手太阳小肠经，后传入足太阳膀胱经，将阳之能量不断蓄积，在北方形成"太阳寒水"。太阳能量因其"开"释放，分两路"阖"入阳明：在足太阳膀胱经阳气旺盛的情况下，阳气直接从太阳膀胱经"开升"释放传至足阳明胃经（图2-10阳气途径1）。而在足太阳膀胱经阳气不足的情况下，仍从足太阳膀胱经"开升"释放却经"少阳为枢"调节绕行传至足阳明胃经（图2-10阳气途径2），即按"十二经阳气运行图"沿"太阳膀胱—少阳胆—厥阴肝—太阴肺—阳明大肠—阳明胃"的途径阖入阳明。

2）三阴的开阖枢：阴气也将通过两条途径从"太阴为开"传出最终阖入厥阴。在"太阴"阴气（营气）旺盛情况下，阴气可直接化生血液阖入厥阴肝与心包，即《灵枢·决气》谓，"中焦受其取汁，变化而赤，是谓血"（图2-10阴气途径1）；而在"太阴"阴气（营气）不足情况下，阴气也将"绕行"经由"少阴为枢"的调节作用阖入厥阴，即《素问·经脉别论》谓："饮食入胃，游溢精气，上输于脾；脾气散精，上归于肺；通调水道，下输膀胱。"阴气（阴液、物质）将从足太阴脾、手太阴肺传出，沿着郭强中的"十二经阴气（液）运行图"（《白话讲伤

寒》）按"（太阴脾—太阴肺）—大肠、膀胱—（少阴肾—少阴心）—小肠、胆—（厥阴肝—厥阴心包）"的途径依次传递，即从"太阴为开"传出，经"少阴为枢"调节，到达"厥阴为合"（图2-10 阴气途径2）。

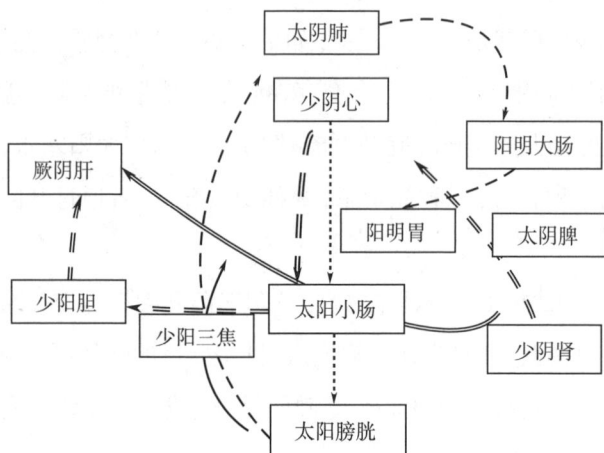

注：单实线为阳气途径1，单虚线为阳气途径2；
    双实线为阴气途径1，双虚线为阴气途径2。

**图2-10　三阴三阳开阖枢简易"传交关系"**

事实上，人体三阴三阳开阖枢系统的"传交关系"（图2-10）并非将"三阴"和"三阳"独立开来，而是阴阳二气在开阖枢系统中并行同传，只是为了便于理解，才将其分开探析。但是这样对"开阖枢"气化理论的描述还是欠全面，尤其是对"枢"的认识尚停留在"阳枢"枢转阳之开阖、"阴枢"枢转阴之开阖的层面，而且"物质-能量"又应该是气的凝聚、弥散状态，而"阳气""阴气"的循行途径尚没有进行日夜的区分，"少阴肾"尚没有进行左右的区别，少阳三焦的"虚空"与肺之天气又不仅仅是通应关系……所以，以此为契机研究者们又对该理论展开进一步的探析，提出了开阖枢"阴阳气交"（生理）和"阴阳交变"（病理）的内容。

3）三阴三阳开阖枢阴阳气交：依上文提到的《素问·阴阳离合论》内容及图2-8所示，用太冲、广明确定六经位置，广明者光明也，为阳，即指南方；太冲谓极其虚静之地，为阴，则指北方；先定其位，后再言其气化交变。气的交通又以少阴、少阳为枢纽：白天太阳开，阖于阳明，到了夜晚则以少阳为枢纽，

使夜晚太阴开而阖于厥阴；夜晚太阴开，阖于厥阴，到了白天则以少阴为枢纽，使白天太阳开而阖于阳明。如此，六经之"气交"，开阖有时，如环无端，实一气周流！阳明者两阳合明则为白天之阖，手阳明阖津液而足阳明阖降阳气；厥阴者两阴交尽则为夜晚之阖，手厥阴阖阳气即心包主喜乐，足厥阴阖阴血即肝藏血。正如此，"枢"不仅对应地枢纽了阴阳开阖，也将阴阳气交枢纽了。"枢"即枢纽、交通、"阴阳气交"，用以交通阴阳、枢转开阖（离合）；枢纽以"少"名之，如少男少女，容易"交通"；白天少阴君火为枢，将太阳之阳交于阳明，夜晚少阳相火为枢，将太阴之阴交于厥阴。

将"三阴三阳开阖枢图"与"三阴三阳开阖枢简易'传交关系'示意图"结合，进一步深究便得到了"三阴三阳开阖枢简易'阴阳气交'示意图"（图2-11）的基本内容。

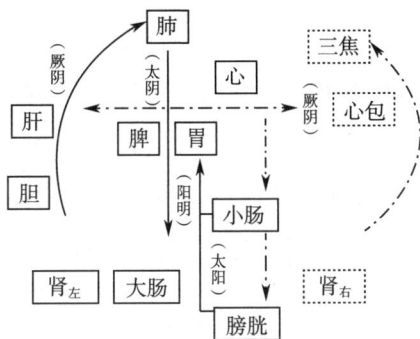

少阴为枢转：以心为枢转，枢太阴脾精经心化血藏于厥阴肝；（人静时）
　　　　　　以心为枢转，枢厥阴肝气血经心统于太阴脾土；（人动时）
　　　　　　以肾为枢转，枢太阴脾精经肾化血藏于厥阴肝；（人静时）
　　　　　　以肾为枢转，枢太阴脾津经肾主水藏少阳三焦；（人静时）
　　　　　　以肾为枢转，枢太阴肺气经肾涵气藏厥阴心包；（人静时）
　　　　　　以肾为枢转，枢厥阴心包经肾气化藏太阴肺气；（人动时）
　　　　　　以肾为枢转，枢太阴肺气经膀胱肾藏少阳三焦；（人静时）
　　　　　　以肾为枢转，枢少阳三焦经肾气化藏太阴肺气；（人动时）
　　　　　　以肾为枢转，枢太阴肺气经膀胱肾藏少阳胆肝。（人动时）
少阳为枢转：以胆为枢转，枢太阳小肠开之气阖于足阳明胃；（人动时）
　　　　　　以三焦为枢转，枢太阳膀胱开之气阖于阳明大肠。（人动时）

**图2-11　三阴三阳开阖枢简易"阴阳气交"示意图**

实线代表夜半至日中，以少阴为枢纽，使太阳开、阳明阖的阳气途径，此时厥阴开，太阴阖；虚线代表日中至夜半，以少阳为枢纽，使太阴开、厥阴阖的

阴气途径,此时阳明开,太阳关。生理时即为"阴阳气交",病理时便是"阴阳交变",但都可以用此图推导理解。

与图2-8中所示一样,少阳的两侧是太阴、厥阴,以少阳为枢使太阴开、厥阴阖,若少阳病,则可能使太阴开太过、厥阴阖太过,太阴耗散太过则脾虚肺咳,厥阴阖阴血太过则肝阴血聚集使肝血寒;同样地,少阴的两侧是太阳、阳明,以少阴为枢使太阳开、阳明阖,若少阴病,则可以使太阳开太过、阳明阖太过,太阳耗散津液太过则卫表虚而恶寒,阳明阖入阳气太过使津液不足则会发生阳明经、腑证。

将心包、三焦的功能加入其中,并将肾区分左右,其功能也对应白天和黑夜,左肾精化气,右肾命门气化精。子时坎中一阳从左开升,午时阳气从右阖降,阳气开升、阖降与十二经气子午流注规律一致。子时始,左肾枢膀胱之气从左开交于胆,可示胆气源于肾精化气;午时始,来源于心气至小肠、至膀胱、至右肾命门之气开始向三焦输布,即右肾枢膀胱之气向右开交于三焦。从午至亥,右肾枢膀胱之气向右开交于三焦,三焦得阳气蒸腾,水液从下焦至中焦至上焦,则夜晚尿少;子时始,因阳气向左开升,至三焦阳气减少,水液又从上焦至下焦转至膀胱化为尿液之源,则白天尿多。午后,右降之气归右肾命门,又以少阳三焦为枢转,可传交至心包、三焦,发挥相应的功能。心包,膻中也,主喜乐,发挥欲神作用,主性欲、生殖;三焦,水气通道也,右肾命门之气蒸水通过下焦至中焦、上焦,可将代谢的浊液通过三焦水道下输于膀胱。正如此,阴阳枢纽枢转了阴阳气交,而阴阳开阖也按日夜流注变化,最终形成一个"圆"。图2-11的图注中详细列举了以少阴心、肾为枢转,在脏腑气交开阖之间枢转精气血津液的具体功能表现,以及以少阳胆、三焦为枢转,在脏腑气交开阖之间枢转阳气的具体功能表现。

正如此,阴阳枢纽枢转了阴阳气交,而阴阳开阖也按日夜流注变化,最终形成一个"圆"。"三阴三阳开阖枢简易'阴阳气交'示意图"(图2-11)详细列举了以少阴心、肾为枢转,在脏腑气交开阖之间枢转精气血津液的具体功能表现,以及以少阳胆、三焦为枢转,在脏腑气交开阖之间枢转阳气的具体功能表现。

4)开阖枢"阴阳气交"与"脏腑别通"理论:脏腑之间的关系一般认为是

阴阳表里的关系,明朝李梴的《医学入门·脏腑条分》转引《五脏穿凿论》记载的"脏腑别通"理论则与之不同。刘小斌等人整理了国医大师邓铁涛先生的"五脏相关理论"研究成果时,发现邓老考证得"周易有旁通卦,考五脏旁通说,始见《孙氏思邈五脏旁通明鉴图》;〔日〕丹波元胤《中国医籍考》记载唐宋时期已有'五脏旁通'的著述,但均亡佚,迄至明代李梴提出'五脏穿凿论'解释五脏旁通说",并指出:五脏旁通。这是明清医家根据临床经验对五脏关系的理论补充,尤其是心与胆相通,治心宜先温胆,胆通则心自安,至今仍有效指导临床实践。

故现可见"脏腑别通"理论最早为李梴《医学入门·脏腑条分》记载,谓:"五脏穿凿论曰:'心与胆相通(心病怔忡,宜温胆为主,胆病战栗癫狂,宜补心为主),肝与大肠相通(肝病宜疏通大肠,大肠病宜平肝经为主),脾与小肠相通(脾病宜泻小肠火,小肠病宜润脾土为主),肺与膀胱相通(肺病宜清利膀胱水,后用分利清浊,膀胱病宜清肺气为主,兼用吐法),肾与三焦相通(肾病宜调和三焦,三焦病宜补肾为主),肾与命门相通(津液胃虚,宜大补右肾),此合一之妙也。'"后人将其总结为:"心胆想通肝胆肠,脾通小肠肺膀胱,肾与三焦相连属,五脏五腑互推详",更方便记忆。

然而,李梴并未言明"脏腑别通"理论的原理、内涵,而开阖枢"阴阳气交"理论可以完美地解释其内在机制,开阖枢气化关系、阴阳气交是"脏腑相关理论"的内在机制。

董氏奇穴传人杨维杰先生也认为脏腑别通实乃气化相通,由六经开阖枢理论推衍而来。杨氏根据徐灵胎的"敷布阳气谓之开,受持阳气谓之阖,转输阳气谓之枢;敷布元阴谓之开,受纳阴气谓之阖,转输阴气谓之枢"之说,将开阖枢的意义分别归纳为敷布、受纳、转输三个方面,这与我们的认为基本一致。杨氏认为:"太阳号称'六经之藩蓠',为三阳之表,气化主上行外达,敷布阳气于外;肺主宣发敷布精微,脾为胃行其津液,运化转输精微,则津液的布达均为太阴所司,故太阳、太阴主开。胃与大肠气化均主内行下达,心包为神明之守护,肝藏阴血,故阳明、厥阴主阖。少阳能使阳气出于表里之间,调节内外阳气之盛衰,枢转表里之气;少阴心肾为水火之脏,心主血脉外达,肾主水主纳气,水火上下交通互济,故少阳、少阴主枢。"

王旭等人也认为，三阳开阖枢分别与三阴开阖枢为阴阳表里关系。太阳、太阴皆属"开"，太阳偏重布气，太阴则侧重运化水液；阳明、厥阴皆属"阖"，阳明主受纳通降，厥阴司阴血潜藏；少阳、少阴皆属"枢"，少阳偏于枢气，少阴偏于枢血。它们在功能上协调呼应，一方发生失常时易导致向另一方传变，互为病理因果关系。如太阳、太阴的关系既体现在气与水液的关系上，而且肺司卫气主皮毛，太阳主表，又在功能上具有协同性；在病机上可相互传变，太阳受邪会导致水液输布异常，如风水泛滥型水肿；水液输布异常亦会阻碍太阳经气的运行，如《伤寒论》第二十八条之"头项强痛，翕翕发热"，其原因在于气化不利、水邪内停。阳明与厥阴、少阳与少阴与此相类。在生理、病理上，三阳开阖枢分别与三阴开阖枢有着特殊的关联，按照手经与足经为一组对应起来，就形成了脏腑别通的关系。

实际上，这里的规律有两个：一是开与开通，枢与枢通，合与合通；二是基于这个发生"阴阳气交"。整体上即表现为，太阳与太阴互通则肺与膀胱通、脾与小肠通，阳明与厥阴互通则胃与心包通、肝与大肠通，少阳与少阴互通则心与胆通、肾与三焦通。开阖枢"阴阳气交"可以指导和解释"脏腑别通"理论。对比二者即可发现，"脏腑别通"是从生理病理的临床表现总结得到的规律，属于脏腑理论，开阖枢"阴阳气交"则是对机体气化规律做的系统总结，属于六经理论；六经开阖枢是气化大道，"脏腑别通"是这种大道的其中一种具体体现，"脏腑别通"相当于具体行为，而开阖枢"阴阳气交"则是规章制度；"脏腑别通"将脏腑生理病理有关联性的脏腑分成了独立的几组，而开阖枢"阴阳气交"是包括了"脏腑别通"在内的所有脏腑关联的气化动态全过程；"脏腑别通"是点或线，"阴阳气交"是线或面，前者是独立局部，后者是系统整体。

## （三）其他思想体系中"交"的体现

先贤对人际交往（与人交）即有"君子之交"这一提倡，语出《庄子·山木》，谓："君子之交淡若水，小人之交甘若醴；君子淡以亲，小人甘以绝。"其实质是提倡人际交往要"平淡如水、不尚虚华"，无利益牵涉，无奢靡腐败，尽显纯粹、纯洁。"君子之交"就是一种"交思维"，天地之气，同气相求，交友要慎，否则虎狗亦可为友，狼狈亦能为奸，臭味相投，沆瀣一气。

《论语·学而》谓，"曾子曰：'吾日三省吾身：为人谋不忠乎？与朋友交而

不信乎？传不习乎？'""子夏曰：'贤贤易色，事父母能竭其力，事君能致其身，与朋友交言而有信。虽曰未学，吾必谓之学矣。'"又有名家《公孙龙子·迹府》谓，"尹文曰：'今有人于此，事君则忠，事亲则孝，交友则信，处乡则顺，有此四行，可谓士乎？'"都是说与人交时要诚实守信，讲信誉、言而有信的人与受过良好教育的人一样有可贵的素质。《论语·公冶长》谓，"子曰：'晏平仲善与人交，久而敬之。'"即是说真正善与人交际的人交往越久越让人尊敬。这些都是"与人交"之可贵之处。

又有《孟子·梁惠王上》载："孟子见梁惠王。王曰：'叟不远千里而来，亦将有以利吾国乎？'孟子对曰：'王何必曰利？亦有仁义而已矣。'王曰：'何以利吾国？'大夫曰：'何以利吾家？'士庶人曰：'何以利吾身'？上下交征利而国危矣。'"此即名言上下求利之害，上求利于下，下求利于上，君与臣工交相求利，即"交征"，征是求取的意思，上下"交征"而不言仁义，这对国家有危害啊。又有《孟子·万章下》曰："其交也以道，其接也以礼，斯孔子之受之矣。"这句之前讲的是"与人交"时"却之不恭"的道理，这句讲的是交往贵"以道义交而贵礼尚往来"。

又有《礼记·文王世子》曰："凡三王教世子必以礼乐。乐，所以修内也；礼，所以修外也。礼乐交错于中，发形于外，是故其成也怿（yì），恭敬而温文。"也就是说王道交接，必授世子以"礼乐"之道，重视"礼乐"教化，内外兼修，而后礼与乐的修为就会内外交相呼应，让这个人温文儒雅起来，使自己与他人愉悦轻松。所以这里的"交错"就有了"内外兼修"的内涵，古人重视内外兼修，重视神形气质。再有《礼记·礼运》曰："故人者，其天地之德，阴阳之交，鬼神之会，五行之秀气也。故天秉阳，垂日星；地秉阴，窍于山川。播五行于四时，和而后月生也。是以三五而盈，三五而阙。五行之动，迭相竭也，五行、四时、十二月，还相为本也；五声、六律、十二管，还相为宫也；五味、六和、十二食，还相为质也；五色、六章、十二衣，还相为质也。故人者，天地之心也，五行之端也，食味别声被色而生者也。"这段内容是讲人身禀赋，必是天地阴阳气化交变的结果，受天地五行生克制化、气交合和的影响。这也是儒家对人与天地阴阳交感的认识。

又有《墨子·兼爱中》曰："既以非之，何以易之？子墨子言曰：'以兼相爱

交相利之法易之。'然则兼相爱交相利之法将奈何哉？子墨子言：'视人之国若视其国，视人之家若视其家，视人之身若视其身。是故诸侯相爱则不野战，家主相爱则不相篡，人与人相爱则不相贼，贵不敖贱，诈不欺愚。凡天下祸篡怨恨可使毋起者，以仁者誉之。'"墨子在这里即提出了交往甚至邦交要兼爱平生而"交互得利"（简称"交利说"）的道理，也算是"交"之一说：兼相爱，交相利。而其"兼相爱，交相利"之提议几乎贯穿该书通篇。

再如兵家之"交思维"，《孙子兵法·九地篇》载："孙子曰：用兵之法，有散地，有轻地，有争地，有交地，有衢地，有重地，有圮地，有围地，有死地。"其中就有"交地"一说，"我可以往，彼可以来"者为"交地"，可以往来且交通便利。这就是用"交思维"去评估将要征伐或途经的领地，因而更准确地指导行军与制定作战方案，以有效地确定进退路线，可攻可守，可进可退，方能立于不败之地。

其实《孙子兵法》中"交思维"的应用很多，程炜研究员在《文史纵横》（理论导刊）期刊发表过一篇题为《孙子"交胜"战略思想及其当代价值》的论文，该文深究了孙子在书中曾 14 次强调"交"的深远意义，系统性地论述了孙子"交胜思想"，提出"合交造势"的观点，并将其拓展实践，指出其维护当代国家安全的现代价值归结为 4 个方面：以主权至上、国家利益为旨归，循"利交"之理；以广结善缘、增进理解为冀望，明"知交"之道；以和平协作、互利双赢为原则，达"和交"之情；以博古通今、仰观俯察为睿智，图"谋交"之策。足可见孙子"交胜"思想，对后世的影响，不仅在军战争伐中有指导意义，对邦国邻交与边防更有指导作用。

又有《孙子兵法·谋攻》曰："故上兵伐谋，其次伐交，其次伐兵，其下攻城。"就提出了"伐交"并肯定了其重要性。李炳彦、孙兢等人主编的《求胜的艺术》一书中第一编就是"攻伐交合纵横谈"，第二编"中国历史上著名纵横家的策略解析"中更是提出了"善战者谋交合"的观点，其后还找出其实践意义，列举了诸多国际上"伐交"的典例：古希腊、古罗马"伐交"策略选析，波斯的"跷跷板"外交，汉尼拔的"伐交"策略，古罗马在第二次布匿战争中的"伐交"策略，以及谈判桌前的"蘑菇战术"等。《军处不利谋交合》一篇更是巧妙地将兵家、纵横家的"交合"之道运用到国防、外交中，并详细地探讨了其现代使用价值。

## "水火阴阳说"的故事

早些年，问朋友的妻子对他如何，朋友笑着告诉我："我是水，她是冰，同源同性，相界相融。"我暗以为水有柔情，冰则冷静，却也能相伴着流存。世间的事真就多那么些微妙，不自觉便有了传奇。朋友大概是很幸福的！

我素来就喜欢水，以其"奔流来去，其质无尘"，以其"朝露暮珠，春雨秋雾"。学习中医多年了，阴阳运化、五行生克，水的概念我也算记忆得尤为自然，以其滋润下行又能寒凉闭藏；又说其性属阴，"浊阴不降，清阳焉升?"其实，蕴藏在水中的奥妙又何止这些，若不其然，道家人又怎会花尽毕生心血来诠释"上善若水"呢！

朋友和我一样，很是喜欢清初的陈士铎先生，同受益于他那本传世之作《石室秘录》。不同的是，我只算是对陈先生那些出奇的医术论法和药方诡理好奇罢了，朋友却着实热衷于"上探典籍之奥，博集他家之长"。最喜欢朋友不自觉地哼着"陈士铎，邑诸生，治病多奇中，医药不受谢，年尽八十终……"的样子，出奇地可爱。其实朋友早就将"良医济世"刻于心中了。有时我也故意逗他："你啊，好好努力，将来也一定是这'大雅堂'的主人。"

朋友所执着于"陈氏理论"的论题还真有一个与水有关的。有一天，朋友捧着他那本《石室秘录》来找我，非要让我同他一起探求一下陈先生在"论命门"篇中论及"水火生克"的道理。"命门者，先天之火也，此火无形而居于水之中。盖天下有形之火，水之所克；无形之火，水之所生。火克于水者，有形之水也；火生于水者，无形之水也……""肾水命门"之说着实诱人，中医以此阐述人之先天真元："肾者，水也，属阴，左右各一，命门属阳，一阳寄予二阴中，谓之坎卦(☵)，象曰：一轮明月照水中，只见影儿不见踪，愚夫当财下去取，摸来摸去一场空！

我大概说了三点：火的生成必须由一定的物质来促成，譬如五行属水的油水、乙醇，自然还有木柴和源于木柴的煤炭，但是其性属木也同样由水所生，所以"水"是"火"赖以燃烧不尽的物质基础；再者，当我们把一个燃着的木棍扔入水中，火是灭了，可同样性属火的热温却通过简单的热传递被水吸收了去而暂寄于水中；还有"物极必反"，水火又是绝对的对立，那么"水之极也"不就是"火之始也"即火源也叫真火，也就是说真火由水而生。原本就被

陈先生弄得糊里糊涂的他这下又被我给弄得摸不着头脑了……其实不得不感叹水将火都可以寄存,都可以容纳!

"真火"存于"水中"!世间的事真是让人难以捉摸,我的"油灯理论""热导学说"和"物极之谈"竟然让谨言慎思的他对这些信服不已。卑恭谦逊、集思广益,也只有具备这种"有容乃大"的情怀才可以蕴藏真知,水如此,陈先生如此,朋友也是如此。

水火相存,那是一种怎样的和谐啊!心火失去肾水的制约就会炎炎蒸上伤阴伐津,肾水缺失心火的温煦也会寒涸凝结克经损阳,只有心肾相交才可以君臣为用、体健身安。朋友大概是对的,心存热情、胸怀大志这是他的"火",性格和顺、敏而好学又是他的"水",水火相济、益用终身;倘若空有一番壮志豪情而不去虔心求学,抑或单是和顺柔情而又无半点高远追求,那必将是另一番境地。

我也曾深入思考过水与冰的相关联系,略微知晓些其中的道理:水和冰可以相互转化,水化为冰与冰固结,冰化为水与水缠绵,彼此相伴着得以永恒,可总归需要其中一方牺牲自我变换成他方。当然彼此"留存相守"也未尝不可,只是零摄氏度的临界条件只有那么一个!

其实无论朋友和他妻子怎样地冰水相界也无法湮没他俩彼此的热火情爱,无法阻止他俩对仁心仁术的执着探索,朋友当真是幸福的!

# 第二节　敦煌医学文化交

## 一、敦煌医学文化交的魅力

敦煌医学文化交主要体现在以下几个方面。

### 1. 敦煌的自然环境

在中国敦煌之"地理位"中提到了:其"南枕气势雄伟的祁连山,西接浩瀚无垠的罗布泊,北靠嶙峋蛇曲的北塞山,东峙峰岩突兀的三危山",被誉为

"靠近沙漠戈壁的天然小盆地"。另外，其属于温带大陆性气候，气候整体多寒多燥，这决定着其疾病性质可能"多风多寒""多病伤寒"，也就意味着其"敦煌位"上阴阳二气交变在天、人、地的状态与其地方疾病存在着极大的关系，"一方土地养育一方人"，人与环境、与天地、与自然的"交"有待人们进一步研究。

### 2. 敦煌的历史文化

敦煌是丝路重镇，是多民族多文化交融的区域，这决定着其内容多民族多文化的性质，正如史正刚等教授指出的那样："敦煌医学文献的主体是以汉民族儒家文化为背景的中医学汉语言文献，同时诸如龟兹文、于阗文、粟特文、回鹘文、吐蕃文等多民族语言类别医药文献也是其中的重要内容，反映了古印度医学、于阗医学、粟特医学、回鹘医学、龟兹医学、波斯医学、藏族医学等多民族、多宗教医药文化在敦煌的传播与交流，体现了不同的民族文化个性和时代特征，促进了医学思想的融合。"也就是说，敦煌医学是中医学和民族医学经由敦煌地理位上文化交融丰富后的产物，其内容涵盖了多民族、多语言、多宗教信仰的人文内容，值得人们歌颂传承。

### 3. 敦煌的政治更迭

敦煌虽不曾是省府、王都，但其在大漠交通与西域边防上都有着极其重要的"位"，它是中原王朝在河西走廊最西端设立的防御的一道屏障，同样也是中原王朝通向西域甚至中西亚的一扇窗。中原王朝交相更替，南北及中央政权交相主宰中华大地，而这块特殊的疆域，也就有了极其丰富的政治经历，它时而内归，时而外治，时而内外交际，时而无人问津，时而平定、安宁，时而战乱纷争。加上其为大漠中少有的一片绿洲，则成了游牧民族与驼队商旅看中的栖息地，其本来就是多民族融合的一片人文背景复杂的土地，也承载并见证了其东西南北多个王权的盛衰，甚至中亚、西亚其他国的政治盛衰和宗教斗争也能在它那里有所映射。历史上从没有一个时代能像今天这样，给予这个特殊的郡县以长远的安定和稳固的政治归属，敦煌是世界的，但敦煌首先是中国的。

### 4. 敦煌的人文情怀

敦煌医学的丰富除了这些外，还受中华民族诗歌文化的熏陶，在 P.2794

及 S.328 记载的《伍子胥变文》中由伍子胥与妻子（也可能是作者假借其身份叙事抒情）所作的药名诗就是相对典型的例子。

其妻遂作药名诗问曰：

"妾是仟茄之妇细辛，早仕于梁，就礼未及当归，使妾闲居独活。膏茛姜芥，泽泻无怜。仰叹槟榔何时远志。近闻楚王无道，遂发材狐之心。诛妾家破芒消，屈身首蓿。葳蕤怯弱，石胆难当。夫怕逃人，茱萸得脱。潜形菌草，匿影藜芦。状似被趁野干，遂使狂夫菮菪。妾忆泪沾赤石，结恨青葙。夜寝难可决明，日念舌干卷柏。闻君乞声厚朴，不觉踯躅君前。谓言夫婿麦门，遂使苁蓉缓步。看君龙齿，似妾狼牙。桔梗若为，愿陈枳壳。"

子胥答曰：

"余亦不是仟茄之子，不是避难逃人。听说途之行里，余乃生于巴蜀，长在藿乡。父是蜈公，生居贝母。遂使金牙采宝，之子远行。刘以奴是余贱朋，徐长卿为贵友。共渡襄河，被寒水伤身。二伴芒消，唯余独活。每日悬肠断续，情思飘飖。独步恒山，石膏难渡。披岩巴戟，数值柴胡。乃意款冬，忽逢钟乳。留心半夏，不见郁金。余乃返步当归，芎穷至此。我之羊齿，非是狼牙。桔梗之情，愿知其意。"

又如敦煌曲子词《失调名》（编号：S.4508）：浪荡不归乡，经今半夏强，去他乌头了血，傍了他家富子豪强，父母依意美。肠断挂心，日夜思量。

所以诗文雅韵也在一定程度上让敦煌医学文化披上了浪漫主义悲、喜剧的面纱，是对其另一个角度的丰富。也往往是这种迷离交织的文化，以及欢喜交加的人文情怀，使得其在民间更容易保存和传承，直至成为一颗璀璨的星星而经千年不陨。至于历史、文化、军事、政治的交融时期内容，在"敦煌医学文化历史位"一章节中已有详细论述，此处不再重复叙述。但在此处必须明白，敦煌医学文化是多民族、多地域、多文化交融的产物，甚至在某种层面上来说，它已经不仅仅是一种医学，更是一种民族魅力，是一种人文精神。

敦煌文化是"中西文化"以丝绸之路为纽带交汇而成的西域文化的缩影，

是西域文化的精华部分也是其主要的结晶；敦煌医学与古印度医学交流、融汇的内容将是敦煌医学文化重要的组成部分。所以除了这些文化的琐碎和流传，需要在这里进一步深入对比、分开论述的，还有敦煌医学与中医学、古印度医学的交汇关系。

## 二、敦煌医学、中医学、古印度医学的交汇关系

近年来，在生命科学国际化的大潮流下，两门具有人类文明古老色彩的生命学科日益受到社会各界的关注：中医学和古印度医学。作为二者及其他文化摩擦碰撞、融合交汇的结晶——敦煌医学，也不断地向社会各界展示着其特有的风姿与魅力。

无论在医学层面、文化层面，还是在哲学层面，三者之间除了其特有的色彩外，还富含在特定历史背景下交流与融汇的别样元素。对三者关系的确立与探析，近年来业界都有所整理，但是多建立在对其直白的翻译和简单的比对上，实际上对这个命题的探讨，应该建立在特定的医药理论体系与历史文化背景下，探寻三者在诊断、预防、治疗疾病及维护人与自然和谐中各自的优势与长处才算合理，才更有意义。

三者在特定的历史背景下诞生，几经起伏而未被岁月长河湮没，几度波折终又迎来了再世复兴；它们经得起实践的检验并在实践中不断完善，它们相对独立不可复制却又在不断接触碰撞中相继交流融合；历史赋予了它们神圣使命，它们为历史平添了丰富的内容。《礼记·中庸》云：万物并育而不相害，道并行而不相悖。

### （一）敦煌医学与中医学的交汇

中医学始于"三坟"，承于"河洛"，建立在这拥有五千年文明的国度，是中国传统文化最璀璨的明珠！它基于太极、阴阳、四象、五行、六经、八卦、天人合一等中国哲学思想，合天文地理，通过取象比类、归纳演绎建立起包含脏象学说、经络学说、运气学说等经典学说在内的中医药一体化理论知识体系，并以此为指导在生活与自然中寻找以供饮食、针灸与诊治的临床处方原料和适合于实际操作的方法与措施，望闻问切合参，理法方药相继，药石针灸并施，太过不及平调，实为我国人民在历史长河中赖以生存与维系健康的重要保

障! 从中原到四维,从汉族到其他民族,从高原到平川,但有我华人足迹处,必会留下中医学的印迹。而在这几千年历史长河的交变中,它又诞生了一个特殊的瑰宝——敦煌医学。关于敦煌医学与中医学的关系,在各类敦煌医学书籍及相关教科书中都有所论述,其基本结论整理有以下几点。

（1）敦煌医学与中医学都是相互不容复制、替代的独立学科,各有特色。值得说明的是,这种独立性是多方面因素影响下才表现出来的,"有道独立,故能独存",但敦煌医学的核心本位仍然是中医学的内容范畴。

（2）敦煌医学收录了隋唐时期多已失佚的中医学古籍,可以作为中医学医史文献的补充。前文已经整理罗列了部分敦煌医学卷子中涉及中医学多个学科分支内容的情况,这是敦煌医学界几代研究人共同努力的成果,终使得这些敦煌残卷"认祖归宗",在很大程度上弥补了汉唐医史文献的空白和缺损处,其现实价值值得肯定。

（3）敦煌医学与中医学同样是我中华民族的知识宝库与文明结晶。中华民族是多民族、多语言、多人文大融合的民族,是包容、交并的集大成者。敦煌医学与中医学都是在丰富的、更迭的历史长河中留存下来的宝藏,其哲学、医学、百家之说的内容如星河之浩瀚,是世界上现存的任何一个医学体系都无法骈比的成就。一代又一代中医药人致力于将其挖掘、实践,无疑会给全人类健康生活带来永不泯灭的福音。

（4）中医学与敦煌医学都将以其独特的学术内容为中国乃至全世界人民的卫生医疗事业服务。

## （二）敦煌医学与古印度医学的交汇

### 1. 古印度医学的出现

依据王树英《印度文化简史》所述,早在公元前 2500—前 1700 年的"哈拉巴文化"时代,古印度的医学知识就已萌芽,到了吠陀时代,古印度的医学体系已经相对成熟,且出现了医学学校［相传古印度医学著作 *Atreya-Samhyta*（《阿特里雅集》）的作者 Atreya 就担任过当时咀叉始罗（石室国）医校的校长］。历经岁月洗礼,收受先贤丰富,经由百姓传承下来的古印度医学正是以吠陀医学［阿输（育）吠陀］为核心,以印度梵天、"瑜伽"境界（廖育群先生谓其"宗教与哲学合一,自然与人合一、精神与肉体合一"）为思想文化背景建立

起来的维系健康、治疗疾病的医学学科体系。

　　大约从公元前 2 千纪中叶开始，雅利安人侵入，开始了印度史上的吠陀时代。古印度医学文献资料始于这个时代，确切地说"整个吠陀文献（几部《吠陀》以及附属于'吠陀本集'的若干文献）……不论它的起源如何，无疑是雅利安人最早的文献"，而源于 Ayus（生命）与 Veda（知识）组合词的 Ayur-Veda［阿输（育）吠陀］就是对这一时代及其以后印度传统医学的高度概括。尽管古印度医学不仅止于此，但习惯上人们还是将阿输（育）吠陀与古印度医学之间画起了等号，这正是阿输（育）吠陀在古印度医学体系中核心地位的体现！

　　无论是阿输（育）吠陀还是印度民间散在的医药体系（瑜伽运动医学、顺势疗法、异物疗法、尤那尼医学、自然医学以及悉达神灵医学），都是以体液、杂质和自然要素为基础的。它以"五大"（水、火、风、地、空）、"三病素（体液）"（风、痰、胆汁）、"七组织"［味（乳糜）、血液、肉、脂肪、骨、髓、精液］，还有排泄物（二便、汗液、乳汁、经水、胚）及其之间的发生、变化与转化关系为基本要素，展开对人体生老病死各个状态的探索和诠释 {《妙闻集》第一卷、第十五章名为"关于流体原素［三原（病）素］、组织（七组织）、排泄物之章"，开始就言及"流体原素、组织及排泄物，实为身体之根元，故为汝等讲述其特征"}，并以此为基础来指导卫生、医疗及养生。整个体系相对经典的有两个学说，一是"体液学说"［属于阿输（育）吠陀体系］，一是"三脉七轮学说"（属于瑜伽医学体系）。

### 2. 古印度医学与敦煌医学的关联

　　西域文化是以丝绸之路为"文化交通带"和"核心文化带"的（某种意义上也可以作为"丝路文化"的另一代名词），并以包含于阗、楼兰、车师、龟兹在内的"西域三十六国"（司马迁的《史记》）为基本地域范围，以与其交流密切的亚洲中西部、印度半岛为影响范围的。其中中印传统文化交流、融汇的内容是西域文化的重要组成部分，以"石窟文化"保存下来的敦煌学内容是其最宝贵的结晶！敦煌医学与古印度医学交流、融汇的内容是其重要的组成部分。我们可以将西域文化交融、交汇的内容命名为"西域文化中印交流圈"。正如敦煌医学中对中医学经典内容有所收藏的那样，在"西域文化中印交流圈"的交

相作用下，敦煌医学也必将留下古印度医学的影子。

（1）敦煌遗书中的佛医资料：佛教诞生于公元前 6 世纪的印度列国时期，由乔达摩·悉达多（Siddhattha Gotama）创立，自公元前传入中国，最初盛行于"西域"与"南海"一带。佛教的传入带来了古印度文化的其他内容形式，自然包含了古印度医学的部分。敦煌遗书中有大量的佛医资料，丛春雨教授主编的《敦煌中医药全书》对此做过详细的整理，指出其以《敦煌宝藏》所收录的九部遗书（编号为 P.2665、P.3230、P.3777、P.3244、P.2637、P.2703、P.3916、S.6107、S.5598）为主并对其做了部分校释与补遗。

其中《佛家辟谷方》（P.2637、P.2703）和《佛家香浴方》（P.3230、S.6107）的相关内容值得引起注意，很大程度上与古印度医学间有着特定的联系：其一，这两本书涉及了佛教医学疗法除咒语疗法之外的三种疗法，即食疗法（饮食法、断食法）、沐浴法、香药法；其二，宗教氛围浓厚的古印度对饮食品类和饮食要求严格，部分宗教教义中还明确规定了可进食时间与不可进食时间（如"过午不食"的说法），这可能就是食疗法的雏形（道教也有辟谷一说，但注重呼吸吐纳和气机摄养，与佛教食疗更看重食物作用不同）；其三，沐浴法是印度炎热气候决定的，香药也是在印度运用最广 ｛如檀香（枬檀娜）、沉香（恶揭噜）、麝香（莫诃婆伽）、郁金香（茶矩么）、零陵香 ［多褐罗《山海经》称其"薰草"）］、苜蓿香（塞毕力迦）等 ｝，所以香药法与沐浴法多是出自古印度医学体系，即所谓"洗浴之法，当取香药"。

（2）敦煌遗书中的古印度医典：于阗文医典《医理精华》（共两件：一件编号 P.2892，另一件现藏于印度事务部图书馆编号为 Ch.ii 002）由敦煌藏经洞出土，另外从藏经洞出土的还有梵文于阗文双语医典《耆婆书》。其中《医理精华》是古印度著名医典，成书于 1400 多年前，原本用梵文写成，后有多种民族文字译本（9 世纪译为藏文，10 世纪译为于阗文，13 世纪前译为回鹘文……21 世纪由陈明教授编写的《印度梵文医典〈医理精华〉研究》为第一部利用古代文献资料对其整理译注的汉语言专著书籍）。所以《医理精华》对中、印传统医药学及敦煌医学关系的探讨有重要的意义。在陈明先生巨著——《印度梵文医典〈医理精华〉研究》中有如下论述。

1）古印度方药对敦煌医学的影响：陈明先生将《医理精华》同《耆婆

书》(*Jivakapustaka*, 敦煌藏经洞出土)与《鲍威尔写本》(新疆库车出土)、《雜(杂)病医疗百方》(吐鲁番回鹘文本)及西藏传世的《四部医典》中部分内容及相关药方作了对比,并与唐宋本草相关内容作了比对,整理出来了"達(达)子香葉(叶)散"所含药品在内的一些古印度传入或两国通用药品,如仙茅、肉蔻、阿魏、胡黄连、阿勒勃(婆罗门皂荚)、龙花(那视悉)、天竺黄、胡椒、长胡椒、"三勒"(诃梨勒、毗梨勒、庵摩勒)、青木香、安息香、安石榴等。这些药品中含有很大一部分"香料药品",这在某种程度上也可以客观地佐证敦煌遗书《佛家香浴方》中所用方药及医药原理与古印度医学的渊源。此外,陈明先生还对"律藏药物"的分类方法(时药、更药、七日药、尽寿药)同印度习俗做了考证。

另外,史正刚等教授也说:"在唐代中医药文献中,我们会经常看到'耆婆'记载,如在《千金方》中就有多处记载。《千金翼方》卷一'药录纂要'载:'论曰:有天竺大医耆婆云:天下物类皆是灵药,万物之中,无一物而非药者。斯乃大医也。'《千金翼方》载有'耆婆治恶病方''耆婆汤'等以耆婆命名的方剂。耆婆原是印度传说中的名医,在长久流传中逐渐被神化,如同我国古代的神农、黄帝。后世印度医学的理论、方药常常托名耆婆,以示珍贵。在敦煌医学文献中的确有古印度医书《耆婆书》,用梵、于阗双语写成,约抄写于11世纪之前,现存为4个部分,有医方精选的特点,属于印度'生命吠陀'体系。可以认为《耆婆书》传入中原后被译成了汉文,中医对其进行了改造吸纳,为中医所用。"

"耆婆类方药"算是中医学、古印度医学及敦煌医学三者交融的典例,《千金翼方》"耆婆治恶病第三"篇下共收方一十一首,收论七首,且与"阿伽陀丸主万病第二"并章收录,而"阿伽陀"是梵语 Agada 的音译,是佛教术语,这就更显得"耆婆类方药"与印度和佛教关系密切、渊源考究。

文化有着其不可估量的力量,古印度医学中的"耆婆"(qí pó)与中医学中的"岐伯"(qí bó)似乎不仅音近,而且更像是对一对"老夫妻"的敬称。

2)古印度医理对敦煌医学的影响:陈明先生将印度医理"四大"(即"五大"除去"空":地、火、水、风)在敦煌汉文医学资料的影响作了详细的论述,列举出了"四大学说"在《张仲景五脏论》(P.2125)、《明堂五脏论》(P.3655)、

《新集备急灸经》(P.2675)中的引用,如"人生四大""一大不调,百病俱起",以及在其他中医古籍如《人身四百四病经》《补阙百一方》《诸病源候论》《千金要方》《医方类聚》中的引用,并推测出"四大"理论在敦煌医学中的影响("四百四病"理论)最少也有三百多年。另外,值得一提的是,张轩辞已证得古印度医理中这"四大"理论与古希腊哲学家恩培多克勒(Empedocles)土、火、水、气"四元素理论"很是近似。

除此之外,《医理精华》中提及的"七界",即前面提到过的"七组织"[味(乳糜)、血液、肉、脂、骨、髓、精液]与中医认识人体组织有一定的相似之处,正如《阇罗迦集》中指出:"身体要素是以先行的身体要素为食粮,来保持固有的状态",即"七界"按上面顺序依次变化成后面的。当然这仅仅是人体固有组织和物质基础在不同医学体系中不同的定义形式而已,虽然这种从前往后单一的变化与中医"后天养先天"及"脾胃为后天之本"有相通之处,但与中医所认为人体基础物质间相互化生促成还是有区别的。

### 3. 古印度医学与敦煌医学哲思探源

(1)宗教医学:毛世昌认为印度是一个宗教种类繁多、宗教氛围浓厚的国家,其主要本土宗教为印度教(吠陀教—婆罗门教—印度教)、佛教、耆那教及锡克教,除此之外还有外来宗教(如伊斯兰教、基督教、犹太教、拜火教、大同教等),被誉为"宗教博物馆",其中印度本土宗教对古印度医学的影响最为深刻,而佛教对我国文化尤其是敦煌文化的影响又意义非凡!无疑在敦煌医学与古印度医学之间就横架着一个文化名词——宗教医学。此处以"宗教医学"为名,而未单纯指出"佛教医学",只是缘于古印度医学受多家宗教影响且根深蒂固,相关历史内容丰富异常。虽然敦煌文化中多为其"佛教医学"的聚焦,但是当以"宗教医学"为名更为贴切:其一,"沿袭多家传承,佛教一家大统"为古印度医学在敦煌医学中的内容特点,故而以"宗教医学"命名来铭记古印度医学发展史上多家宗教修缮补充的历史功勋;其二,敦煌医学体系中又不止佛教一家,尚有部分道教医学遗书和残卷资料,故而这样命名才更为合理。至于后文,可能为方便探析说理,言词多将直指"佛教医学",以之为代。

1)佛教医学:上文已然对敦煌遗书中的佛医资料进行了探讨,此处将进一步剖析。关于"佛教医学",在陈明先生的《印度梵文医典〈医理精华〉研究》中引李良松先生一句定义甚是合理:"什么是佛教医学?佛教医学就是以古印度'医方明'为基础,以佛教理论为指导的医药学体系。"作为"五明"之一的"医方明"(Cikitsa Vidya)是属于佛教医学与古印度医学的专用名词,早在《大唐西域记·卷二》中就对此有所综述:"而开蒙诱进,先导十二章。七岁之后,渐授五明大论:一曰声明,释诂训字,诠目流别;二工巧明,伎术机关,阴阳历数;三医方明,禁咒闲邪,药石针艾;四谓因明,考定正邪,破覆真伪;五曰内明,究畅五乘,因果妙理。"很明显,佛教修为有医学的内容在里面,且其分量举足轻重。佛以普度众生为大修为,"医方"之法也为其主要途径与手段;而"医方"之中方药和咒语的单用与联用及通过禅定来修养身心的方法又是"佛教医学"的特点。

关于古印度佛教医学的相关论述,在陈明先生的书中已经详备,现将相关佛经著作摘抄如下。单用咒语的如《佛说咒小儿经》《除一切疾病陀罗尼经》《佛说咒时气病经》《佛说咒目经》《佛说咒齿经》《观世音菩萨秘藏和意陀罗神咒经》《能净一切眼疾陀罗尼经》《佛说疗痔病经》《药师琉璃七佛本愿功德经》等;咒药联用的如《千手千眼观世音菩萨治病合药经》《龙树五明论》《囉缚拏(ná)说救疗小儿疾病经》等;禅定修养身心的如《禅秘要法经》《坐禅三昧经》《禅法要解》《五门禅经要用法》《治禅病秘要法》《六度集经》等。

2)道教医学:虽然道教是我国本土宗教的代表,与古印度文化没有直接关系,但道教医学却是敦煌医学的重要组成部分。敦煌遗书中同样有大量的道教医学资料,《敦煌中医药全书》一书指出,其包含六部遗卷:仅存国内的罗振玉家藏《疗服食方》一卷,"劫住"英伦敦博物馆的《残辞谷方》(编号为S.5795)和《绝谷仙方》(编号为S.2438)两卷,"劫住"法国巴黎国立图书馆的《服气休粮及妙香丸子方》(编号为P.3043)、《道家养生方》(编号为P.4038)和《道家合和金丹法》(编号为P.3093)三卷。

与佛教不同,道教辟谷术更注重以呼吸吐纳来调气修炼"内丹",并借助用雄黄、白矾、硝石、硇砂、绿矾等矿物药炼制的丹药力量进行修身防病,这就更加接近中原文化。葛洪的《抱朴子内外篇》就是炼丹与道医的中医药代表著作,另外,炼丹即丹药的制作也是中药炮制的基本内容之一。佛教的辟谷偏重对饮食物的控制(包括饮食种类、时间和量)和对饮食物的作用,而道教的辟谷则更侧重于对"炁"的修炼与对丹药力量的看重。佛教医学对咒语的使用较为频繁,而道教医学对符咒的使用则为其一大特色(符咒也是中华巫术文化的特有内容)。这样,佛教医学与古印度医学的渊源关系就密切起来了,而道教医学与中医学的渊源关系更为密切。

当然,在宗教氛围下诞生的医学多少都不能抹去其迷信和局限的一面,黄正建先生的《敦煌占卜文书与唐五代占卜研究》一书中就收录了十件《发病书》: P.2825、P.3402v、P.2978v、P.3556v、S.6196、S.6346、S.6216、S.1468、Дx.00506v 和 Дx.01258、01259、01289、02977、03162、03165、03929 的册子装。至于这些内容偏于中印哪国文化,是否科学可信,则有待进一步深入考证。

(2)地域医学:任何一个医学体系均由几个核心要素构成,用于归纳说理的基础理论,用于传教留世的图文资料,用于处理实际的临床实践,用于临床实践的方法手段,以及基础理论不能很好概括和推理的一些散在的民间经验和外来经验(如俗语、老话,又如药石、针灸)。针对这种变化与发展(从经验上升的理论需要经历的漫长过程),尤其是这最后一条,可以给其一个新名词——地域医学:特殊的地域有着独特的地理、气候及人文背景,这种独特的地域环境注定会孕育不一样的医学内涵,这种依赖于独特地域环境而发生发展的医学即"地域医学"。敦煌医学是一个典型的地域医学,古印度医学可以看作是一个大的地域医学。

1)不同的地域环境:印度的主要气候类型是热带季风气候,其次为亚热带大陆性气候。印度的主要文化特点是宗教文化,被称为"宗教博物馆"。印度医学的语言基础是梵语(Sanskrit),诸多古典医籍(吠陀史诗)都是用梵语写成,少量的靠"俗语"(Prakrit)在民间流传。这从整体上决定古印度医学诸多内容离不开其动植物药物资源的分布,加之"有热无(少)寒、多温多湿、多风少凉"的地理气候决定其在认识疾病病理病机病因上多偏于"风、火、湿"三者,而出现"风、痰、胆汁"三种致病体液,出现"水、火、风、地、空"(无"寒"或少"寒")的空间属性,其用药也多是祛风、燥湿、清热三类品种,以酸浆、乳汁及植物汁为主。

对于中国敦煌，被誉为"靠近沙漠戈壁的天然小盆地"，加之其属于温带大陆性气候，气候整体多寒多燥，则决定疾病性质"多风多寒""多病伤寒"。敦煌是丝路重镇，是多民族多文化交融的区域，这就决定着其内容多民族多文化的性质。敦煌医学是由多民族语言类别医药文献组成，反映了古印度医学、于阗医学、粟特医学、回鹘医学、龟兹医学、波斯医学、藏族医学等多民族、多宗教医药文化在敦煌的传播与交流，体现了不同的民族文化个性和时代特征，促进了医学思想的融合。

2）不同的地方用药：古印度医学在印度区域取材，选择适宜于本区域疾病特点的药材，多是祛风、燥湿、清热三类品种，以酸浆、乳汁及植物汁为主，印度药又以"香药"为其所长（香药法与沐浴法多是出自古印度医学体系，即所谓"洗浴之法，当取香药"），为其所专，如檀香（栴檀娜）、沉香（恶揭噜）、麝香（莫诃婆伽）、郁金香（茶矩么）、零陵香［多揭罗（《山海经》称其"薰草"）］、苜蓿香（塞毕力迦）等前文亦有所论述。

敦煌医学用药除了用中医药理论来指导使用这些外来品种外，还擅长于本区域的取材用药，如白附子、肉苁蓉、锁阳、雄黄、藁本、独活、当归、大黄、甘草，以及牛羊制品和鹿制品等，尤其是对温阳方药的应用更是源远流长，如P.2662中"苁蓉黄芪羊肾汤"、P.4038中"温肾强身散"、P.2662中"七子散"、P.4144中"风劳冷病方"、P.2565中"常服补益方"、P.4433中"阳痿膏"等。

从敦煌医学与古印度医学关系的研究中可以得出如下结论和推断：①古印度梵文医学经典是敦煌医学卷的重要组成部分；②敦煌本草学卷子中有从古印度医学引入的内容；③部分古印度医药理论与方剂组成对敦煌医学有深远影响；④敦煌医学以宗教医学为承载"互流"影响古印度医学（表2-2）。

表2-2　古印度医学与敦煌医学区域内容对比

| 内容 | 古印度医学 | 敦煌医学 |
| --- | --- | --- |
| 宗教 | 宗教博物馆 | 佛教、道教 |
| 语言 | 梵语（Sanskrit）<br>"俗语"（Prakrit） | 汉语言、于阗文、回鹘文等 |
| 地理 | 中高而南北低的三方格局 | 中国西北<br>靠近沙漠戈壁天然小盆地 |
| 气候 | 热带季风、亚热带大陆性气候 | 温带大陆性气候 |

| 内容 | 古印度医学 | 敦煌医学 |
|------|-----------|---------|
| 疾病 | "风、痰、胆汁"<br>"风、火、湿" | 多风（燥）多寒，多伤风寒 |
| 用药 | 祛风、燥湿、清热<br>酸浆、乳汁及植物汁；香药 | 祛风，温阳，散寒<br>外来药＋道地药（辛温为主） |

### （三）中医学与古印度医学的交汇

#### 1. 中医学典籍与古印度医学典籍对比

对于中医学与古印度医学关系的探寻建立在医史文献资料是很有必要的！下面对二者相关典籍加以整理罗列比对（表2-3）。

中医四大经典为中医药的发展建立了完整的理论体系，并为针灸用药、临床处方建立了基本原则；同样地，印度四大经典医学一样为古印度医学谱写了蓝本。单纯拿中医《黄帝内经》同印度《阇罗迦集》《妙闻集》作比较：《灵枢》卷创立"九针"偏于针灸疗法（可将其视为早期外科的一种类型），《素问》卷偏重医学理论；而《妙闻集》收录"锐器、钝器"偏重外科（《妙闻集》名为"吠陀的起源"第一卷第一章提及了"生命八科学"，其中就含"一般外科学"和"特殊外科学"两种"生命科学"），《阇罗迦集》偏重内科。然而，中医药典籍在其文体格式上更占优势：不论吠陀本集还是印医其他四本典籍大都采用最朴素、最原始的"诗颂"形式来进行简单的描述与总结（古印度各类"吠陀医典"大都沿袭了《吠陀》的文体形式，动辄"于此有诗颂"进行讲述）；而中医典籍则多沿袭了《内经》"问答式"（黄帝问，岐伯曰；或问，师曰）文体，这种文体更容易引经据典、阐理发微。

表2-3　中医学与古印度医药典籍对比

| | 中医学 | 古印度医学 |
|------|--------|-----------|
| 基础资源 | 《易经》 | 《吠陀》 |
| 大小经典 | 《黄帝内经》 | 《阇罗迦集》 |
| | 《神农本草经》 | 《妙闻集》 |
| | 《伤寒杂病论》 | 《八心集》 |
| | 《黄帝八十一难经》 | 《摩陀婆尼旦那》 |

注：《吠陀》指四本本集，即《梨俱吠陀》《夜柔吠陀》《娑摩吠陀》《阿达婆吠陀》。

（1）中医学与古印度医学不同意义的学术名词：穆罕默德·哈施米普（Mohammad Hashemipour）教授曾做过这方面的探讨，他将古印度医学理论的基础术语三个 dosha（病素，可作不良状态和障碍解）即 Kapha、Pitta、Vata 分别与中医学中的痰、火（胃火或气）、风对应起来；其他学者在类似文献或书籍中甚至直接将它们称作"痰""胆汁""风"；陈明先生则称其为"三俱"，用"风、黄（热）、痰"指代；笔者以为将"pitta"译为"黄""热"或"火"似乎更符合中医"功能性命名"的特点，而将"pitta"直译为"胆汁"似乎更接近古希腊、古印度之风。尽管两种体系都有这样的称谓，但它们之间的意义却不尽相同。廖育群先生对古印度医学这三种病素的属性与表现形式做过高度的总结：总体上，"痰"与黏滑、紧密、迟重等词性有关（这与中医的"有形之痰与无形之痰"不同），"胆汁"用锐热、消化、辛酸、流动等词修饰（这与中医的胆腑所藏精汁也有所区别），"风"与轻快、运动、粗糙、干冷、无光泽等状态有关（这与中医的"内外之风"也有很大的区别）。

（2）中医学与古印度医学不同的体液学说：中医学的体液学说即水液代谢理论是在："肾主水""肺主行水（肺主通调水道）""脾主运化""肝主疏泄"的五脏系统间协同作用之下"以三焦为其运行通道"建立的，是以水、湿、痰、饮的病理产物为研究主体，以正常精、血、津、液及其荣养生化功能为对比标准和参照状态来展开论述与探究的。

古印度医学的体液学说是以风、痰、胆汁及其增多、减少与平衡的状态和"优势存在场所"与其引发的不同疾病为研究对象来展开讨论与探究的。《妙闻集》第一卷第二十一章："于此有诗颂：离开了黏液素、胆汁素、体风素、血液，就没有身体。身体通常是由是等之物而得以保持""概言之，体风素占据腰部及直肠的位置；位于腰部及直肠之上、脐以下的部位，名曰'肠'，肠与胃之间是胆汁素的寓所。胃，是黏液素的寓所""于此有诗颂：胆汁素为苛性的液体，有腥臭气，呈青黄等色，具有热性与辛味，故消化不充分之物有酸味；黏液素为白色、重、湿、冷性也，然未消化之物为甘味，又消化之物应为咸味""寒冷之日、阴天、刮风之日，尤其是在雨季、朝夕、食物消化后，使得体风素激化；胆汁素尤其在夏秋、日中、夜半及食物消化之际，因热而被激化；黏液素尤其在冬春、午前、黄昏及饭后，因寒气而异常……"

在一定意义上,中医的体液学说探讨内容属于病机范畴,而古印度医学的体液学说内容更侧重病因范畴。但无论如何区分,二者体液学说都有其相通之处,正如希波克拉底在《医学原本》中说的那样:"体液无论在任何部位,除非及时消化排出,否则必然依附在某个适当部位。体液的过剩或不足都会导致疾病,但过剩与不足都有量的差异,所以疾病之间互相不同。医生要采取诱导疗法,如果体液向下太多,就需要诱导其向上;反之,向上太过则诱导其向下。医生要了解体液为何溢出,以及各种体液能够导致何种疾病。检查疾病的构成时,初期应留意患者的排泄物性质,必须了解患者的月经、痰液、鼻涕、汗液,以及尿道、双眼、肿块、伤口和皮疹的分泌物是否正常。一些病的关键症状都有一定的限度,如果超出了这个限度,就会有害,甚至导致死亡。"

(3)中医学与古印度医学对不同人体生理基础物质的认识:中医学认识人体由"精、气、血、津、液、神"组成,与古印度医学"味(乳糜)、血液、肉、脂肪、骨、髓、精液"的"七组织"学说乃至希波克拉底提出的"胆液、黏液、黑胆液、血液"四种构成人体基本物质的认知方式都有其相似的地方,却尚存在本质的不同。

1)除希波克拉底外,中医学与古印度医学都是在人体生理状态下作出总结的,只有中医学的认识深入到了"先天"(秉承于父母的先天之精,也就是现代医学中所谓的遗传)的内容,并将其上升到了精神意识的层面,这是在医学理论尚处于萌芽时期极其难能可贵的。早在《灵枢·决气》中就有这样的论述:"黄帝曰:余闻人有精、气、津、液、血、脉,余意以为一气耳,今乃辨为六名,余不知其所以然。岐伯曰:两神相搏,合而成形,常先身生,是为精……"又如《素问·灵兰秘典论》中提及"心者,君主之官也,神明出焉"。

2)中医学对人体基本物质的认识源于生理状态,但这种认识始终贯穿整个诊断、治疗及预后康复过程,而古印度医学虽然用"七组织"认识人体生理基础物质,但贯穿古印度医学认识疾病、诊治疾病全过程的却更多成了"三病素('三原素'致病则为'三病素')"学说。中医学认为,"精、气、血、津、液、神"及其所产生维护健康的能力是人体"正气"的重要组成部分,而"正气不足"是疾病发生的内在因素,"外感六淫"和"内伤七情"导致"精、气、血、津、液、神"功能的紊乱又是疾病的关键,疾病发生之后必然会导致"精、气、血、津、液"的化生运行输布过程的紊乱,故而又可以确立"调理精、气、血、津、液"的治则来指导临床。古印度医学认为,疾病的发生与"三病素"有关,如《妙闻集》第一卷第一章所言"于此有诗颂……然赋予苦者,称之为病。病中有偶发性、躯体性、精神性、自燃性四类……躯体性为因饮食物引起的疾病,或因体内体风素、胆汁素、黏液素及血液之一、二、三或全体异常性变化导致均衡失调而引起的疾病";对疾病的治疗也与"三病素"有关,如针对"黏液素"的催吐法适于春季进行,针对"胆汁素"的催下法适于秋季进行,针对"体风素"的灌肠法适于雨季进行等;对疾病的分类也与"三病素"有关,如《医理精华》将痔疮和瘘管分为"三液分别生成的""三液聚合生成的"及"因血液而生或遗传性的";对疾病的预知也与"三病素"有关,如《八心集》第二卷(身体论)第一章提及胎产时说"风"过多时胎儿成为佝偻、盲、聋、哑、侏儒,"胆汁"过多时胎儿形成无毛症、黄色皮肤,"黏液"黏(痰)过多时胎儿出现白化病、青白皮肤等。

3)古印度医学的"七组织"学说虽然没有被广泛地运用到对疾病的解释上,但却很好地被运用于人体组织发生变化过程中。《妙闻集》第一卷第十五章写道:乳糜,赋予全身满足与喜悦,致使血液增殖;血液,赋予颜色与光辉,带来筋肉的增殖,且赋予活力;肉,使身体的"量"增加,并使脂肪增殖;脂肪,赋予身体强固性与脂的光泽,发汗,导致骨的增殖;骨,支持身体,导致骨髓增殖;骨髓,赋予怡乐、脂泽、力,增加精液,使骨充实;精液,带来刚健、运动、怡乐、本力、春情发动与生殖。这与中医"脾胃后天化生气血以充养五脏""脾胃为后天之本"及"后天养先天"等理论有相似之处,但是它这种单一方向的"增殖"又与中医精、气、血、津、液、神间"相互化生、相互充养、气交合和"的看法大相径庭。

4)希波克拉底虽然是在病理状态下认识人体物质基础的,但是其独特的认识过程(一个人服下祛胆液药后,先呕吐出胆液,之后呕吐出黏液,后来因受压而呕吐出黑胆液,最后才呕吐纯血液)能为探源古印度医学"三病素学说"给出启示。

(4)中医学与古印度医学不同的经络学说:中医学的经络学说是以五脏

六腑为功能中心,以经络六经为分类依据建立起来的以十二正经、十五络脉、十二经别、十二经筋、十二皮部和奇经八脉以及经内穴位、经外奇穴及其临床功能、主治为研究主体的一套完整而成熟的学说理论。而古印度医学的经络学说即"三脉七轮学说"作为"瑜伽运动"和"梵天修炼"的理论基础。

张安平、赵玲两位学者曾就中医任督经穴与阿输(育)吠陀三脉七轮作过简单的探究,现将二人的部分研究成果总结如表2-4所示。二人从这种对应关系中寻找"两种经络学说"的相似相通之处,并挖掘二者间不尽相同且存在很大差别的地方。中医经络也罢,阿输(育)吠陀三脉七轮也罢,其都是人体运输物质的通道,区别在于中医经络所运输的气血含义更为丰富。不同的是,中医经络通过"气交"使表里交接、手足交联、交通连接、脉络维系、内外相贯,而成如环无端象。

表2-4　中医任督经穴与阿输(育)吠陀三脉七轮对应研究

| 吠陀三脉七轮 | 任督经穴 |
|---|---|
| 中脉 | 任脉、督脉 |
| 左脉、右脉 | 督脉别络 |
| 顶轮、眉间轮、喉轮、心轮、脐轮、生殖轮、海底轮 | 百会穴、印堂穴、大椎穴、天突穴、膻中穴、神阙穴、命门穴、长强穴、会阴穴 |

(5)中医学有而古印度医学无的数象思维:《易》中云:"河出图,洛出书,圣人则之。"伏羲氏王天下,龙马出河,因则其文以画八卦。又有《御纂周易折中·启蒙附论》云:"图、书为天地之文章,立卦生蓍为圣神之制作,万理于是乎根本,万法于是乎权舆,断非人力私智之所能参,而世之纷纷撰拟,屑屑疑辨,皆可以息。"河洛出,卦数生,自此中医学有了"数应用"的理论根源和立论依据。数象思维是中医"象思维"的重要组成部分,是中医归纳完善其理论体系的重要思维,是中医"诊治预测疾病"及"治未病"的重要立论根源,是贯穿中医学始终的思维逻辑形式。数、术与机体间的交互关联(以气交)更是中医学哲学体系的深奥内涵和灵魂所在,中医之"气交"是数象思维得以维系、体现的内在原因与本质所在。数象思维在中医学中有如下体现。

1)计数、统计、实测、定量:在《黄帝内经》中,实测人体组织器官,量度昼夜呼吸次数,计量经脉腧穴等。如《素问·六节藏象论》中,"黄帝问曰:

余闻天以六六之节，以成一岁。人以九九制会，计人亦有三百六十五节，以为天地，久矣。不知其何谓也？"又如《素问·平人气象论》中，"岐伯对曰：人一呼脉再动，一吸脉亦再动，呼吸定息脉五动，闰以太息，命曰平人"。又如《素问·五脏生成论》中，"人有大谷十二（部）分，小溪三百五十三名，少十二俞（关）"。

2）归纳、易象、预测、定性：在《黄帝内经》中常见的五行数、三部九候数、天地生成数（河图数）、九宫数（洛书数）等。其中关于"河图数"在《黄帝内经》中的应用，《〈内经〉河图数理探析》一文中就有详细描述，即其主要作为归纳符号和用于病证预测（包括生成数直接预测、生成数加和预测、生成数差减预测与生成数"之余"预测四种情况）。

3）形成系统性的内容："一系统"，如"周身一气""周身一元"等论断；"二系统"，如"阴阳""表里""寒热""虚实"的对立属性与辨证纲领；"三系统"，如"三部九候"的诊脉原理，"三焦"的人体功能性体系；"四系统"，如"寒热温凉"的药物属性，"阴阳少太"的医学哲思；"五系统"，如"木火土金水"的五行属性，"酸苦甘辛咸"的药物性味；"六系统"，如"伤寒""经络""运气""部位"的三阴三阳内涵，等等。但不论哪个系统，其数并不是简单意味的"数"，而是富含民族哲思与科学内涵的"数象"甚至"数理"，是可以归类、幻化甚至预测的。这就使得中医中药理论联系紧密，系统化、规律化了许多，这也是中医药内容可以不断扩展丰富的原因。然而，这种思维模式和归纳体系在印度医学中却未能发展或从未存在过。

（6）古印度医学中"数"与中医学中"象数思维"的区别：古印度医学也有与中医学相似的药物性味认识，只是这种认识以及对其的应用并不是基于"象数系统"上的：《妙闻集》第一卷名为"药物、味、性、能、消化""论药物的特性"及"论味的种类"的第四十、四十一、四十二章就是古印度医学关于药物"性味"的论述，该章节下内容提到了药物的"八种力用"即冷、热、润、干、软、苟、黏、淡，并将其再归于"五大"认为"苟、热二性为火性，冷、黏二性有水性优势，润以地、水性优，软以水空之性优"，将其归于"三Dosha"认为"冷、干、轻、淡、排泄障碍是体风素的性质特征，热、苟、干、轻、淡为胆汁素所具有的性质，甘、湿、重、冷、黏为黏液素的特性"，从而呈现出了"未绝对独立，也不

必然联系,还互相穿插"的归类结果。但是,《妙闻集》第一卷名为"药物汇类"的第三十八章将药物分为 37 个"族",而《医理精华》第二章"药物的类别"则是简单地用"几种药可以主治某种病"的句式载述了四十一条药物分类 [ 如第二十九条:"小五根"(尖叶兔尾草、大叶山马蝗、蓖麻、刺天茄、黄果茄)可以增加脂肪,可以祛风、去胆汁 ],这种做法就使其分类药物并不能很好地与"五大""三 Dosha""八力用"等这些看似有"数系统"形式的理论联系起来。

古印度医学只是用这些"有数无理""有数无象""有数无交"的"数"对机体组织、生理元素、疾病类型及药物种类进行简单的计数与计量,这些数与数之间、"数系统"之间并不存在类同中医"象数思维"那样可以用来"归纳、幻化甚至预测"的深刻内涵。缺乏了数、术与机体的交互关系,也就没有了"交"之实质,换言之,中医学"象数思维"是一种有"位""交""中""和"的思维体系,而古印度医学中的数字只是数字,没有这种形而上的"交",也就没有了灵魂,只是一种分类。

### 2. 中、印地理气候对比

先哲云:人法地,地法天,天法道,道法自然。这是老祖宗教会我们认识事物与考究事物最朴素的方法!法于阴阳而取象天地,这是国人应该学会的最基本立学准则!以天地定位,感天地阴阳二气之交,立身于这宇宙自然的"阴阳交"中,对生命科学的探索与研究更该如此,当从"天地人"三者之间的"位与交"为始展开探析,从地理与气候(自然)对人文社会的作用,即从"自然与人交"开始展开思考。

(1)基于中、印地理的思考:中国莫大的疆域,是国人赖以生存与生生不息的重要条件,更是中医学乃至整个中华文明诞生并沿袭传承的基本保障。中华九州以"中央四旁"为布局,中华文明以"黄帝四面"为开始,即郭宏明等人所谓"河图数各居其位,各应其象,对应四方中央,将四方中央组合起来便是五方五行;天人相应,五方五行对应人体五脏,故而五方之数即河图之数与五方五行相应,便与人体五脏有了相应的'气之属性',从而可以相应反映人体五脏系统的相关功能及变化"。伏羲氏做六十四卦,法天画圆图,象地作方图;先哲从我国西北高、东南低的地势上总结出"天不足西北,地不满东南"(《素问·阴阳应象大论》)的哲理,又依四方地势总结出"东方之域,天地之所

始生也, 鱼盐之地, 海滨傍水……西方者, 金玉之域, 沙石之处……北方者, 天地所闭藏之域也, 其地高陵居, 风寒冰冽……南方者, 天地之所长养, 阳之所盛处也, 其地下, 水土弱, 雾露之所聚也……中央者, 其地平以湿, 天地所以生万物也"(《素问·异法方宜论》), 来指导因地制宜处方用药。易道如此, 医道亦如此, 诸如此类能表明国人所处地理环境决定了中医理论内容特点的例子数不胜数。

古印度医学诞生于古印度, 其起源发展与中心内容一样要受到该国地理环境的影响。印度中高而南北低的三方格局, 无疑可以影响到印度先哲创立文明的最原始取象思路。同样, 地理特点也是影响气候及药用动植物品类的关键因素。

(2)基于中、印气候的思考:我国东南部为亚热带季风气候, 西北部为温带大陆性气候, 尚有高原气候(青藏高原等地);加之前文提及的地理特点, 我国整体上季风气候显著, 雨热同期, 气候复杂多样而呈现"寒、热、温、凉、平"皆见的特点, 这足以导致含有相类似性质的个体体质, 含有相类似性质的疾病类型, 以及含有相类似性质的药用动、植物。以至于中医药在认识疾病上出现了寒、热、温、凉、平, 认识病因上出现了风、火、湿、燥、寒, 认识药物上出现了酸、苦、甘、辛、咸, 诸如此类不胜枚举。

印度的主要气候类型是热带季风气候, 其次为亚热带大陆性气候。加之上文地理格局, 其整体上呈现"有热无(少)寒、多温多湿、多风少凉"的特点, 这也足以导致其在认识疾病病理病机病因上多偏于"风、火、湿"三者, 而出现"风、痰、胆汁"三种致病体液, 出现"水、火、风、地、空"(无"寒"或少"寒")的空间属性, 其用药也多是祛风、燥湿、清热三类品种而以酸浆、乳汁及植物汁为主(《妙闻集》第一卷第四十五章讲述了各种水、乳、酪、酪浆、酥、油、蜜、甘蔗汁、酒、尿等十类液体的性质与功效)。

(3)基于中、印季节的思考:地理位置与气候类型直接决定了其季节特点。我国为春夏秋冬四季(加长夏为五季), 印度为雨季、秋、初冬(北印度才有严冬)、春、夏、前雨季六个季节[《医理精华》第一章"医学理论"篇中:雨季两个月:室罗伐拏月、婆达罗钵陀月;秋季两个月:安湿缚庚阇月、迦剌底迦月;冷季两个月:末伽始罗月、报沙月;寒季两个月:磨祛月, 颇勒寠拏(ná)

月；春季两个月：制呾罗月、吠舍佉月；热季两个月：逝瑟吒月、安沙荼月。窃以为其所言的该是北印度］。我国春多风，夏多热，长夏多湿，秋多燥，冬多寒，五季配五行生克可相互影响制约；印度雨季多湿，秋季多热，初冬微热，春季多温，夏季多雨热，前雨季亦多湿，六季多风湿热而偏于不燥或少寒。季节特点可以直接影响人们日常作息与饮食，同样也是疾病发生发展变化的最主要因素。廖育群先生在《阿输吠陀——印度的传统医学》一书中对印度季节与气象条件同其土地、水、动植物以及"三病素"（季节与"体风素"、季节与"胆汁素"、季节与"黏液素"）、人们日常生活、食物气味性质作了详细总结，并对季节与"基本性五疗法"［Pancakarma，包括催吐、催泄、催嚏（灌鼻）、缓下、灌肠］的关系作了一定程度的探讨，如针对"黏液素"的催吐法适于春季进行，针对"胆汁素"的催下法适于秋季进行，针对"体风素"的灌肠法适于雨季进行等。中医在这方面最成熟与最有价值的内容便是运气学说。

（4）中、印疾病属性与治则治法的思考：地理、气候、季节等环境因素决定了中医学和古印度医学体系所针对疾病的属性本质与产生原因不同：中医学范畴疾病有伤寒、温病和寒热错杂的证型；古印度医学范畴疾病则更多的会多温病、多湿热、多风热、无（少）燥或少（无）寒（其中湿与体痰素有关，热与胆汁素有关，风与体风素有关）。

中医辨证论治，针对其寒热、虚实不同的证型，确立"扶正、祛邪、治标本"的治则纲领，或调整阴阳，或调理精、气、血、津、液、神，或从治或反治，进而适当选用"汗、吐、下、和、温、清、消、补"等治法，并选配"寒、热、温、凉、平"各品药物，以使机体"气化交变"恢复生理平衡。而古印度医学，试看其"基本性五疗法"（Pancakarma）以"驱邪"为主，吐下剂之多用酥、油、乳、（苦瓜）汁（《妙闻集》第一卷第四十三章为"论吐剂的制法"，第四十四章为"论下剂的制法"）以"清润"为主；再者，《医理精华》（印度梵文医典代表作）从第五章开始讲述疾病类型，第五章名为"热病（发热）"，列举了热病症型约一百四十二条，其后各章节涉及直接或间接与热病有关的病型［如痢疾、虫病、出血症、尿道病、痔疮、瘘管、黄疸（迦摩罗病）、干渴、便秘、丹毒、干咳等，且各占一章，单独详论］更是占了全书的大半内容。由上可见，古印度医学主要针对湿热、风热之症（且多为实症），这与中医学大相径庭。中医学相对擅长治"风寒之证"，而古印度医学相对专长治"湿热之症"，二者值得相互借鉴、为己所用！

### 3. 基于中、印生活习俗的思考

在人类"源头文化"的类型中，游牧文化发源于水草丰茂的草原地带，农耕文化发源于河流灌溉的平原地带，只有海滨地带及沿岸的岛屿才会以商业型文化为主导。中国同印度一样，中国的原始文明也属于从畜牧发展为农耕的保守型文明体系，人们的生活很大程度上直接依赖于气候与地理环境，文化习俗也是建立在其上并与之联系密切。中医追求的最高境界是"天人合一"，与之类似印度则追求"瑜伽"和"梵天"。中国"四方中央"居住的人们有着不同的饮食习惯与性味偏好，而印度则以大米、酥油、牛乳为特色饮食，这也可能是中医用五味调补五脏而印度则多用油、酥、乳、酪进行食物治疗和灌肠润下的原因所在。

### 4. 基于中印药用动、植物的思考

中医药用动、植物学体系是以适宜"中央傍四方"环境布局下生长的药用动、植物资源为主体，以中医药理论为指导，以历代本草学文献为考究，以中药药性理论为核心，以民间用药品类和外来药用品种为补充的药用学体系。古印度药用动植物学体系是以适宜"中南北三方格局"环境下生长的药用动、植物资源为主体，以阿输（育）吠陀理论为指导，以历代诗颂文献为考究，以经验主治用药为核心，以民间用药品类和外来药用品种为补充的药用学体系。毫无疑问，外来用药品种的补充是二者共有的特点。作为邻邦与友邦，中医学和古印度医学之间必将有着药用品种的补充和用药理论的启发。

暂不论中医本草文献收录药用动、植物品类之繁多，就印度而言，其"北起喜马拉雅山的高山植物，南至科罗曼德尔海岸的热带植物"，加和而成的药用植物宝库，是值得我们挖掘的医药学财富。而在印度三大古典医籍中，《阇罗迦集》大约可见1100种药用植物名，《妙闻集》约有1270种，《八心集》中约有1150种"，再整理后"属三书相通、共见的有670种；唯见于《阇罗迦集》《妙闻集》《八心集》中某一书者，依次为240种、370种、240种"。此处引入该组数据统计，意在倡导当把该药用财富作为中印本草学交流领域的重点内容。

关于印度药用植物对中医本草的影响，廖育群先生也做过相关探究，其

主要是针对印度与医学理论有关的药物分类法对中医本草学分类法是否有启发作出的假设与论断。陶弘景《本草经集注》中的"诸病通用药"分类法及后世本草（如唐代的《新修本草》、宋代的《证类本草》、明代的《本草纲目》）沿袭的"各病主治药"分类法极有可能是在《阇罗迦集》中按治疗效用分类法下中医学和古印度医学文化"刺激性传播"（stimulus diffusion）的影响下比照生成发展而来的。

如果从这种"二者没有关系"的独立体系中寻找出二者间可以相互激发、相互补充、相互取长补短地发生交汇、交融的地方，以此来更好地服务于中印两国乃至全世界的医药学事业则更有意义。在比较二者的同时，更应注重二者可以相互学习的部分，比如，可以在古印度医学"苦药方"中寻找出更多的可以用于中医清热泻火、燥湿化痰、凉血解毒的方药。在中印文化交流的大主题和中医学国际化的大潮流下，二者关系的探讨将很有必要拉开帷幕。

## 三、敦煌医学文化交的守本位

在漫漫历史长河中，数千年天地氤氲，敦煌这个丝绸之路上的枢纽重镇，早已被烙上中华文明的印记。敦煌医学文化，是其中最有分量的内容。

### （一）海纳百川，有容乃大

"敦煌医学文化交"的宝贵品质是海纳百川，有容乃大。体现的是中华集思广益、交汇合和的文化品质，体现的是海纳百川、厚德载物的大国坤德。氐羌、周人、大小月氏、塞种胡人、匈奴、吐蕃等，让人惊讶的是这些部落争相统治和互相排挤后的最终结果居然是多民族、多语言的合和共存；佛教、道教、伊斯兰教、藏传佛教等，让人赞叹的是这些教义不同、信仰不同的宗教文化却能够在这个地方纷纷扎根、融汇共存。这样的交汇合和的格局，在中国外任何一个国家都几乎不会发生，但在中国的敦煌却一次性成就了"文化交"的魅力。也许只有这样的思考，才能让人们深刻地认识到"人类命运共同体"这样的交合思维只有中国才能提议诞生。

敦煌医学守其"中医学本位"，在面对中、西方医学交流，面对中、印度医学碰撞，面对儒、道、释教义和百家思想交汇时表现出来的"遇见—碰撞—交流—融合—共存—吸收—发展"的"交"之过程，值得大家深思与挖掘，这样的

"交"之思维和经验在这个时代同样有着极其珍贵的现实意义。当下，中、西医学竞技，祖国医学正在复兴，西医学也在猛进，中西医结合对机体生理、病理的认识更显全面，中西医结合对疑难杂症、危重疾患的诊治也凸显积极意义。然而，"中医黑"也在这个物欲横流的时代演绎出纷纷闹剧，不止一次将祖国医学套上"伪科学"的名号，极力阻碍文化复兴，阻碍中医药复兴，当然也有抵触和抨击西医学的案例。这些都是负面的学科、文化交流事件，不该被提倡。正如此，"敦煌医学文化交"之宝贵思维和经验刚好有其得以实践的必要。

### （二）敦煌医学文化交之"神气交"

"敦煌医学文化交"的核心内容是"神气交"。无论是其帛书遗简，还是其壁画文物，大多可以给人一种信号，它们都是有生命的物事，可以留存千年不腐不灭，注定让其内容大白天下。但是，任凭谁也没有想到是其竟然在重见阳光时遭遇强盗、贼取，而被零星损坏，遗失海外。即便是其被列为世界文化遗产若干年后的今天，即便是"敦煌学国际化"的今天，它仍然无法顺利地走上回家的路。但是，这样也仍无法阻止"敦煌医学文化"的复出，因为侵略者带走的只是它的形体，它的神气任凭谁都带不走。单单对《五脏论》《张仲景五脏论》[ 现藏于英国伦敦博物院图书馆的 S.5614（图 2-12），现藏于法国巴黎国立图书馆的 P.2115、P.2755、P.2378 及后来由李应存教授为其定名的 Дx.01325v]、《明堂五脏论》（ 现藏法国巴黎国立图书馆，即编号为 P.3655 的卷子）和《辅行诀五脏用药法要》的研究过程中人们就已经发现它的核心内容就是"神气交"。

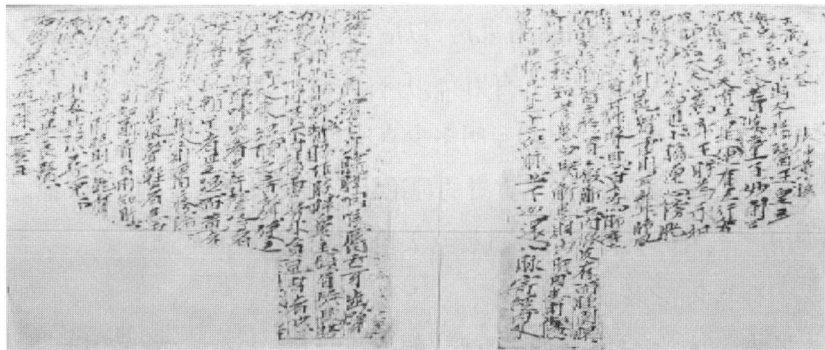

图 2-12　藏于英国伦敦博物院图书馆的 S.5614 敦煌医学残卷《张仲景五脏论》

### 1. "神气交"之天人合一

《张仲景五脏论》（图 2-12）提出"天人合一"的整体观念是"天人交"的体现。其文句与《东医宝鉴》卷一、孙思邈《千金方》序基本相同。

《张仲景五脏论》残卷相关条文如下："天地之内，人最为贵；头圆法天，足方法地。天有四时，人有四肢；天有五行，人有五脏；天有六律，人有六腑；天有七星，人有七孔；天有八风，人有八节；天有十二时，人有十二经脉；天有廿四气，人有廿四俞；天有三百六十日，人有三百六十骨节；天有昼夜，人有睡眠；天有雷电，人有嗔怒；天有日月，人有眼目。地有泉水，人有血脉；地有九州，人有九窍；地有山石，人有骨齿；地有草木，人有毛发。四大五荫，假合成身；一大不调，百病俱起。"

《东医宝鉴》相关内容如下："孙真人曰：天地之内，以人为贵。头圆象天，足方象地。天有四时，人有四肢；天有五行，人有五脏；天有六极，人有六腑；天有八风，人有八节；天有九星，人有九窍；天有十二时，人有十二经脉；天有二十四气，人有二十四俞；天有三百六十五度，人有三百六十五骨节；天有日月，人有眼目；天有昼夜，人有寤寐；天有雷电，人有喜怒；天有雨露，人有涕泣；天有阴阳，人有寒热；地有泉水，人有血脉；地有草木，人有毛发；地有金石，人有牙齿。皆禀四大五常，假合成形。"

《千金方》序中相关内容则如下："夫二仪之内，阴阳之中，唯人最贵。人者，禀受天地中和之气，法律礼乐，莫不由人。人始生，先成其精，精成而脑髓生。头圆法天，足方象地，眼目应日月，五脏法五星，六腑法六律，以心为中极。大肠长一丈二尺，以应十二时；小肠长二丈四尺，以应二十四气；身有三百六十五络，以应一岁；人有九窍，以应九州岛；天有寒暑，人有虚实；天有刑德，人有爱憎；天有阴阳，人有男女；月有大小，人有长短。"

无论以上著书前后，虽相互间多少有所参照和雷同的可能，但其都是在言"天人神气交"，都是中医学宝贵的理论认识和思维导向：人位于天地之间，禀受阴阳二气升降交合，其神、气皆与天地通应，是谓"神气交"。

### 2. "神气交"之象法天地

《张仲景五脏论》谓，"四大五荫，假合成身；一大不调，百病俱起"，内含"四大理论"。"四大"多被认为是古印度医学的医理内容，然而其所指也可以

是"道大""天大""地大""王大"。先贤曰:"人法地,地法天,天法道,道法自然",这是老祖宗教会我们认识事物与考究事物最朴素的方法! 那么无疑"王、地、天、道"就是在特定自然与社会背景下,在"中医象思维"指导下中国特色的"四大",加上"自然"就是"五大";换言之,中国特色"四大理论"(上述"四大理论"加"自然大"则为"五大理论")就是《道德经》"人法地,地法天,天法道,道法自然"在中医理论中的延展发挥与巧妙应用。

象法天地而舍身全形,这一点在张仲景《金匮要略》中也有体现,其谓,"更能无犯王法,禽兽灾伤,房室勿令竭乏,服食节其冷热,苦酸辛甘,不遗形体有衰,病则无由入其腠理",这里的"王法"岂能被浅析译作"国家法律",它当同样是在强调"人当法天象地以制节生活,不可太过不及"!

"王、地、天、道"之"四大"符合先哲思想,顺应传统哲学,具有其科学合理的一面! 其也可以被理解为四种决定人体生命规律的因素:王,即人,包括适宜于个体身心健康发展的情志思维活动(内因),也包括其他适度、科学而健康的行为模式;地,外因的一部分,和"天"共同构成影响人体健康的外因;道,即对所有决定人体生命规律因素的总结……毫无疑问,这样的"四大"足可以"假合成身",那么其中"一大不调",自然会"百病俱起"。

《张仲景五脏论》中,"四大"一段文字可以被分为"象天"和"象地"两部分(表2-5)。

表2-5 《张仲景五脏论》中的"天象"与"地象"

| 人最为贵 | |
|---|---|
| 天象 | 地象 |
| 头圆法天 | 足方法地 |
| 四时——四肢 | 泉水——血脉 |
| 五行——五脏 | 九州——九窍 |
| 六律——六腑 | 山石——骨齿 |
| 七星——七孔 | 草木——毛发 |
| 其他 | 其他 |
| 天地之内 | |

也就是说,人体可以由"地、天"二大"假合而成",进而由"四大"共同决定其生命规律。"天有五星,地有五岳,运有五行,人有五脏"始论及的"五脏

系统"即"五荫"，再取人之"天象""地象"又蕴含着"四大"（王、地、天、道）的真谛，"四大五荫，假合成身"，人与天地交合而象法天地，天、人、地间由"气"交感影响，天地阴阳之气禀赋于人而作用于人，人体感得此气方神形具备，而这又是"神气交"的另一重要体现。

此外，"三阴三阳开阖枢"气化理论也是"神气交"的重要内容，已在前篇论述，此处不再重复赘述。但值得注意的是，阴阳二气的气化交变不仅是机体之生理、病理内在规律，同样是天地自然的规律。这种"神气交"同样可以被运用于任何一个交际领域：如人与人之间的交际要有神情，国与国之间的交流也要有神情，不能只是形式上的交流，不能只是物质上的交流。

# 第三章 敦煌中

## 第一节 基于位话中——位于中

### 一、中之本义

谢玉红在考究"河南方言'中'字语法化的语用文化动因"时将"中"字内涵、外延及其动态现实意义归纳得几乎无遗,她指出,"中"字是河南方言中使用最频繁的汉字之一,其语义源于远古时期先民关于"旗帜、神杆"的"内、正"的概念表达,历经"尚中"观念,演化为河南方言中"标准和尺度"的应答语标识。从文字演变的角度而言,"中"的象形本义基本上保留了"旗帜内正"这一层概念(图3-1)。

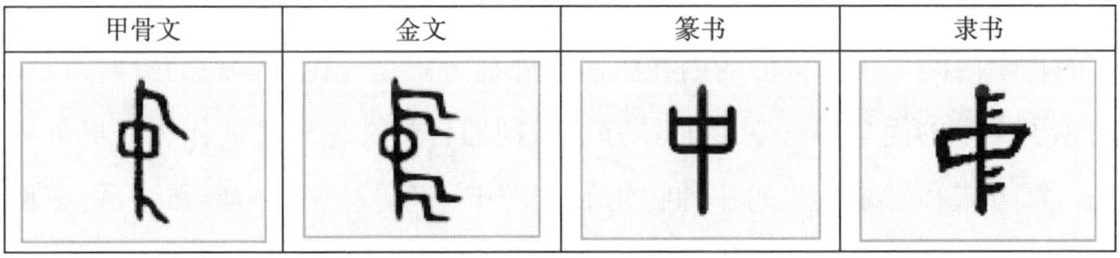

| 甲骨文 | 金文 | 篆书 | 隶书 |
|---|---|---|---|
|  |  |  |  |

图3-1 "中"的文字变迁

为什么要从这个字的"河南方言文化"开始对它本义的论述呢?答案是因为河南历代都是我国的"中原"地带,其文化就在一定程度上代表了"中原文化"的核心内容,而"中原"也是"中"的一大内涵;通过对"中原方言之'中'"的学习,更容易让大家全面系统地了解"中"之本义。所以该节内容基本上是对谢玉红老师这篇论文的阅读学习与进一步深刻认识。正如其所言:"作为方

言,'中'不仅是一种重要的地域语言现象,而且还代表着一种重要的地域文化,其语义和用法经历了长期、复杂的历史演变。"

谢玉红老师还统计了"中"字在各大权威字典里的"本义"注解:《辞源》(商务印书馆,1998 年版)关于"中"字的常见意义和用法有 20 种,比如,用作名词,表示"中心""内,里面""半""中间""中国""媒介""装计数筹码的器皿"等意义;用作动词,表示"符合""击中目标""受到,遭受""科举考试被录取"等意义;用作形容词,表示"中等""成,行,好""容易""合适,适当""不偏不倚,正""忠""满,充满,仲"等。《辞海》(上海辞书出版社,1999 年版)对"中"字的解释有 17 种意义和用法。除了三条注释与《辞源》的注解不同外,其他注释大致相似,所不同的三个注释分别是:一是"中"字可以表达"儒家理论思想",二是"中"字通"忠",三是表达"姓"。

李润生主编的《古今汉字字典》收录了"中"字的 18 种意义和用法。张新主所编的电子《汉语大辞典》对关于"中"的方言用法有比较详细的说明。卢甲文、张启焕、刘振铎等学者认为河南方言"中"的词性为动词。《当代汉语词典》《现代汉语词典》《汉语大辞典》将方言"中"的词性认定为形容词。

谢玉红还指出,"中"字的基本意义主要是表示"内里""中间,当中""不偏不倚""中庸儒家思想""中国"等含义;而在河南方言中,"中"字代表的更多的是一种象征"标准和尺度"的应答语标识。关于"中"与中华"尚中"哲学思想的内在联系,她有两个深刻认识:一方面,"中"字的构形及体系具有丰富的哲学内涵。汉字构形的内在机制和外显方式是先民哲学观的折射,汉字超越了文字的简单符号功能而具有了深刻的哲学文化意义。作为汉民族先民认知方式和思维模式的一种物化形式,"中"字通过它的构形和体系,多侧面反映了先民对客观世界的认识。它经历了"空间方位—地域方位—中心主义"的演变过程,使一个方位词成为一个标准的判断语。这个过程是人与自然及社会关系的非常形象的写照,也是先民观察、认知世界的生动表现。同时,"中"字的另一层哲学意义在于,它反映了汉民族的思维模式与思维特性,即是人的个体精神和物理之"中"——身心所生发出的、与世间万物相和谐的一种"独知"。"中"字是中华民族智慧的结晶,生动地体现了先人们丰富的哲学思想。另一方面,华夏族的先祖认为他们居天下之中,故称其所居

之地为"中国""中州"等,以彰显其文化之优越与尊严。河南以天时、地利、人和的条件形成了灿烂辉煌的中原文化。所以,源于中原,又发展于中原的"中"的哲学思想和方法论深刻地影响着河南人的思维和语言,经过长时间的历史演变,"中"成为河南话中最富有特征性的语言。所以,河南方言"中"不仅传达着"行、好、可以"的语义,而且也映射着"中"所代表的哲学内涵——凡事以"执其中"为标准。正如 Givon 所言,"今天的词法曾是昨天的句法"。现代汉语河南方言"中"的含义和用法就是对远古先民"中"的哲学思想的语法化。

足可见,不论"中"字曾多少次被中原地区用作日常方言,都无法掩盖其"中庸""尚中""中正"的哲学内涵。况且"中"就是我们祖祖辈辈烙刻在我们骨髓、血液里的印记,我们都姓"中",都是"中国人",我们都"爱我中华"!

## 二、站"位"于中医之"中"

中医有着极其久远的历史渊源与丰厚的文化底蕴,更有其独特而完整的理论体系和哲学背景。

中国中医科学院中国医史文献研究所首席研究员朱建平以古义"中医"约1800 年为其"前世",认为其意思是"中等水平"的医生;并以今义"中医"160年为其"今生",取《西医略论》之记载认为是该书首次使用"中医",并指称"中国固有医学",而与译入的西方医学相对应;另外,他还认为该词组为"动宾词组","中"读"zhòng",意为切中、符合,即宋代《南阳活人书》"班固所谓有病不治得中医"之义,尚指出中医为"从事中国原有医学工作的专业群体"。尽管他查阅大量文献对"中医"名实源流进行了认真梳理,意图为中医、中医药名词规范提供坚实的学术支撑,但其结果仅仅是将其"名义"进行了字面意义上的界定,而终不得其文化内涵。

### (一)中医之"中"是一种"立场"

朱建平将"中医"解读为"动宾词组","中"读"zhòng"意为切中、符合,实际上这个观点很有可能是引用了李如辉等的观点:"'中医'一词最早见于《汉书·艺文志·经方》:'有病不治,常得中医。'在这里'中'字念去声,即切中、符合之义,'中医'即符合医学原则与要求之义。"显然李氏更明确地指出了"中

医"即符合医学原则与要求之义,其侧重点则在"中医原则与要求"。但笔者认为"中医原则与要求"即是中医的"立场",也就是中医的"站位"。

娄绍昆先生编写的《中医人生——一个老中医的经方奇缘》一书中有如下描述:

值得一提的是,就在新屋落成的早一天,准备工作正在紧锣密鼓进行的关键时刻,我的右脚受伤了。那是我在抬一块二百多斤重的花岗岩石条时不小心造成的。当时石条已经抬到目的地,正在准备下卸时,由于抬石条的绳索不能及时抽走,石条骤然压在了我右脚的脚背上。我怕影响工作的进度,不敢惊动大家,就忍痛离开工地现场,一个人一撇一撇地来到干娘家的二楼。干娘家距离我新建房子二百来米的青山陶瓷厂里面。我与干娘家的阿六不仅仅是兄弟,还是无话不说的朋友,所以近一段时间都住在阿六的房间里。

我看见自己的右脚背又紫又肿,自觉右脚僵冷,胀痛得厉害,踝关节活动受限。根据《农村医师手册》的处理应该用冷水浸泡,防治损伤处组织的毛细血管出血。然而用中医针灸的理论来考虑,主要是气血不畅通,不通则痛。组织的毛细血管出血现象,虽然在病理解剖学上是客观的事实,然而古代医学家是看不到的。

古人认为在损伤处组织气血不畅通的情况下,如果用冷水浸泡的话,反而会造成"寒湿痹痛",百害而无一利。其治疗的方法,就是马上用艾条持续熏灸。一种病症,两种完全不同的诊治方法,何去何从?

我想每一个现代中医师一生之中都会遇见同样的场景,都会面临同样的选择与斗争。我这个初学者也不例外。

中西两种医学对这个具体病症的诊治观点都有道理,我这个初学者无法分辨与判断它们孰是孰非。所以治疗方法的选择不是是非对错的选择,而是由医学观点与医学立场来决定的。

我想,我是学中医针灸的,它是我一生的事业,我应该坚定地站在中医针灸的立场上,用中医的观点:"不通则痛""不通则瘀""不通则胀""阴盛则寒"来看待自己的伤痛。我要在自己的身上使用艾条熏灸的方法,来试验一下它到底有没有疗效。

想好以后，我就请阿六同时点燃两支艾条，替我在胀痛的部位熏灸。阿六一边熏灸，一边问我感觉如何？我说，还好。干娘给我送来茶水与点心，我吃过喝过以后，疲劳与伤痛引起的极度不安稍稍有所好转，但是胀痛僵冷依旧。就这样，阿六坚持给我熏灸了一个多小时，艾条用了四条，右脚的胀痛才有了一点儿松动。

阿六吃晚餐的时候，换了一个人来熏灸，这个人是谁？当时没有什么印象，那时可能由于疼痛有所缓和，我开始有点儿朦胧的睡意，以后的事我就不知道了，我已经沉沉地睡去。后来听阿六说，他与另一个人替我交替熏灸，一直不停地熏灸到晚上九点多钟，看我睡得又沉又香，脸上没有一丝苦痛的表情才停止熏灸。前前后后熏灸了五个来小时，艾条用了二十条，整个房间一片云山雾海。

第二天早晨我在沉睡中醒来时，已经是大天亮了，没有感觉到右脚有什么不舒服。我把右脚前后左右上下转动居然没有什么障碍，真的不可思议。

太离奇了，我跳了起来，右脚一点痛感也没有了。我跑下楼，大声地呼喊着："我好了！我好了！"

我真的好了，在这一天的建房劳动中跑来跑去一点障碍也没有。艾条熏灸治疗未开放性外伤的神奇疗效在我自己的身上得到了验证。从那以后一直到现在，我的右脚活动自如，安然无恙。

四十年来，我也用这种方法治愈与减轻了不少类似病人的伤痛，这一疗法为我解决了不少的问题，让我建立了临床的自信。

我想假如有一个有兴趣心的医学家可以设计类似伤痛的实验模型进行专题研究，来解开"长时间艾条熏灸治愈未开放性外伤引起组织胀痛"的机制，那无疑会是一件很有意义的工作。


娄绍昆先生在面临治愈"未开放性外伤引起组织胀痛"中西医两种不同诊治观点的选择时，毅然决然地站在了"中医"的立场上，且不说这是怎样深刻认识机体生理病理内在机制的基础上才有的判断，但就坚持自己立场而言就已经很是值得人们钦佩。

是的，中医有自己的"站位"，有自己的"立场"，有自己的"原则与要求"。

中医之"中",首先就体现在这"中"的"站位"上：我们从基于"中"的"站位"来认识机体,来完善自己的理论体系,归纳自己的实践经验,让"中"之文化更为丰富;在理论认识和临证实践上,所守的"中"就是用阴阳、五行、脏腑、经络、六经、运气、开阖枢等气化、气交、气变的深刻哲学、医学内涵去认识、预防、治疗疾病。这既是中医的"立场",也是中医所守的"本位"!

对于广义"中医"(梅松政认为广义的中医包括多民族医学,如汉族医学、苗族医学、藏族医学、回族医学等)而言,中华各民族医学都应该在谨守自己立场的基础上互相交流、互相借鉴并将之发扬光大,以"位"言"交"来守自己的"中"。

### （二）中医之"中"是"中庸"之道

"中庸"作为儒家经典思想和核心主张之一,在中国古代文化上有着极其重要的引领地位,朱熹以《中庸》为"孔门传授心法"。此外,"中庸"尚有其根深蒂固的政治含义,《十三经注疏·尚书正义·大禹谟》的"人心惟危,道心惟微。惟精惟一,允执厥中"一句便是舜禅位于禹时对其的政治告诫。

鲁迅先生在其杂文《最艺术的国家》中,曾以不无讽刺的口吻感叹:"呵,中国真是个最艺术的国家,最中庸的民族。然而小百姓还要不满意,呜呼,君子之中庸,小人之反中庸也!"算是将"中庸"作为"中国"的一种民族特性来看待,同样的中医之"中"的特性也体现在"中庸"之道上。

李如辉等人认为,"中庸之医"谓之"中医"是关于中医学的传统文化注脚,现将其论述一并摘要于此。《中庸》曰:"中也者,天下之大本也;和也者,天下之达道也。致中和,天地位焉,万物育焉。"认为"中和"("中"即无太过、无不及,"和"即人己物我之间均衡协调的和谐状态)是世界万物存在的理想状态。通过各种方法达到这一理想状态就是"致中和",天地就各得其所,万物便生长发育。《素问·生气通天论》的"阴平阳秘,精神乃治"及《素问·调经论》的"阴阳匀平,以充其形,九候若一,命曰平人"的生理观,认为阴阳双方相互制约而达到协调平衡,则人体生命活动健康有序。《素问·阴阳应象大论》云:"阴胜则阳病,阳胜则阴病,阳胜则热,阴胜则寒。"《素问·调经论》云:"阳虚则外寒,阴虚则内热。"《素问·六微旨大论》云:"亢则害,承乃制,制则生化。"明代张介宾的《类经图翼·运气上》云:"盖造化之机,不可无生,亦不可

无制。无生则发育无由，无制则亢而为害。"均指出阴阳太过（偏胜）不及（偏衰）、阴阳失调的病理观。《素问·至真要大论》云："谨察阴阳所在而调之，以平为期。"《素问·生气通天论》云："凡阴阳之要……两者不和……因而和之，是谓圣度。"则是以恢复阴阳的协调平衡为目标的治疗观。以上诸论无不体现着"中和"的精神与终极追求。故《侣山堂类辩·卷上·中庸之道》云："中者不偏，庸者不易。医者以中庸之道，存乎衷，则虚者补，实者泻，寒者温，热者凉，自有一定之至理。若偏于温补，偏于寒凉，是非中非庸矣。"

中医之"中"无不体现着这种"中庸"之道，中正、中和、不偏不倚，不多不少，不卑不亢，无太过、无不及，即"致中和"。孔令俭等人认为："人之身体理想的状态就是保持'适中'，诊断过程就是找出身体的哪部分出现了'失中'，治疗原则就是'执中'，治疗的最佳效果就是'治中'"，并指出"中医药理论体系是一个庞大的系统……但其中最具基础性的还是'天人合一'的整体观，'取象比类''司外揣内'的藏象学说，阴阳互根、互动、互应、互相生化制约的生理、病理观，五行间生化克制的系统性的病机论，以及'执中致和''补偏救弊'的辨证施治原则"，肯定了"执中致和"在中医各个方面的核心地位。

实际上，不仅中医之"中"是"中庸"之道，中药之"中"亦深受其影响，袁冰等人即做过这方面的整理。《圣济经》中有云："以中和之物，致中和之用，抑过而扬不及，损有余而益不足。"《鸡峰普济方》中有中和汤："调适阴阳，通流荣卫，养脾进胃快饮食。治胁肋胀满，止呕逆恶心。"本方为健脾和胃之剂，方中白术补气健脾燥湿，橘皮理气调中燥湿，人参补脾气，甘草补脾益气，茯苓健脾渗湿，厚朴长于行气燥湿，诸药使脾胃升降得宜，既不太过，又非不及，达到"中和"的目的。类似方剂有：《鸡峰普济方》中的中和散、中和丸、和解汤、和解散，《岭南卫生方》中的和解散，《随息居霍乱论》中的致和汤，《医学入门》中的十味中和汤，《活幼心书》中的中和汤，《医方简义》中的中和汤，《不居集》中的中和理阴汤等。

石东平还认为："在中国哲学思想史上长期占优势的儒家'中庸思想'必然会渗透到中医方剂学的各个部分，对方剂的名称、治则治法、制方原则、用药和煎服方法等方面产生巨大影响。"

"执中致和"，如果说"和"是理想状态，那么"中"就是人们要谨守的中

医学方法论:守"中",即是守"位于中",即是运用中医药"执中"的手段调节阴阳气机,使阴阳二气在其"生理调节范围"之内发生正常的气交、生化过程(图3-2)。

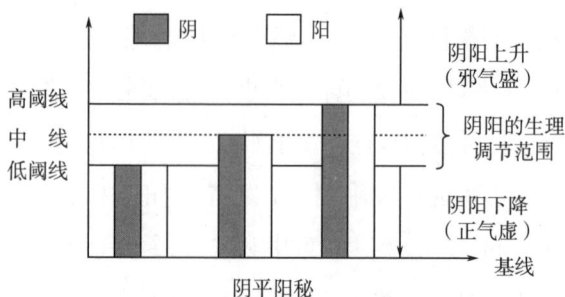

图3-2 阴阳消长盛衰示意图

# 三、守"敦煌位"之"中"

## (一)敦煌医学文化位于中

在"敦煌位"章节已经用大量的文字来阐述敦煌医学文化的"位",可以直接得出以下几个"位之中"。首先,在文化方面,国学大师季羡林先生已经指出,敦煌是中国、印度、希腊、伊斯兰这四个文化体系汇流的中心位。其次,在地理方面,已经探知敦煌为"亚洲腹地"的意义,她是沙漠(塔克拉玛干)、盆地(吐鲁番)和山脉(祁连山)交汇的中心位。再次,在政治方面,敦煌又是中原王朝在河西走廊最西端设立的防御西域民族的一道屏障,同样是中原王朝通向西域甚至中西亚的一扇窗,是集"开阖枢"于一体的重要县郡,体现的是一个不折不扣的政治中心位;在宗教方面,敦煌体现的是道教、佛教、伊斯兰教与中原诸子百家交汇的中心位;敦煌还是氐羌、鲜卑、胡戎(塞种胡人)、月氏等古老民族密切交融、繁衍生息的中心位。最后,在医学方面,敦煌医学又是古印度医学、于阗医学、粟特医学、回鹘医学、龟兹医学、波斯医学、藏族医学等多民族、多宗教医药文化交融的中心位。

种族繁衍、政权更迭、宗教交汇、多民族人文齐聚、东西方文明合唱,历史让敦煌位上承载了无法估量的文化内涵,最终让敦煌医学文化变成一个独一无二的集大成者。莫高窟是小的载体,敦煌文化是大的载体,得以流传、得以

挖掘、得以实践、得以发扬光大，是人类文明的幸事。

## （二）敦煌医学文化的立场

如前所述，中医之"中"是一种"立场"，同样敦煌医学文化也有这种"中"。割舍敦煌位上古老民族、部落立场的冲突，也不必细究敦煌位上琐琐碎碎的神话、信仰方面的冲突，依然能够从"敦煌医学文化历史位"中看到敦煌医学文化的立场。在开始论述之前，要重申一个基本立场：敦煌医学文化是世界的，但敦煌医学文化更是中国的！

回顾"敦煌医学文化历史位"，第一个明确这种立场的就是"敦煌郡"的设立，因为这从根本上空前抬升了"敦煌位"在西汉乃至以后的重要性。"敦煌郡"的设立，是西汉王朝开辟"丝绸之路"至辉煌一时的重要条件，稳固政权是一切交流发生的第一基础保障。打开这样一扇交通西域、通向西方的窗，也绝不是为了方便外敌入侵，而是为了方便外出"取经"，为民族强大、政权巩固、生产进步做准备，可以解读为"学习强国"。

西汉王朝强盛一时，敦煌郡也就巩固一时，政权稳定，立场也得以明确。敦煌郡是西汉的敦煌郡，具有政治属性，强盛一时的西汉王朝也绝不允许任何一个他国政权对敦煌郡以各种文化、宗教的人文理由入侵。交流，是吸收的交流，是取长补短的交流，是用外来文明丰富"敦煌位"上根深蒂固的中华文化的交流，是"取经"者自主的、平等的交流，是坚决抵制被强取豪夺、取而代之的交流！"敦煌汉简"的内容涵盖了官署文书、历法律例、私文契约、诏书命令及公文簿籍等，这是"敦煌位"的"丝绸之路"发生对外交流的政治、文化、军事最基本的保障，也是"敦煌位"对外发生交流的最基本立场。

两汉相交之际正值中原大乱，佛教在中原的传播基本上停滞，而在以"敦煌位"为主的西域范围内仍然盛行、流行，但随着诸多世家大族西迁敦煌，诸子百家思想也大批入驻西域，佛教与诸子文化在"敦煌位"上大肆会面。然而，并未见任何一个宗教文明在敦煌湮没声息，相反，"道并行而不悖"及"海纳百川"的品质，让中华文明得以在敦煌这个特殊的"中心位"上吸收、沉淀着一个个外来文明。直至后来，敦煌兼收并蓄、交汇融合成了多民族、多宗教、多文化的集大成者。

随着敦煌莫高窟的开凿，壁画与经卷、藏书得以保存，而敦煌医学卷子所承载的主体仍然是中医学的内容。尽管少有如古印度医学和其他医学的书籍流传，但其原因也是为了交流，其结果仍然是丰富了中医学文化。我们已经深入对比了古印度医学和中医学的相关内容，也找出了如"四大"一类的可能被借鉴的地方，结果同样是将它们烙上了"中"的印记，一定是被中华文明的哲学、医学的思想体系所指导后方才投入实践应用。就好比那些远道而来的药物、食物，也一定是被认清了其性味、功用才被栽培留种。所以，"敦煌位"上的交流，不是简单的"拿来主义"，是有立场的交流！而在医学方面交流的立场就是敦煌医学文化之"中"！守中是立场，包容是态度，博采是方法，弘扬是使命，流传是结局。

一言以蔽之，守敦煌医学文化位之"中"就是不动摇中华文明之根基，不动摇中国政治之统一，不动摇中医药文化之内涵。我们坚决不允许，如英国的斯坦因（1907年、1914年）、法国的伯希和（1908年）、日本大谷探险队（1911—1912年）、俄国奥登堡（1914）等系列事件在"敦煌位"上重演。

### （三）敦煌医学文化也是一面"内、正"的旗帜

上文已经指出，"中"字最原始的语义是"源于远古时期先民关于'旗帜、神杆'的'内，正'的概念表达"，而敦煌医学文化之"中"也是一面"内，正"的旗帜。

敦煌医学文化是一面体现爱国主义的旗帜。敦煌遗书的被窃，造成了我国文化事业不可估量的损失。早在1930年，著名爱国学者陈寅恪先生在为陈垣的《敦煌劫余录》写序时就沉痛地说："敦煌学者，吾国学术之伤心史也。其发现之佳品，不流入于异国，即秘藏于私家。"李应存等教授在谈到"实用敦煌医学汇讲"教学心得时也说："因此在课堂上对藏在英国、法国、日本、俄罗斯等国家的敦煌卷子进行详细的介绍，有助于同学们更深刻地了解20世纪初由于国力衰弱祖国宝藏遭到他人掠夺、瓜分的悲伤历史，进而激发同学们的爱国主义激情，树立建设好祖国的信心，担负起使国家强盛、民族复兴的神圣使命。"

爱国主义本身就是"内、正"的体现，习近平在党的十九大报告中指出，要加强思想道德建设。人民有信仰，国家有力量，民族有希望。要提高人民思想觉悟、道德水准、文明素养，提高全社会文明程度。广泛开展理想信念教

育，深化中国特色社会主义和"中国梦"宣传教育，弘扬民族精神和时代精神，加强爱国主义、集体主义、社会主义教育，引导人们树立正确的历史观、民族观、国家观、文化观。爱国主义就是以爱国之文化为中心，就是"爱我中华"。敦煌医学文化是中华文化的重要组成部分，同样是我们不能丢失、消亡的文化内容，在"内"就是一种精神信仰，一种以文化为中心的内在信仰。

当然，我们在"敦煌位"以敦煌医学文化为中心，并不是歧视他国文化，而是在坚持守"敦煌位"之"中"的基础上尊重文化交流，尊重文化平等。"敦煌位"是古、今丝绸之路上独一无二的一个集政治、经济、文化、医学等为一体的"中心"，是"一带一路"倡议的大背景下面向世界的一扇窗。

修"内"就是保护、巩固、修缮敦煌医学文化，守"正"就是挖掘、传承、实践敦煌医学内容。

敦煌医学文化研究的主体是敦煌医学文献及敦煌医学类壁画，敦煌医学文献主要是指 1899+1 年在敦煌莫高窟今编第 17 窟发现的中医药古文献。据马继兴先生考证，最早的成书年代可上溯到先秦与汉代（如医经类著作与《伤寒论》类著作），但绝大多数系南北朝以后及隋唐之作。抄写年代上限在南北朝及隋代，下限为五代。田永衍等人认为在传世医学文献罕有宋版书的情况下，敦煌医学文献不仅较好地保存了唐以前的流传面貌（如医经类著作、《伤寒论》类著作等），而且保存了相当一部分后世亡佚宋以前的医书，如《玄感脉经》《新集备急灸经》等。

敦煌医学所承载的内容不仅补充了中医学古籍文献的缺失，还极大程度上反映了"敦煌位"上中医学在历史上的"守正创新"，不论其深度、广度都将是一个相当实用的医学宝库。

李金田教授曾指出敦煌医学的学术价值弥足珍贵：其一，它填补了隋唐前后医学典籍之空白，是迄今为止除极少量汉墓出土医书外，我国最古老的，也是文字和内容最为丰富的一批医书实物。它们都是在中国刻版印刷术以前写成的墨迹，故远较之现存各种刻印本医书为古，具有很高的文物价值。其二，它为古医籍的校勘和辑佚提供了重要依据，由于敦煌医书均是公元十世纪初以前的文献，因而可为隋唐及以前的传世古医籍的校勘提供重要的旁证。在我国历史上有些重要古医籍原书早佚，或虽有传本但已有很多残缺，而在

敦煌医学卷子中保留有其佚文者可为辑佚复原古籍提供重要内容。其三，它是对古佚"经方"的重要发现，《辅行诀五脏用药法要》中的小、大阴旦汤，小、大阳旦汤，小、大青龙汤，小、大白虎汤，小、大朱雀汤，小、大玄武汤，小、大"六神"汤方等在弥补古佚"经方"及张仲景《伤寒杂病论》原文方面具有很高的学术价值。其四，它有丰富多彩的医药学术成就，在医学理论、脉学知识、本草精华、方剂大成、针灸真髓，以及道医佛医等诸多方面都有重要成就。其五，它还有别具一格的敦煌壁画形象医学，最直白地在练功运动、卫生保健、诊疗疾病等方面展示了古代医学的内容。

李金田教授还认为："敦煌医学在填补学术空白、纠正前人错误及改变某些传统说法方面有非常重要的作用，从古医籍的校勘、辑佚到古佚'经方'的发现，从医理到诊断，从本草到医方，从针灸到临床，从佛医道医到藏医，乃至壁画医学的展示，大大丰富了古丝绸之路的医药学术成就，尤其是绚丽多彩的敦煌壁画医学，是研究祖国医学难得的形象资料。"

敦煌医学文化内容丰富、价值宏大，足以吸引中医药界乃至世界各地的研究者，活脱脱就是一面面向世界的旗帜，站在"敦煌位"上，极有利于开拓"一带一路"：在内守"中"，我们有医学文化自信、民族精神信仰以及爱国主义情怀；对外言"交"，我们有鲜明的旗帜，坚定的立场，不畏强权的勇气，海纳百川的胸怀，以及为"人类命运共同体"之世界医疗卫生事业服务的决心。

# 第二节　基于交话中——交于中

## 一、天地之气交于中

《素问·宝命全形论》谓，"天覆地载，万物悉备，莫贵于人，人以天地之气生"，刘长林等人提出"天地气交"为万物创生的原始环境，万物皆有阴阳整体结构，是故人与自然界万事万物一样是由天地二气相交后得以化生的产物。大宇宙有大"中"，小宇宙有小"中"；大人体有大"中"，小部位有小"中"；大

"中"平衡大宇宙，小"中"平衡小宇宙。

## （一）人是"气交于中"的产物

五行学说是中医学经典哲学理论之一，中医用五行来反映阴阳二气在天地之间的运动形式和转化关系，是一种运动、变化的存在，是阴阳二气交感变化的结果，也是对"气交变"的理论概述。《尚书·洪范》记载："五行：一曰水，二曰火，三曰木，四曰金，五曰土。水曰润下，火曰炎上，木曰曲直，金曰从革，土爰稼穑。润下作咸，炎上作苦，曲直作酸，从革作辛，稼穑作甘。"以此总结了五行的属性和特点。

《礼记·礼运》篇谓："故人者，其天地之德，阴阳之交，鬼神之会，五行之秀气也。故天秉阳，垂日星；地秉阴，窍于山川。播五行于四时，和而后月生也。是以三五而盈，三五而阙。五行之动，迭相竭也，五行、四时、十二月，还相为本也；五声、六律、十二管，还相为宫也；五味、六和、十二食，还相为质也；五色、六章、十二衣，还相为质也。故人者，天地之心也，五行之端也，食味别声被色而生者也。"即是说五行是阴阳二气交于天地间的动态变化，与日月、四时、音律、食嗅、性味相通应；而人则是阴阳之交的产物，是五行运动化生之"秀气"。这里将人谓之"天地之心"，"心"即"中心"，也就是人位于天地的中心；而五行的气交变化又是人之"端"，"端"即"开端"，反言之是五行变化产生了人。

又西汉刘向《说苑·辨物》篇谓："《易》曰：'一阴一阳之谓道，道也者，物之动莫不由道也。'是故发于一，成于二，备于三，周于四，行于五；是故玄象着明，莫大于日月；察变之动，莫著于五星。天之五星运气于五行，其初犹发于阴阳，而化极万一千五百二十。"也是说，道生一即为混沌初判，一生二即为天地，天地有日月，日月即阴阳，阴阳二气交于天地之间，则化为五行，最终可化极万物，而人亦在其中。亦如西汉董仲舒《春秋繁露·五刑相生》篇所谓："天地之气，合而为一，分为阴阳，判为四时，列为五行。行者行也，其行不同，故谓之五行。"

以上皆可以看出，五行是天地阴阳运乎于中的"气交变"动态过程，故五行又称为"五运"，可以说五行是描述天地之气"交于中"的理论，反映了阴阳二气生长化收藏的动态变化过程，而人身的生老病死与其内外气机的升降化

出入皆赖于五行之变化。简言之：天地定位，一气周流，化为阴阳；气交于中，化生五行；五行交化，秀气成人。

### （二）人身穴位之交于中

#### 1. 督脉之人中穴

督脉有"人中"一穴，这个穴位算是最具"交于中"之义：先看其"中"。首先，它几乎位于人体头面天人地三部的中间人部；其次，它位于督脉之前正中线上；最后，它又在鼻下唇上，鼻唇沟之正中。再看其"交"。其上为鼻，鼻为肺之在外开窍，可吸入自然之清气；其下为口唇，口唇为脾之在外开窍，可食入自然之谷气；在人体五脏，肺位最高，为华盖，主呼吸清气与天相接，为人体之天；脾位在中，为土，主运化谷气与地相应，为人体之地；所以人中就在这天地二窍相交的最中间。

《素问·阴阳应象大论》曰："故清阳为天，浊阴为地；地气上为云，天气下为雨；雨出地气，云出天气。"这是自然界最真实普遍的现象，云雨的生成必须依赖于天地阴阳二气的交感和合，才有利于孕育万物，自然界只有将地之水气升散起来，润布于整个空间，天地间才会滋润适宜，自然界才不会有所干燥。"人中"又被称为"水沟"，该穴名意指督脉的冷降水液在此循地部沟渠下行，本穴物质为素髎穴传来的地部经水，在本穴的运行为循督脉下行，本穴的微观形态如同地部的小沟渠，故名"水沟"。不难看出，督脉（乾天阳气）气血在素髎穴被液化而降，正与天气下降为雨同义，所以"人中穴"名义就是天地二气升降交变于"中"的最好取象。《伤寒论》第三百三十七条明示："凡厥者，阴阳气不相顺接，便为厥。"阴阳二气不相顺接则发为昏厥，这是"厥"证的核心病机，而人中穴素为急救昏厥的要穴，这也可以佐证人中穴与天地阴阳二气相交的密切关系。

#### 2. 任脉之膻中穴

任脉有"膻中"一穴，这个穴位也具"交于中"之义。首先其"位"于"中"，膻中穴在任脉之胸部前正中线上，且位于平第4肋间隙两乳头连线的中点。其次其"气"交于"中"，膻中主的是胸中大气，即宗气：人体气机之在天有肺主生之清气，在地有脾主生之谷气，脾阳助脾气散津，使充足的谷气得以上达于肺，地气上升，则天气下降，肺之清气便会下济，与谷气相汇，二气交汇聚于膻

中合而为一，汇成宗气，膻中主宗气。

另外，膻中穴之名意指任脉之气在此吸热胀散，本穴物质为中庭穴传来的天部水湿之气，至本穴后进一步吸热胀散而变化热燥之气，故名"膻中"。不难看出，任脉（坤地阴气）气血在中庭穴被汽化而升，正与地气上升为云同义，所以"膻中穴"名义也是天地阴阳二气升降交变于"中"的体象。《素问·灵兰秘典论》篇谓："膻中者，臣使之官，喜乐出焉。"《普济》注其谓："膻中为气之海，然心主为君，以敷宣散令。膻中主气，以气有阴阳，气和志适，则喜乐由后；分布阴阳，故官为臣使也。"即可以看出膻中穴又调解阴阳之功用。肺之气机升降失调则发为"胸闷、咳喘"，脾胃之升降气机失调则发为"吐逆"，皆为膻中穴之正治，这也可以佐证膻中穴与天地阴阳二气升降交变的密切联系。

### 3. 天枢穴与"中枢"

天枢穴属足阳明胃经，为大肠之募穴，在腹中部，距脐中两寸。本穴气血物质来自两个方面，其一是太乙穴、滑肉门穴二穴传来的天部风之余气，其二是由气冲穴与外陵穴间各穴传来的地部水湿之气，胃经上、下两部经脉的气血相交本穴后，因其气血饱满（阳明经多气多血），而可以由此旁充大肠经（天枢为大肠之募穴），向更高的天部输送，所以天枢穴就有"向天部枢转输送气血"之名义。枢者位于"气交"之"中"，而有枢转"气交"之功用，是穴居天地交合之际，为升降清浊之枢纽，甚至可以说阳明经气机上下沟通、升降沉浮，皆须天枢穴枢转。

《素问·六微旨大论》云："岐伯曰：言天者求之本，言地者求之位，言人者求之气交。帝曰：何谓气交？岐伯曰：上下之位，气交之中，人之居也。故曰：天枢之上，天气主之；天枢之下，地气主之；气交之分，人气从之，万物由之。"张景岳在类经中注解为："枢，枢机也。居阴阳升降之中，是为天枢，故天枢之义，当以中字为解。中之上，天气主之；中之下，督气主之；气交之分，即中之位也。而形气之相感，上下之相临，皆中宫应之而为之市。故人气从之。万物由之，变化于兹乎见矣。"可以看出景岳先生将"天枢"作"中枢"解，而督穴本有"中枢"一穴，位于后正中线，当第 10 胸椎棘突下凹陷中，又为"脊中穴"之上一关节处，素有"脊中枢转"之名义，故前穴与该"中枢"区别而作"天枢"。

穴位于中而气交于中,正是气交于中而行枢转气机之功用。

### (三)天地之"气交"变于"中"则病

天地气交,运居其中。《素问·六元正纪大论》篇中谓:"帝曰:天地之气,盈虚何如。岐伯曰:天气不足,地气随之,地气不足,天气从之,运居其中而常先也。恶所不胜,归所同和,随运归从而生其病也。故上胜则天气降而下,下胜则地气迁而上,多少而差其分,微者小差,甚者大差,甚则位易气交易,则大变生而病作矣。大要曰:甚纪五分,微纪七分,其差可见,此之谓也。"

张景岳于《类经》注该段谓:"天气即司天,地气即在泉,运即岁运。岁运居上下之中,气交之分,故天气欲降,则运必先之而降,地气欲升,则运必先之而升也。此亦言中运也。如以木运而遇燥金司其天地,是为不胜则恶之。遇水火司其天地,是为同和则归之。不胜者受其制,同和者助其胜,皆能为病,故曰随运归从而生其病也。上胜者,司天之气有余也,上有余则气降而下。下胜者,在泉之气有余也,下有余则气迁而上。此即上文天气不足、地气随之、地气不足、天气随之之谓。胜多少,言气之微甚也。胜微则迁降少,胜多则迁降多,胜有多少,则气交之变有多寡之差分矣。小差则小变,大差则大变,甚则上下之位,易于气交之际,运居其中而常先之,故易则大变生、民病作矣。"

正是说天地之气盈虚胜负,交为五运之气,五运之气居于"中"而各有常"位",若其"位"易与"气交"易(上、下之位易于气交之际),而"运"居天地之"中"最先"变易"产生异常之气,可导致疾病发生。五运不仅要守"位",还要守"中",不可太过,不可不及,否则为"气交变"而致病。这也正是《素问·气交变大论》篇名内涵之所在,该篇以黄帝问"五运更治"开始,详论岁运太过、不及之发病机制:"黄帝问曰:五运更治,上应天朞(朞,音jī,指时间周而复始),阴阳往复,寒暑迎随,真邪相薄,内外分离,六经波荡,五气倾移,太过不及,专胜兼并,愿言其始,而有常名,可得闻乎。"其实开篇就已经道明了"气交变"的核心只此四字:太过不及。有太过与不及,即为失其"中正",不中、不正则为邪、为病。

《素问》于"气交变"之前设"六微旨"篇以明"气交"。《素问·六微旨大论》云:"岐伯曰:言天者求之本,言地者求之位,言人者求之气交。帝曰:何谓气交?岐伯曰:上下之位,气交之中,人之居也。故曰:天枢之上,天气主之;天

枢之下，地气主之；气交之分，人气从之，万物由之。""上"指天气，"下"指地气，天气与地气相互作用、上下运转的交合作用谓之"气交"。其实细读两篇不难看出，《素问·六微旨大论》侧重于讲"位之易也"而病，而《素问·气交变大论》则侧重于讲"气交变"而病；前者在"位变"，后者在"气交变"！实际上，《素问·气交变大论》几乎全文都是关于五运之"气交"（以岁运为主）失其"中"而发为太过、不及致病的理论阐述。

## 二、敦煌医学文化之交于中

敦煌医学文化是"敦煌位"上中医药文化、西域各民族医学文化及外来医学文化发生"交变"的结晶，其主体内容是中医药文化，其属性归属是中华民族文化，这也是其"交于中"的内涵和意义所在。任何传统文化体现其现代价值的前提首先是保护，其次才是传承与弘扬。

"敦煌郡"的设立是敦煌医学在其文化史上第一次被给予"保护"的待遇，虽然此前敦煌也曾有过这样的归属，"（舜）窜三苗于三危"及"阴戎之祖同被流放于三危"的历史传说皆可以为此佐证，敦煌本就在华夏文明的范围内。但是，"敦煌郡"设立的那一刻开始其政治归属感、民族归属感比在此之前任何时候都尤为高涨。此前我们也一再强调：敦煌郡的设立无疑空前抬升了"敦煌位"在西汉乃至以后的重要性！这样的"敦煌位"决定了自此以后"敦煌交"的高度与深度，也决定了"敦煌中"的最基本意义：敦煌医学文化守于中医药文化之"中"，守于中华民族文化之"中"。

西汉王朝将"西域问题（匈奴问题）"列入"国家战略"，汉武帝派遣张骞两次出使西域，而后经过数十年的征战，西汉击败匈奴，获得了西域广大地区的控制权，并在公元前60年设立"西域都护府"，巩固了其对这一地区的统治地位。不久后又在西域之"最东"先后设立了包括"敦煌郡"在内的"河西四郡"，才将西域疆土巩固至稳定一时，而这一政治管辖的地方也使中原文化的传播得到了极大程度上的保护。"汉民"的迁入，屯田及农耕文明与游牧文明的结合又极大程度上推动了"敦煌位"的经济发展，从而为敦煌医学文化奠定了人文基础与经济基础。"敦煌位"也毫无疑问成了这一小范围内的政治中心、军事中心、经济中心以及文化中心。

事实上，在"敦煌医学文化交"的历史动态中已经呈现出两个较为典型的"交于中"。

## （一）"世家文化"推动了其"中化"

中医学有其深厚的文化底蕴，这是千百年来中华百家思想共同锻造的思想命脉。敦煌医学在这一点上，虽不及中原文化所受百家思想的影响，然而却也与之息息相关、密不可分。事实上，"敦煌位"上的文化交汇更为复杂：塞北少数民族文化璞真、淳朴、古老、神秘，加上西域风情的装饰、点缀与西方文明的造访、入驻则使其更具传奇；游牧文化与农耕文化的结合也最大程度上为其流传创造了物质保障，中原百家思想的冲击、洗礼及兼容、同化却也未曾停止。在"敦煌位"上，最具广泛社会影响力和雄厚经济、政治实力的汉文化传播者就是世家大族，而其甚至对宗教传播和莫高窟开凿也有深远影响。

学者马德（甘肃会宁人）对敦煌世家大族有较为系统的研究论述："从西汉到宋初的千余年间，敦煌先后有李、曹、张、索、翟、阴、阎、沱、罗、阐、令狐、慕容、马、王、宋、杜、吴、康等大族。他们的来源，主要有四个方面：一是受朝廷赐封而'从官流沙，子孙因家，遂为敦煌人也'，如翟氏；二是'徙居敦煌，代代相生，遂为敦煌望族'，如索氏；三是因发配贬谪而亡命敦煌，子孙繁衍，而成为敦煌世家，如李氏；四是归附中原王朝的一些少数民族的首领部落，定居敦煌后很快成为大姓豪族，如令狐氏、慕容氏。他们之中有汉晋凉州经学世家，如索氏、祀氏、阴氏等，有汉晋敦煌旧族如曹氏、张氏、翟氏等，也有在各个时期先后崛起的军事贵族如闾氏、康氏等。这些世族大姓之间互相通婚，形成一块铁板式的敦煌世家大族统治集团，长久地、牢固地保持着他们在敦煌的政治势力和经济实力，成为不同时代的统治者们所依靠的对象：中央王朝的地方官要依靠他们，入侵的吐蕃贵族也要依靠他们，割据的小王国政权更要依靠他们。在这块汉晋世家基址上形成的封建土壤，培植了这些根深蒂固、枝繁叶茂的谱系之树。"

"汉晋南北朝时期，敦煌作为一块文化宝地，在敦煌大族中先后涌现出一批垂青古今中外的文化名流，如书法家张负、张芝父子和索靖为首的'敦煌五龙'等，医学家张存，音乐家索垂等。同时，由于九品中正制的实行，像索氏这样的高门子弟可直接入仕，如索靖官至司徒，索班、索迈等成为名震西域的政治家和军事家。历代敦煌地方的统治者,也大都出自敦煌大姓。公元五世纪初在河西建立西凉割据王国的李氏,也是当时敦煌大姓。"

"隋、唐以降,就全国范围内讲,'各地的旧门阀业已丧失过去由制度所保证的政治经济特权,但……由于地域环境的差别和历史遭际的不同,各地区的旧门阀在社会政治上的地位亦各有不同。'敦煌地区就是由于远离中原,较少受到过农民起义的打击,旧世家大族的政治地位得以保存。以至于张、曹二氏在九、十世纪先后成为设在敦煌的河西归义军政权的主宰。然而,因为敦煌的世家大族在历史上最活跃的时代,即文献资料最丰富的时代,是在唐代以后,具体地说来,是在吐蕃和归义军时代的八至十世纪,所以根本无法同魏晋时期的门阀世族相提并论。只是出于政治上的需要,攀附高门望姓,希冀自己和自己的妻母有一种高贵而漂亮的邑号,即所谓'茅土定名,虚引它邦',许多实际上是在南北朝以后到敦煌繁衍生息而本应该是敦煌郡望的大姓,都跻身于汉晋礼教之门:标榜'夫人立身在世,姓望为先,厄不知之,岂为人子?'因之而冒称郡望,不择手段地来抬高自己的门第,以保持自己在敦煌的地位。"

其实,如此大量篇幅引用学者马德的论述只有一个目的:借此以充分展示"世族文化"在敦煌历史文化演变、传承中所扮演着极其重要的角色。"显赫于敦煌历史上的敦煌世家大族都参与过莫高窟的营造,莫高窟的大窟基本上都是敦煌世家大族所造":世族集中凿窟的行为也是敦煌文化的一大传承特色,如索氏第 12 窟,李氏第 332、148 窟,阴氏第 231 窟,翟氏第 85、220 窟,曹氏(与阴氏合凿)第 61、55 窟,慕容氏第 12 窟等。这也就说明"世族大家"是敦煌文化的主要传播力量。名门望族多崇尚"光宗耀祖、光大门楣"之礼教;虽然文化还有"民间"言传身教、不必文字记载的一面,但"世族尚学"与"家庭教育"在传统文化的传承过程中同样能起到很大的作用,"中医世家"的优良模式也与之义近。

实际上,"医圣"张仲景就是历史上"世族大家出中医"最为典型的人物案例。《名医录》载曰:"南阳人,名机,仲景乃其字也。举孝廉,官至长沙太守,始受术于同郡张伯祖,时人言,识用精微过其师,所著论,其言精而奥,其法简而详,非浅闻寡见者所能及。"张仲景出生于东汉末年的南阳(今河南)郡涅阳县,著有传世巨作《伤寒杂病论》。其父张宗汉曾在朝为官,张氏家族也是"世族大家":"余宗族素多,向余二百"(《伤寒论序》)。由于家庭的特殊条件,使他从小有机会接触到许多典籍。他也笃实好学,博览群书,并且酷爱医学,他的同乡何颙很是赏识他的才智,曾经对他说:"君用思精而韵不高,后将为良医"(《何颙别传》)。他从史书上看到扁鹊望诊齐桓公的故事,对扁鹊高超的医术非常钦佩:"余每览越人入虢之诊,望齐侯之色,未尝不慨然叹其才秀也"(《伤寒论序》)。从此他对医学产生了浓厚的兴趣,这也为他后来成为一代名医奠定了基础。显然,"世族尚学"与"家庭教育"对张仲景的影响也很大。

"世族文化"在敦煌宗教文化中也举足轻重,其典型的如经刘佳等考证被称为"龙沙鼎族"的敦煌索氏:"S.2709号《吐蕃辰年(公元788年)三月沙州僧尼布罗米净辨牒(算使勘牌子历)》是吐蕃占领敦煌后对当地僧尼所做的一次大规模的人口统计,其中索氏僧人有记载者:永安寺索光证、索处净;开元寺索善来、索离喧;灵修寺索了性、索普船、索广川;普光寺索普证、索善行、索悟智、索无念、索普岩、索普满、索广净、索善光、索真净、索悟真、索胜缘、索妙性、索善性、索善胜、索香岩、索真意。这一次人口统计共计有僧尼310名,其中含24名索氏家庭成员占僧尼总数的11%。而索氏家族的总人口占当地居民人口总数的6%",又有"索氏家族向寺院施舍经卷颇多。在敦煌文书中记载有S.4823号索道微向寺院施舍《土地论》,索季和捐入《瑜伽师地论》卷五十一,索绍员《妙法莲花经》,索洪范捐入P.3323号《金刚般若波罗蜜经》,索清儿捐入P.3135号《四分戒律》,索润写《无量寿宗要经》,索奇写《维摩诘经》,索和子写《大般若波罗蜜多经》卷三百九十四,索显誓《佛说仁王护国般若波罗蜜经》"。可见,"世族大家"对敦煌宗教文化影响深远,具有推动其传承和发展的积极意义,而敦煌宗教与敦煌医学又是密不可分的,尽管这些"世族大家"中鲜有名医诞生,但其与敦煌医学文化之密切关系也可见一斑。

在我国历史上,"世族尚学"与"家庭教育"的传统文化尤具特色。家族经济、政治条件又多能为读书、学问人提供必要的物质基础保障,所以"世家大族"因为各种原因"迁徙"至"敦煌位"的历史潮流动态,无疑会同时使中原百家之经史学问、宗教信仰、天文地理、阴阳历法、河图数理、医方针术等都在敦煌流传开来,相继给"敦煌位"带来百家齐聚、百花齐放的文化繁荣景象。可

以说是"敦煌世家文化"推动了"敦煌位"上历史文化的"中化"与进程，使之与中原先进文化不会脱节太远；也可以说"敦煌世家文化"就是"敦煌医学文化"在历史传承过程中的一个"文化交之中心"。

"敦煌世家文化"作为敦煌历史文化的一个"交之中心"，正是其所具备的尚学精神、文化崇拜及家庭教育将其推向了一个高度，当然也是世族经济条件与政治实力让其饱含"文化自信"。小到一个家族、一个县郡，大到一个国家，"文化自信"皆与之命运休戚与共。习近平总书记在甘肃考察时也指出："敦煌文化是中华文明同各种文明长期交流融汇的结果。研究和弘扬敦煌文化，既要深入挖掘敦煌文化和历史遗存蕴含的哲学思想、人文精神、价值理念、道德规范等，更要揭示蕴含其中的中华民族的文化精神、文化胸怀和文化自信，为新时代坚持和发展中国特色社会主义提供精神支撑。"经济实力为一个国家的"文化自信"提供了强有力的保障，而"文化自信"又同样为经济发展提供了高度而深远的精神支撑！"敦煌文化"交于"中华文化"之"中"，其现代价值不容低估，"敦煌医学文化"正是其核心内容。

## （二）"医学教育"确保了其"中化"

前文已提到，"敦煌医学"是以敦煌历史文化为载体传承的，其历史动态同样满足"敦煌宗教历史动态"所具有的规律：中原战乱，则中原政权无暇西顾，致使中央集权到不了西域，则西域要么出现部族祸乱，要么迎来相对安稳的时代；中原平盛，则中央集权将重拾"敦煌位"之重要性，西域则经战而安；西域安稳时，中西亚与东亚文化流经敦煌而在丝绸之路上流行一时，西域或中原战乱时，则东西往来的各种文化又会被滞留在"敦煌位"而继续发展、交融。那么在这交替、起伏的历史动态中，"敦煌医学"随着宗教、世族、隐居者、执政者等文化携带者的社会作为而流传了下来，"医学教育"则是其中最为有利（力）的社会作为形式。作为能够将"敦煌医学文化"在相较中原地区更加偏远穷苦、战乱纷争的"敦煌位"上留存下来的"敦煌医学教育"，其形式多样、功不可没，其现代价值同样值得深思！

至于"敦煌医学教育"，按其行为主体可以分出隋唐以前以世族、宗教为行为主体和隋唐以后以官办、民办为行为主体两种情况，隋唐时期是其文化行为主体变动的节点。如果说大汉王朝是在政治、军事上掌控了"敦煌位"，那么盛世大唐则是在文化、教育上拥有了"敦煌位"。

隋唐以前（主要为"三国两晋南北朝"时期），"敦煌医学教育"是以百家文化为载体的。执政敦煌的"世族大家"有其自己的"世族尚学"特点，能够充分将"文化自信"融合到"家庭教育"的行为中；躲避中原战乱、举族迁徙的归隐学者又多携带了百家经典典籍，一起入驻"敦煌位"；兼容百家之长，又多为中央政权在安世教化百姓为用的儒学，也同样与百家文化、西域文明交于"敦煌位"；继而大氏族、大学者开馆授教、招贤纳士、弘扬经学、著书立说成就了好一段时期浓厚的社会文化氛围。中华传统医学内容也一直掺杂在这诸子文化中交于"敦煌位"流传了下来。

"名师出高徒"，是因孔老夫子之圣明才教出了"孔门七十二贤人"；而孔老夫子恰又该感谢这"七十二贤人"，因为正是他们将"孔圣思想"发扬光大、推广后世的。"敦煌世族大家"将"文化自信"和"尚学精神"融合在了"家庭教育"中，体现出一种"世家文化"的使命感，今世之"中医世家"要么"断代"，要么"改行"，不正缺乏这种"家族使命"与"文化自信"吗？这个时代，好多"中医名人"在自己生平履历里报出自己跟师了好几个中医大家，但往往中医大家以下、以后又找不出几个真正的弟子、传人，更让人费解的是社会上竟然还有类似"中医速成班"的师承培训机构存在，相比较隋唐以前"敦煌位"上大学者开门立说、弘扬家学的师承教育不也是这个时代中医传承所缺的行为吗？

隋唐时期（以唐朝为中心），中央政权向北、向西拓展管辖，几近扫除了敦煌外部威胁，其后敦煌的军事、政治、经济、文化皆属中央管辖，敦煌的官方教育也空前展开，敦煌医学也成了其重要板块，自此"敦煌医学教育"开始官方化、正规化。《沙洲都督府图经》（编号P.2005）证实了"医学教育"是"州县两级学校"都必须教授的内容，《唐天宝年间敦煌郡敦煌县差科薄》（编号P.2657）又证实了敦煌官方体制内有"医官"一职，其中"翊卫"是官职，"医学博士"类似于职称。据吐鲁番阿斯塔纳380号墓出土的《唐西州高昌县和义坊等差科薄》[编号67TAM380:01（a）]与哈拉和卓一号墓出土的《唐西州某乡户口账》一件残文书[编号64TKM1:28（a）、31（a）、37/1（b）、37/2（b）]所载相关内容又可见唐代对较敦煌更远的西域地方的医学教育的管理。《唐六

典·卷三十·三府都护州县官吏》与唐《医疾令》中皆明确了敦煌"医学博士"的官品等级、科考选举与实际职能。这就意味着，当时中央政权对敦煌"医学教育"及"方、术疗效"的重视，中央政权以"中医之体制"培养、选拔"敦煌位"上"医学之人才"，且分科明确、制度完善、待遇考究、政治保障，很大程度上推进了"敦煌医学文化"的"中化"与传承，也有利于敦煌医学文化"守于中"。

此外，"敦煌宗教历史动态"是"敦煌医学文化历史位"的重要内容和主要背景，而佛教医学、道教医学则是敦煌医学的重要组成部分，"寺学""道学"又是"宗教医学教育"的主要形式。敦煌道教文化来源于我国本土道教文化，是继"老、庄"之后学，是一种讲"天人合一"的精神崇拜，同时也是一种讲究修身养性、摄生保命、练气全形的文化，甚至有些学者倾向于把敦煌《辅行诀五脏用药法要》归类于敦煌道教医学经典。而敦煌佛教文化虽非起源于我国本土，但从它入驻交流"敦煌位"的那一刻开始就已经被"中化"了，里边同样包含、融合了许多中华文化的要素，早已是具有中华特色的宗教文化形式。具体内容此处不再深述，感兴趣者可以深读北京大学姚卫群教授《佛教思想与印度文化》一书，中国人民大学佛教与宗教学理论研究所研究员张雪松评该书谓："该书对于研究宗教与文化的关系、不同文明传统之间的交流互鉴，乃至佛教的中国化问题，都有重要的启发意义。"其实，"敦煌位"上宗教的"中国化"问题也是敦煌文化"交于中"的内容，而我们只针对其中宗教医学文化"交于中"的相关内容作研究，将之与中医学、敦煌医学作深刻对比和分层次剖析，尽可能挖掘其现代价值，这一部分内容前面章节已经详细论述过，此处不再赘述。

综合观之，我们可以看出"政治"重视、"宗教"重视、"世家"重视、"大家"重视四个方面的内容，而敦煌医学教育集这四种"重视"于一体，集四种"重视"于一体而又"守于中"，其多样化教育行为值得我们学习与实践。而至于敦煌教育机制"在不同的时期，至少包括了官学、私学、义学（义塾）、寺学、道学等多种形式"的行为，则更加使得敦煌医学文化得以多样化传承。当然，我们由此也可以推想出官办中医教育、民间师承教育结合其他中医学教育方式并行的多样化教育行为无疑更有利于中医药文化、技术的传承和推广（图3-3）。

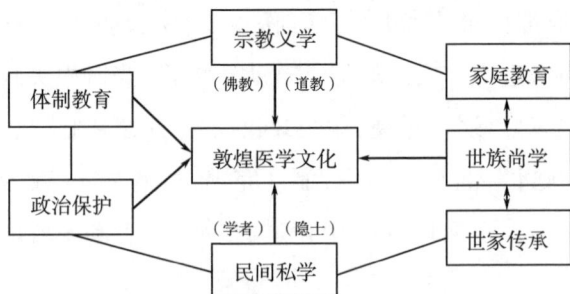

图3-3　敦煌医学文化"中式"教育模式示意图

从敦煌医学文化"中式"教育模式示意图中可以将敦煌世族大家与医学教育的相关内容综合为"敦煌医学文化'中式'教育模式"，这样的总结归纳也有助于人们系统地看待其"交于中"的内容，更有助于人们现代医学教育优化思路、方法、模式及体制的借鉴和实践。

# 第三节　基于中话中——守于中

中国历史悠久，疆域辽阔，不同"历史位"和"地理位"下产生了不同的地域文化，如陕西的三秦文化、山东的齐鲁文化、河北的燕赵文化、两湖的荆楚文化、中原地区的中原文化等，当然，还有河西走廊之璀璨明珠——敦煌文化，其中医学相关内容即为"敦煌医学文化"。"敦煌医学文化"定形于中、交气于中、守神于中，这是在前两节基于"位、交"思维所要重点论述、展示的内容，但对"中"之内涵仍需深入了解，下面就从形、气、神的层次来进一步对"中"进行探析。

## 一、谈形宜中

### （一）中华，中国

中国，即"中华人民共和国"的简称，然而"中国"一词的文化内涵却远不止于此。

学者王子昱曾考"中国"一词出处和内涵，指出1963年在陕西宝鸡出土

的西周早期的青铜器"何尊"（图 3-4）的铭文中最早出现"中国"一词，西周书法成就最高的《何尊铭》："唯王初雍，宅于成周。复禀王礼福自天。在四月丙戌，王诰宗小子于京室，曰：'昔在尔考公氏，克逨文王，肆文王受兹命。唯武王既克大邑商，则廷告于天，曰：余其宅兹中国，自兹乂民。呜呼！尔有虽小子无识，视于公氏，有勋于天，彻命。敬享哉！'唯王恭德裕天，训我不敏。王咸诰。雍州何赐贝卅朋，用作口（周）公宝尊彝。唯王五祀。"

**图 3-4　左为"何尊"**

1963 年出土于陕西省宝鸡市东北郊的贾村塬，右为其铭文拓片

王氏指出"中国"作为词组在"何尊"的首次登场使用，有"天下中心"的意思，即周成王谓自己身处"天下中心位"。

相传约 3000 年前，周公（即周成王的叔叔）在阳城（即今河南登封）用土圭测度日影，测得夏至这一天午时，八尺之表于周围景物均无日影，便认为这是大地的中心。成王五年时，营建东都成周洛邑（即今洛阳），洛邑与阳城紧邻，便称为"中国"，那时起"中国"就指当时的都城、天下的中心——洛阳，也泛指周朝整片疆土。

王氏考周朝重要典籍，发现"中国"作为词组使用超过 98 次，指出西周时期"中国"一词主要是指当时王朝的京畿或者直接统治的国度，翻译为全国、

天下、故里，又指当时王朝中的人民。东周时期"中国"一词有六种含义：指中原地区，指中原诸侯国，指中原诸侯，指中原各国的习惯（事情），古时华夏民族聚居的中原聚居区，以及当时一些国家的自指（称）。王氏特别指出："中国"一词主要是指军事、疆域含义，也有一定的尊贵、传统的含义包含其中，但没有政治、主权等含义，并非一个具有特定意味的重要词汇，与当前特指基本不同，世界只有一个"中国"，那就是"中华人民共和国"。实际上，"居天下之中"体现的就是先民最淳朴、古老的文化自信！

"国"字，即"國"，著名考古学家孙海波《卜辞文字小记》（图 3-5）中对"国"字之义做了解释："口象域形，从戈以守之，国之义也"，《说文》："或，邦也，从口，从戈，又从一。一，地也。"也就是说，里边原本不是"玉"，后来才写成"玉"字。"古之造字，王玉同字，三横而一竖；三横者谓之天地人，一竖者谓之参通天地人也"，也就是说写成"玉"有了"普天之下莫非王土"的政治内涵。那么对于"國"：里边一个小"口"、一个"一"、一个"戈"，外边一个大"口"。有人解释为："外面的大'口'读 wéi，即'围'，即圈子、范围；里面的'或'中的小'口'代表人口（士兵或军队），而'一'则表示土地；此外，还要执有'戈'矛的

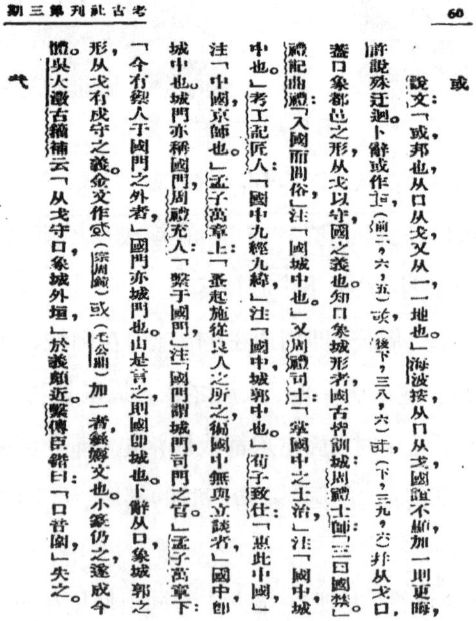

图 3-5 孙海波《卜辞文字小记》"国"之字义

军队来保卫国家的土地、人口和边疆。"而"國"写作"或",就没有了"口"(围),不是正好赋予了开疆拓土、内外交通的美好寓意吗?守文化之"中"而"交通天下",以"中正、中和"的态度不断开辟新天地,让普天下黎民百姓皆得"正中和谐"。

"中"是表示中正、独立的"旗帜","国"是表示军队保卫的"疆土",二者联用巧妙地集维权、维和于一体,又集军事、政治、文化于一体,只是早期更多地局限在了"中原"(以河南洛阳、阳城为中心)范围,然而其内涵却又不止于此。"中国"之于"中原","中原"之于"洛阳",洛阳素有"中华文化的读本"之称,又说明了"中"有"本始、源头"的含义。史学考证知,文明首萌于此,道学肇始于此,儒学渊源于此,经学兴盛于此,佛学首传于此,玄学形成于此,理学寻源于此,圣贤云集,人文荟萃,以洛阳为中心的河洛文化和河洛文明,是中华民族文化的核心和源头,构成了华夏文明的重要组成部分。无独有偶,洛阳神都又是东汉时期丝绸之路的源头,是河洛文化之"开"(河洛文化从这里沿着丝绸之路一路向西,走向世界,走向美索不达米亚冲积平原),是西域文化之"合"(西域、西方文明通过丝绸之路合流于此),而"敦煌位"正是这丝绸之路上的"中枢"(枢转东西方文化)。

"中华"一词相较"中国"更具文化气息,然皆为国人同胞共同信仰、守护的内容。有人认为"中华"一词最初是从"中国"与"华夏"两词中各取一字复合而成。但姚荣林教授给出了不同的解释,他认为,"大舜天子就在这个气势雄壮的大自然里,建立了一个名'中华'的伟大国家。这里以黄河为界,东有中条山,西有华山,而黄河流到渔关与华山附近""在诸冯、姚墟之北可步行到达之处,有历山,距中条山20里左右,即舜耕之处"。也就是说,"中华"之"中"为"中条山","华"为"华山",二者圈出的范围即为"中华之源"。

"守中"是我们对文化的自信,是对文化的保护,但"中"之发散又启发我们将之传承、发扬,启发我们要用发散思维"守中",要守文化交通之"中"!可以看出,不论"中华"还是"中国",都体现的是一种对"文化源头"的认知。特别想借用朱熹《观书有感》中"问渠那得清如许,为有源头活水来"一句作为结语,"源头活水"就是对中华文明最好的赞美。我们守中华文明之"中",守敦煌文化之"中",就是因为我们有对这"源头活水"的高度"文化自信"。

## （二）中轴

"中轴"一词原是建筑学、工程学和机械学专业术语。建筑方面，它指对称式结构框架的中线；工程方面，它指中线或中央承重架构；机械方面，它多是指装在车架五通管内的用于连接左右曲柄的转动部件，由轴心、轴承组成。工程和机械方面，它多是起到核心承重的作用，此处不予深究。而在建筑学方面，除了部分"中轴"有承重作用外，大都还是艺术、文化的体现，甚至可以是审美时用到的术语。即便如此，"中轴思想""中轴精神"却已然成了文化得以实践的部分而被沿用至今。

中轴精神、中轴思想多体现在"中轴对称"上，童辉等人把这种思维与儒家思想紧密联系起来："而中轴对称的布局方式是中国传统建筑在经过多年的积累完善以后，所形成的最能完美体现儒家文化思想精神的布局形式。"他还较为详细地解读了传统建筑的中轴空间序列的形成："中轴对称可能是世界各民族早期共同的构图方式，但是在中国传统建筑中，中轴控制理念得到了特别的强调、全新的诠释和近乎完美的体现。中国民间传统建筑常常采用的布局方式有两大特点：第一，以'方形'作为民居的平面的构图母题。在平面布局上无论单体建筑还是群体组合都表现出对方形构图的虔诚和追求。而方形构图方式的优点就在于更具有明确的方向性，更有利于体现建筑方位上的等级。第二，不论是沿街与否，也不论地势处在何处，即建筑多是围绕着一个个'院'即'天井'展开。天井作为构图的中心，形成内向性聚合空间，即由间构成幢，再由单幢建筑围绕天井形成'三合'或'四合'的方形院子。规模再大的话再由数个院子沿水平方向组合成建筑组群。由此自然形成了一个相对明确的沿轴线布置的空间序列。中国自古深受儒家文化的影响，礼仪、宗法、血缘、等级等观念在人们脑海中根深蒂固。而建筑是人们起居生活和诸多礼仪活动的场所，是最基本的物质消费品。建筑以庞大的空间体量和艺术形象给人以深刻感受，它同时也就成为与生活密切相关的精神消费品。这些都使得建筑成为标志等级名分、维护等级制度，维系血缘宗法制度的重要手段。而在建筑中占据天然优势位置的一系列中轴空间就是最能充分体现那些观念的代言'空间'了。"

又"'中轴空间'这一中国传统建筑中的'脊梁'左右着空间序列，左右着

建筑布局，甚至左右着人们对于等级概念的认识。它不仅在建筑实体上占有统领地位，更重要的是它还是建筑乃至对处于其中的人的行为具有精神约束力。童辉认为中轴空间对住宅格局的控制直接体现了'礼'和'天人合一'等思想在中国传统住宅建筑文化中的统治地位！"

童氏之说无疑是一种文化、艺术层面的高度审美，所涉及的是穿越千年文明的建筑学思维精髓，他看到了这种"中轴对称"里边的儒家传统礼教、天人合一的文化与建筑构图高度统一完美交汇、融合，这种"中"也是"交"的成果。

其实这种"中轴对称"的建筑、构图在中国古代较为普遍，而现今我们还能看到它的身影除了保存完整的古都旧址外，再就是在那些传统宗教活动的圣地。譬如徐应锦等人笔下的魏宝山道教建筑："有一条明显的中轴线，功能比较重要的建筑都布置在中轴线上，相对次要的房屋都放置在中轴线两侧，形成不可解构的左右对称、主从有序的空间格局。这条中轴线不仅加强了'大殿'居中为尊的等级观念，同时也为宗教建筑的礼制性和精神性作了加持，更突出了作为主体建筑的大殿对道观整体的统率作用。"徐氏又将这种对称内涵细化为了"尊者居中的'二元对称'"与"天人合一的'均衡对称'"，其中"二元对称"的空间形态"不仅表现了对稳定、和谐和有条不紊的道教建筑氛围的孜孜追求，更体现了中国传统的'尊者居中'、伦理有序的等级制度"，而"均衡对称"则是"结合地形将使用功能进行合理的协调，使宗教建筑的礼仪性和生活空间的趣味性和谐统一，既强化了崇敬与秩序的礼制等级需求，又传达出和谐与丰富的精神感受"，是一种"既严谨又'均衡对称'的空间处理手法，这种'均衡对称'传达出一种自然美、象征美、构图美和人文美，达到了道教建筑追求'阴阳调和'、'天人合一'的至善境界"。这种中轴空间"既是主要的宗教仪式空间，也是显示道教礼仪秩序的主要空间节点"，是道教文化与道教礼制的体现。

童氏从儒家文化的角度出发，徐氏从道家文化的视野审美，二者皆将文化与建筑之间的"交"深入挖掘了出来，将中轴构图、中轴对称升华为中轴文化、中轴精神，凝练出了传统建筑方面"中轴"的核心作用。实际上敦煌莫高窟本身作为一种宗教建筑，在它身上也能从多方面、多角度看出这种"中轴艺

术"，这里暂不过多涉及这方面的内容，感兴趣的读者可以身临其境体验、感受莫高窟建筑、壁画之美。

但是，这种"中轴文化形式"绝对不是简单的中轴对称！他还给人庄严感、神圣感，是集信仰、尊重、崇拜于一体的供奉，而这不仅是对神佛，还有医王、药师。如莫高窟 220 窟北壁《东方药师变（初唐）》中的"药师七佛""十二神王"，莫高窟 148 窟东壁北侧《药师经变（盛唐）》中的"中堂条幅式"艺术体现，诸如此类的还有莫高窟 394、417、433、436 等窟中的相关壁画内容；再如药师如来、药师琉璃光王如来、大医王佛、医王善逝、十二愿王，这些名词曾频繁地出现在大唐玄奘圣僧译注的《药师琉璃光如来本愿功德经》中。

当然，"中轴精神"与儒、道、释文化的紧密联系，启发我们在研究敦煌医学文化时，可以将这种因素纳入考虑。同时，它也是"守中于交"的例子。另外，在重构敦煌医学文化体系时也可以先确定"文化中轴"，将之或沿中轴对称，或沿中轴旋绕，比较细化其位与交，进一步"守中致和"。

### （三）中型（体型）

"胖"和"瘦"是用于描述人的形体特征的常用词汇：含有"肉多"（丰满）这一语义特征的词即为"胖"，如"胖嘟嘟"；含有"肉少"（骨干）这一语义特征的词即为"瘦"，如"瘦弱"。早在《灵枢·卫气失常》篇中就有"度知肥瘦"的论述："黄帝曰：何以度知其肥瘦？伯高曰：人有肥有膏有肉。黄帝曰：别此奈何？伯高曰：䐃内坚，皮满者，肥。䐃内不坚，皮缓者，膏。皮内不相离者，肉。"即把"肥胖人"分为膏型、脂型、肉型。肥瘦是人体最基本的体型分类，不肥不瘦的即是"中型"。我们说知体型，然后才别病型；知体型，然后才知皮、肉、筋、血、骨之深浅；知深浅，然后才知取脉之深浅，针刺之深浅。简言之，知肥瘦，而后知浮沉深浅！

《灵枢·卫气失常》还将"肥胖人"对寒热、气血的影响进行了论述，一并摘录于此。

黄帝曰：身之寒温何如？伯高：膏者，其肉淖而粗理者，身寒，细理者，身热。脂者，其肉坚，细理者热，粗理者寒。

黄帝曰：其肥瘦大小奈何？伯高曰：膏者，多气而皮纵缓，故能纵腹垂腴。肉者，身体容大。脂者，其身收小。

黄帝曰：三者之气血多少何如？伯高曰：膏者，多气，多气者，热，热者耐寒。肉者，多血则充形，充形则平。脂者，其血清，气滑少，故不能大。此别于众人者也。

黄帝曰：众人奈何？伯高曰：众人皮肉脂膏，不能相加也，血与气，不能相多，故其形不小不大，各自称其身，命曰众人。

黄帝曰：善。治之奈何？伯高曰：必先别其三形，血之多少，气之清浊，而后调之，治无失常经。是故膏人纵腹垂腴，肉人者，上下容大，脂人者，虽脂不能大者。

"众人奈何"，众人即是平常人、平人，"众人皮肉脂膏，不能相加也，血与气，不能相多，故其形不小不大，各自称其身，命曰众人"。也就是说，"平人"的皮肉脂膏都比较均匀，血气平衡不偏盛偏衰，身形大小肥胖匀称，其实这句话说的就是"中型"。

虽然不能完全论断"肥胖人""瘦小人"就是病态，但至少"中型人"相对健康。而中医素有"肥人多阳虚痰湿、瘦人多阴虚火热"一说。宋代杨仁斋的《仁斋直指方·火湿分治论》曰："肥人气虚生寒，寒生湿，湿生痰；瘦人血虚生热，热生火，火生燥；故肥人多寒湿，瘦人多热燥。"朱丹溪的《丹溪心法》中风篇也说："肥白人多湿……瘦人阴虚火热。"其惊悸篇也说"瘦人多是血虚，肥人多是痰饮。"其中湿篇中也指出，"凡肥人沉困怠惰是湿""凡肥白之人沉困怠惰是气虚"。后世沿袭此说至今，现今仍有把肥瘦作为辨证和辨体质的基本要素，以此来判断"阴虚、阳虚"或"痰湿、内热"，对诊断和治疗有一定的临床意义。

事实上，后世对"肥人多痰"的论述稍微偏多。陈士铎的《石室秘录》谓，"肥人多痰，乃气虚也，虚则气不运行，故痰生之"，强调肥胖人痰湿的形成与气虚的关系；清代叶天士曰："夫肌肤柔白属气虚，外似丰溢，里真大怯，盖阳虚之体，惟多痰多湿……"则是阐明肥胖人的病理属性是本虚标实，气虚阳虚为本，多痰多湿为标。陈修园指出，"大抵素禀之盛，从无所苦，惟是痰湿颇多"均强调"形体丰者多湿多痰"。学者吴志远引经据典将"肥人多痰"细分出痰湿证、痰湿兼气虚证、痰湿兼血瘀证、痰湿兼阳虚证等证型，指出，"肥胖者以痰湿为病理基础，常兼挟有气虚证、血瘀证及阳虚证"。

"肥人多痰湿"还会引发多种疾病，如《丹溪心法·子嗣》中指出："若是肥盛妇人，禀受甚厚，恣于酒食之人，经水不调，不能成胎，谓之躯脂满溢，闭塞子宫，宜行湿燥痰。"《丹溪治法心要》卷七有："肥者不孕，因躯脂闭塞子宫而至，经事不行，用导痰之类。"万全《万氏妇人科》中有："惟彼肥硕者，膏脂充满，元宝之户不开；挟痰者，痰涎壅滞，血海之波不流，故有过期而经始行，或数月经一行，及为浊、为滞、为经闭、为无子之病。"《傅青主女科》有云："妇人有体肥胖，痰涎甚多，不能受孕者""谁知是湿盛之故乎！湿盛者多肥胖，肥胖者多气虚，气虚者多痰涎，外似健壮，而内实虚损也。内虚则气必衰，气衰则不能行水，而湿停于肠胃之间，不能化精而化涎矣。夫脾本湿土，又因痰多，愈加其湿，脾不能受，必浸润于胞胎，日积月累，则胞胎竟变为汪洋之水窟矣。且肥胖之妇，内肉必满，遮隔子宫，不能受精此必然之势也。况又加以水湿之盛即男子甚健，阳精直达子宫，而其水势滔滔，泛滥可畏，亦遂化精成水矣，又何能成妊哉？"即是提出了"肥人不孕"一说。

曲淑艳等人认为："肥胖不孕的机制多由于素性肥胖或过于恣食膏粱厚味，阻碍脾胃，导致脾气虚弱，运化失司，水精不能四布，反化为饮，聚而成痰，痰饮黏滞缠绵，属于阴邪，损伤阳气，以致痰湿流注于下焦，阻滞冲任二脉，壅塞胞宫，以致月事不行，故难以受精成孕，可见肥胖不孕即为痰湿不孕、壅塞胞宫。"又指出："主要由于肥胖之人多为痰湿之体，痰湿壅盛，闭阻冲任，不能摄精成孕，故多婚久不孕，月经后期甚或闭经；痰浊壅盛，充溢肌肤，可见形体肥胖；湿浊下注则带下量多质黏；痰湿中阻则胸闷泛恶，苔白腻，脉滑为痰湿内阻之证。"即说"肥人不孕"者临床多见"月经不调、身体肥胖、痰涎壅盛、胸闷泛恶、苔白腻、脉滑"等症。

不止肥人如此，在《傅青主女科》有关不孕十证中尚有"瘦人不孕"一说："妇人有瘦怯身躯，久不孕育，一交男子，即卧病终朝。人以为气虚之故，谁知是血虚之故乎。或谓血藏于肝，精涵于肾，交感乃泄肾之精，与血虚何与？殊不知肝气不开，则精不能泄，肾精既泄，则肝气亦不能舒。以肾为肝之母，母既泄精，不能分润以养其子，则木燥乏水，而火且暗动以铄精，则肾愈虚矣。况瘦人多火，而又泄其精，则水益少而火益炽，水虽制火，而肾精空乏，无力以济，成火在水上之卦，所以倦怠而卧也。此等之妇，偏易动火。然此火因贪欲

而出于肝木之中，又是偏燥之火，绝非真火也。且不交合则已，交合又偏易走泄，此阴虚火旺不能受孕。即偶尔受孕，必致逼干男子之精，随种而随消者有之。"吴宾雁等人结合此说将瘦人不孕的机制总结为：多由于瘦人多火，易肝气不舒，抑郁化火，泄精则水愈少而火愈炽，水虽制火，而肾水易乏，肾精亏虚，母病及子，肝失所养，肝气不舒，而致水乏木燥，精血亏损，胞脉失养，冲任闭阻，不能成孕。

综上可知，"肥人多阳虚痰湿、瘦人多阴虚火热"，体型过偏也是导致疾病、影响转归的重要原因。不胖不瘦则是"守中"，食量适中，运动适中，生活节制，调畅情志，胖瘦适中，高矮适中，保持"中型"，则离健康更近了一步。

## （四）中央（中心）

"中央"一词，今指国家政权或政治团体的最高领导机构，如"党中央"。其与"中心""核心"相近，与"边缘""周边"相对。"中央"本为"四方之中"的意思，就是中间位置，上与下间，左与右间，四面八方之中间。如《诗经·秦风·蒹葭》："溯游从之，宛在水中央。"《荀子·大略》："欲近四房，莫如中央。"皆是这个意思。

但是随着历代对文本含义的丰富，"中央"一词的指代意义也逐渐升级。《韩非子·扬权》："天有大命，人有大命。夫香美脆味，厚酒肥肉，甘口而病形；曼理皓齿，说情而捐精。故去甚去泰，身乃无害。权不欲见，素无为也。事在四方，要在中央。圣人执要，四方来效。虚而待之，彼自以之。四海既藏，道阴见阳。左右既立，开门而当。勿变勿易，与二俱行，行之不已，是谓履理也。"这里的"中央"与"四方"相对，其指代意义就上升到了国家政权，即所谓"四方谓臣民，中央谓主君"。又如宋祁《宋景文笔记·杂说》："欲正四方，先定中央。中央，君也。"

另外，"中央"多指方位，即五行之中央，义见《素问·金匮真言论》，其谓："中央为土，病在脾""中央黄色，入通于脾，开窍于口，藏精于脾，故病在舌本，其味甘，其类土，其畜牛，其谷稷，其应四时，上为镇星，是以知病之在肉也，其音宫，其数五，其臭香。"又见《素问·阴阳应象大论》："中央生湿，湿生土，土生甘，甘生脾，脾生肉，肉生肺，脾主口。其在天为湿，在地为土，在体为肉，在藏为脾，在色为黄，在音为宫，在声为歌，在变动为哕，在窍为口，在

味为甘，在志为思。思伤脾，怒胜思；湿伤肉，风胜湿；甘伤肉，酸胜甘。"又有《素问·五运行大论》谓："中央生湿，湿生土，土生甘，甘生脾，脾生肉，肉生肺。其在天为湿，在地为土，在体为肉，在气为充，在藏为脾。其性静兼，其德为濡，其用为化，其色为黄，其化为盈，其虫倮。其政为谧，其令云雨，其变动注，其眚淫溃，其味为甘，其志为思。思伤脾，怒胜思，湿伤肉，风胜湿，甘伤脾，酸胜甘。"又有《素问·气交变大论》："中央生湿，湿生土，其德溽蒸，其化丰备，其政安静，其令湿，其变骤注，其灾霖溃。"皆是将中央与脾土坤德对应起来，指代了脾土系统。而对于脾土的功能同样用中央来叙述："脾为孤藏，中央土以灌四傍"（《素问·玉机真藏论》）、"脾者土也，治中央，常以四时长四藏"（《素问·太阴阳明论》）。

又有《素问·异法方宜论》："中央者，其地平以湿，天地所以生万物也众，其民食杂而不劳，故其病多痿厥寒热，其治宜导引按蹻，故导引按蹻者，亦从中央出也。"则是用"中央"指代四方之中间地域。相当于位置性的指代，即"位于中"，这种情况还见于针刺选穴方面：如《素问·骨空论》中出现的 4 次"中央"，《素问·气穴论》的"顶中央一穴"，《素问·气府论》的"顶中央二""喉中央二"，《素问·缪刺论》中的"刺足下中央之脉各三痏"，《灵枢·本输》中的"委中，腘中央""七次脉，颈中央之脉，督脉也"，以及《灵枢·邪气藏府病形》中的"膀胱合入于委中央""若脉陷，取委中央"。

所以，"中央"从中间、中心逐渐上升到了君主王权和政治核心的高度，而其"脾土坤德"之象、体、用的指代内涵又是中医学必须掌握的！从"位于中"到"交于中"，再到"守于中"，最后到"致中和"，则需要一个复杂的过程。

习近平总书记在"中医孔子学院"授牌仪式上指出："中医学凝聚着深邃的哲学智慧和中华民族几千年的健康养生理念及其实践经验，是中国古代科学的瑰宝，也是打开中华文明宝库的钥匙。深入研究和科学总结中医学对丰富世界医学事业、推进生命科学研究具有积极意义。"在党的十九大报告中强调"中国有自己的科学传统，中医药就是中国传统科学最具代表性的门类之一。"这些都是高度地将中医学定位至中华文化的核心。相对于此，敦煌医学文化则是被"边缘化"的学科，富含了民族医药学和宗教医药学的边缘内容。想要将其开发利用，则需将其高度重视：从边缘学科变化为"医药学显学与新

秀”，甚至可以填入中医学的必修内容。

事实上，敦煌医学文化中隐匿着标示东方智慧的哲学思想和"三阴三阳开阖枢"气化理论，即便是现代中医学对其的认识亦渐行渐远、日渐边缘。但是，"三阴三阳开阖枢"气化理论对提高中医基础理论认识水平具有极其重要的意义，对揭示《伤寒论》《金匮要略》经方的组方思想、提高《伤寒论》《金匮要略》经方的临床运用水平具有极高的学术和临床价值。甚至可以说，"六经开阖枢气化"理论之对于中医学，就好比"瑜伽、吠陀、三脉七轮"之对于古印度传统医学。

敦煌医学文化中的民族医药学和宗教医药学等的边缘内容，对拓展和丰富现今中医临床和中医学也有着重要的意义；其完整的传承方式和系统的典藏途径是现代中医复兴之路的参照，更是中医学传承与民族医药学传承的成功模板；在题材上它图文并茂，亦可作为现代中医学基础理论教学和实训的借鉴；此外，敦煌医学文化中还具有许多尚未开发的医疗工具和理疗方法，以及养生保健方式，这些都是其现代应用的研究范畴，可以丰富、健全祖国医学的经典内容。敦煌医学文化中高度凝聚、系统深奥、丰富庞杂的医学宗教文化体系和哲学思想体系，又可以补充现代中国式文化的内容……深入研究相对"边缘化"的敦煌医学文化和相对"中央化"的中医学之间的关系，就是在研究、挖掘、实践敦煌医学文化的现代价值。

## 二、谈气宜中

### （一）中正

"中正"一词也有很多含义，前人所将此作为对人行为准则的要求。如《礼记·乐记》谓："中正无邪，礼之质也；庄敬恭顺，礼之制也。"《礼记·儒行》："儒有居处齐难，其坐起恭敬，言必先信，行必中正。"又有《春秋繁露·循天之道》谓，"故仁人之所以多寿者，外无贪而内清净，心和平而不失中正，取天地之美以养其身，是其且多且治""行中正，声向荣，气意和平，居处虞乐，可谓养生矣"。基本上可以看出都是将"中正平和"奉为修身与行为之基本准则。《大戴礼记·劝学》的"是故君子靖居恭学，修身致志，处必择乡，游必就士，所以防僻邪而道中正"一句中则是将"中正"与"僻邪"相对而言。

"僻"即偏僻，"邪"即邪秽，指要远离"僻邪"而走坦途大道。再有《商君书·开塞》谓："故贤者立中正，设无私，而民说仁""亲亲者，以私为道也，而中正者使私无行也"，则又将"中正"立为"无私"之法。

这里说的"中正"，是指基于人体生理尤其是正常的"气交生化"过程所表现出来的"中正之气"！

### 1. 正气存内，邪不可干

"中正之气"首先是指人体之"正气"，与"邪气"相对，而"正气存内，邪不可干"也几乎成了中医药人的"口头禅"。

"正气存内，邪不可干"，语出《素问·刺法论》，"黄帝曰：余闻五疫之至，皆相染易，无问大小，病状相似，不施救疗。如何可得不相移者？岐伯曰：不相染者，正气存内，邪不可干。避其毒气，天牝从来，复得其往，气出于脑，即不邪干。气出于脑，即室先想心如日，欲将入于疫室，先想青气自肝出，左行于东，化作林木；次想白气自肺出，右行于东，化作戈甲；次想赤气自心而出，南行于上，化作焰明；次想黑气自肾气出，北行于下，化作水；次想黄气自脾而出，存于中央，化作土。五气护身之毕，以想头上如北斗之煌煌，然后可入于疫室。"该句又多与"邪之所凑，其气必虚"并用，阐述机体"正气"的重要性。

一般认为，"正气即人体的生理机能，主要指其对外界环境的适应能力、抗邪能力，以及康复能力"，也有认为正气与邪气相对，是指"人体之中具有抗病、祛邪、调节、修复等作用的一类细微物质"。前者表明其"功能性"，后者表明其"物质性"，二者属于看待同一事物的两个不同角度，类同于基于不同的"位"得到不同的内涵。徐宁等统计出《黄帝内经》162篇中"正气"二字相连者共12处，其中两字连读者11处，并指出其三类含义：其一，与"邪气"相对而言；其二，特指"正风"；其三，又是与"真气""精气"同义。又说："当有邪气侵袭人体时，人气就会发挥抗病驱邪的作用，故又称'正气'。"其中"真气"与"精气"偏于其"物质性"，与"邪气"相对偏于其"功能性"。而言"正风"意在说明其风之来顺应四时之方位，云"正风者，其中人也浅，合而自去，其气来柔弱，不能胜真气，故自去"，谓其"其性柔弱，虽中人，而不导致疾病"。

其实在"位"中曾说过"天地有位，阴阳有位，诸气皆有位；得其位则和，

失其位则殃（病）"；在论及"交"中又说过"气交于中，而不易其交"，那么推究上面同时具有物质性、功能性的人体"正气"，其核心本质特点就是"不失其位、不易其交"。易其交则不中，失其位则不正，不中正即为邪气。换言之，与生理位、时空位相一致的气就是"中正之气"，若失其位则变成了"邪气"。人体之气，各居其位，各司其职，正常地进行生理所必需的"气化交变"过程，而不是发生清浊相干、阴阳相乘、上下相凌及相火离位等的失其位、易其交的情况，方可成为"中正之气"。

**2. 君子之气与"正气散"**

具"中正之气"者，具君子之风，经典方剂"四君子汤"便以"君子"命名该方，其义颇与"中正"相近。

四君子汤之名，见于《太平惠民和剂局方》卷三（新添诸局经验秘方）（有人疑其为《圣济总录》卷八十"白术汤"之异名）：人参、白术、茯苓、甘草各等份，为细末，每服二钱，水一盏，煎至七分，通口服，不拘时，入盐少许，白汤点亦得。其谓："常服温和脾胃，进益饮食，辟寒邪雾瘴气"，用治"荣卫气虚，脏腑怯弱，心腹胀满，全不思食，肠鸣泄泻，呕哕吐逆"。方名为"四君子"，清代汪昂的《医方集解·补养之剂》言："以其皆中和之品，故曰君子也。"清代张璐的《伤寒绪论》卷下释："气虚者，补之以甘。参、术、苓、草甘温益胃，有健运之功，具冲和之德，故为君子。"清代王晋三的《绛雪园古方选注》中卷曰："汤以君子名，功专健脾和胃，以受水谷之精气，而输布于四脏，一如君子有成人之德也。"晚清谢观的《中国医学大词典》则总结道："四物均甘温之品，扶助中宫，展布津液，不偏不倚，纯粹无疵，故有君子之称。"可见四药平和，不偏不倚，补养正气而"成人之美"为主，故时人以"君子"名美之。

脾胃居中宫，受天地之气交，以先天之数五生，以后天之数十成，而其他四方、四旁之生成皆赖以数术之"五"而生成；其又为气机升降之枢纽，负责输注转运饮食水谷所化精微，清气由此而上承，浊气由此而下传，为机体"后天之本"；脾胃之气最为平和，若逆乱则生祸端，称为"脾胃不和"而上下为逆。扶助脾胃平和之气，即为补益人体正气之最简单法门，故以平和之药补益脾胃平和之气，即以君子之药补君子之气，补的就是人体的"中正之气"。

无独有偶，与之相关还有如"正气散"类方剂，亦同理。《太平惠民和剂

局方》中即有"不换金正气散"一方，为平胃散方（苍术、陈皮、厚朴、甘草）中加半夏、藿香而成，后世又多将有"藿香"的方子名义"正气散"，如藿香正气散。脾有喜燥恶湿之特性，脾之与湿，五行相通，脾虚不运最易生湿，水湿为患最易困脾。平胃散实则治脾胃方，方中苍术燥湿运脾，厚朴行气化湿、消胀除满，陈皮行气化滞，炙甘草健脾和中、调和诸药，共成燥湿运脾、行气和胃之功。而增入一味藿香，其性味辛微温、芳香而甘，可助太阴脾开而得以运化水湿浊气，最易祛湿、化浊，解中洲脾土之困。而半夏既能燥湿，又可降胃气之逆。诸药合用，湿浊之困得除，脾气得运，胃气得降，脾胃重归平和，而显中正之气。

所以，只有"不失其位、不易其交"时才是生理之正气，而有助于此又得平和之气的方剂即为"君子"之方，又可以"正气"名之。

### 3."敦煌医学文化"之中正之气

敦煌医学文化实由中医学文化、宗教医学文化、民族医学文化和外来医学文化在"敦煌位"上交汇、融合、沉淀而成。中医学文化最近中庸之道，而中庸之道就是伸张"中正"之义。东汉郑玄谓："名曰中庸者，以其记中和之为用也。庸，用也。"程颐谓："不偏之谓中，不易之谓庸。中者，天下之正道；庸者，天下之定理。"朱熹也谓："中者，不偏不倚，无过无不及之名。庸，平常也。"可以说，中医者，致中和。

宗教医学文化中以佛、道为主，且抛开医学不言，单说其教义之共同点，就是在教化世人"与人为善"的修行，佛家更是有"依正不二"将心境之平和、清净的提法，而道家又有"天人合一"以顺应自然的说法，皆是教人不卑不亢、不偏不倚得其中正平和的道理与修为。民族医学文化最得朴实、中正，实"思无邪"之遗风，外来之医学文化也皆被"中化"而从"中正"之义。所以不论其文化背景还是医学内容，敦煌医学文化皆具中正之气。

### （二）复中

"中"是中医认识、预防、诊断和治疗疾病过程中最基本的立场、标准和原则，而"复中"思想则从始至终贯穿着这整个过程，与纠偏、求平、调中等词同义。

"复中"就是以平为期！人体是一个以心为主宰，五脏为中心，通过经络

"内属于脏腑,外络于肢节"联系的有机整体,脏腑、气血、阴阳之间相互协调、互相制约保持相对平衡稳定,而人体悬身立命于天地之中又与天地之气保持相对和谐关系,一切皆以平为期:对机体,阴平阳秘,精神乃治;对天地,天地交泰,阴阳和平。脉象之"复中"也以平为期:有胃、有神、有根,脉势和缓、往来从容、节律均匀、柔和有力,一息四五至。

"复中"就是调平、致中和!《素问·阴阳应象大论》谓:"阴胜则阳病,阳胜则阴病。"《素问·至真要大论》谓:"帝曰:善。治之奈何?岐伯曰:高者抑之,下者举之,有余折之,不足补之,佐以所利,和以所宜,必安其主客,适其寒温,同者逆之,异者从之。"又谓:"帝曰:治之何如?岐伯曰:治诸胜复,寒者热之,热者寒之,温者清之,清者温之,散者抑之,抑者散之,燥者润之,急者缓之,坚者软之,脆者坚之,衰者补之,强者泻之,各安其气,必清必静,则病气衰去,归其所宗,此治之大体也。夫气之胜也,微者随之,甚者制之,气之复也,和者平之,暴者夺之,皆随胜气,安其屈伏,无问其数,以平为期,此其道也。"黄元御谓:"各安其气,必清必静者,安其胜复之气,平而无偏,必使之复其清和宁静之常也。归其所宗者,还其本原也。治胜复之法,扶其不足,抑其太过,皆随其胜气而治之,安其屈伏而不胜,无问其数,总之以平为期,此其道也。"

总之,中医的"复中"就是用气功导引、药石针灸等方法调节机体阴阳以补不足、损有余,以平为期而纠偏复其中,终使机体气机各安其"位"、各复其"交"而"致中和"。

## (三)中气

### 1. 表里之中气

表里的问题一般在八纲辨证里说,即表里辨证法,是辨别疾病病位和病势趋向的两个纲领,将相对在外人体的皮毛、肌腠、经络归属于表,将相对在里的脏腑、气血、骨髓归属于里,另外相对的可以延伸出半表半里的问题。而在这里要说的"表里之中气"则是与之稍有关联的另一个层面的内容。

肌腠皮毛是在表的第一道屏障,防御卫外是其最基本的功能,即卫阳之气的功能,《灵枢·本藏》谓:"卫气者,所以温分肉、充皮肤、肥腠理、司开合者也。"所以卫阳之气(卫气)就属于这里的"表气",而表气的另一部分就是与卫

气和谐在表的营气。当外感邪气侵袭人体的时候，表气（在表的正气）首先与之抗争，抵御邪气中伤机体，防止邪气影响机体"太阳为开"的功能，一旦邪气影响到了机体"太阳为开"的气化功能则表现为太阳病。而卫阳表气实际产生于中焦，借助肺气的宣发作用而行于脉外、补散于周身皮腠，换言之表气根于中焦脾胃之气，即表气根于中气。中气，主运中宫脾胃气机，而后"以灌四旁"，不断补充表气，济养先天元气。而这里的先天元气居于最里，即为里气。可以说表气卫外，根于中气；中气守中宫又可补充表气、济养里气，而根于里气。表气根于中气，中气根于里气，所以也才会有发汗法"拔肾根、动冲气"说法，而这里的冲气显然也是里气的范畴。

表气跟中气的关系在外感病初期阶段的诊治过程中极为重要。桂枝汤方中明确指出"禁生冷、黏滑、肉面、五辛、酒酪、臭恶等物"的忌口要求，很少有人注解其原因，郝万山教授注意到了这一点，并详细地作了讲解（摘自"郝万山《伤寒论》70 讲"视频文字版，吴彬才校正）：下面的"禁生冷"（生冷食物容易伤胃阳的）、"黏滑肉食"。"黏滑"即不好消化的肉面。仲景在河南南方一带行医，那个地方的人吃大米比较多，也许吃肉比较少，可能对肉食、面食他们认为是不好消化的。但是对于有些民族，他们以吃肉为主，那么肉食对他们来说就是好消化的，所以我们在这里对肉面是不是好消化，是不是要禁忌，主要看这个地方的人的饮食习惯。我们家养猫，有一次猫得了感冒了，我对我爱人开玩笑，我说"猫得了感冒了，可不能给它吃肉了，吃肉不好消化，影响正气趋向于体表，影响解表"，她呵呵笑了，说"猫就是天生吃肉的东西，吃肉对它来说，是最好消化的，你给它吃大米饭，它从来不爱吃"。所以肉对猫来说是不禁忌的。许多欧洲人，主食就是肉，人家不怎么吃粮食，你说人家得了感冒了，让人家吃平素不吃的粮食，别吃肉了，那就不现实。所以肉面在这里是指不好消化的食物。这要因人而异。"五辛"就是凡是有刺激味的蔬菜。葱蒜香菜等等。"酒酪"，酒是对胃子有刺激的，酪是乳制品。这些都要因人而异。"臭恶"，臭是气味。《说文解字》说"臭"是后犬可以追踪前犬之所至。后面的狗为什么可以找到前面的狗呢？是气味。臭就是气味。臭恶，就是气味不良的食物。如臭豆腐，气味臭，但很多人都爱吃。但是，我们得了外感病的时候，这些食物，或者是生冷的，容易伤害卫

阳；或者是不好消化的，容易把正气撒向体内的，这样不利于解表。所以，我们要求得了外感病，对于一切生冷的，对于不好消化的，妨碍胃气的都应当禁忌。

可以看出几个要点：正气趋向于体表以解表，有些（生冷的）食物本身可能会损伤卫阳，饮食不宜消化的食物容易把正气撒向体内而不利于解表。而忌口的原因总结起来就一点：这些食物妨碍胃气。"胃气"是学习《伤寒论》最先该掌握的内容，正所谓，"胃气是五脏的后勤部，运中土，溉四旁，保肾气，是治病救危一大法门，五脏皆禀气于胃也""留得一丝胃气，便留得一线生机"。这里的胃气，就是中焦的正气，就是中焦的中正之气。《伤寒论》条文97条的"血弱气尽，腠理开，邪气因入，与正气相搏，结于胁下……小柴胡汤主之"一句就是说，表气不足以抗邪而邪气内传的情况，而其中与邪气相搏的"正气"就是源自"中气"，所以小柴胡汤中除柴芩半夏外皆是补益中气的中药，中气即中焦之正气，用参、姜、草、枣补益中焦之正气，补助表里气血，扶正以抗邪。

### 2. 中焦之气

（1）中焦化气：中焦是"三焦位"中的概念，《灵枢·营卫生会》篇谓，"中焦如沤"。中焦之气最能体现人体"中正之气"的概念，如前面君子汤、正气散的解读；中焦之气又为后天之本，即"脾胃为后天之本"之说。那么在这里要说的"中焦之气"就是中焦化生的人体正气，也可以叫"中焦化气"，而"中焦化气"也是"三焦出气"的核心内容（图3-6），其具体的内容在论文《基于"位思维"图解〈内经〉"清者为营，浊者为卫"》中完整呈现，这里将其做一简单介绍。

《灵枢·邪客》谓，"五谷入于胃，其糟粕、津液、宗气分为三隧"，中焦受纳水谷经"胃气腐熟"与"脾气散津"的作用可以"蒸津液、化精微"而为"清"，可以"泌糟粕"而为"浊"。滑寿《难经本义·难经图》谓："清者，体之上也，阳也，火也。离中之一阴降，故午后一阴生，即心之生血也。故曰清气为荣。浊者，体之下也，阴也，水也。坎中之一阳升，故子后一阳生，即肾之生气也。故曰浊气为卫。"所以可以看出荣卫、清浊之气皆从中焦化生，而荣卫之气是人体正气的基本组成部分，由此可见中焦化气的重要性。

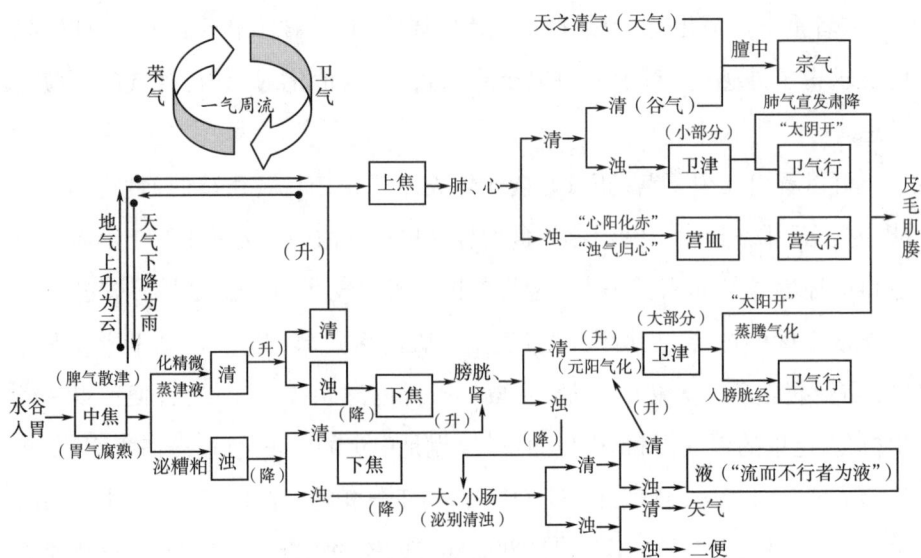

图 3-6 "中焦化气"之营卫生化动态全过程图

（2）中宫之气：为什么要把"中宫之气"单独提出来？其实就是中焦之气的一个功能的特殊方面而已，即升举脏腑。

实际上，人体与之对应的大致可以分出两个方面来：

胸中大气——宗气，腹中大气——中气。

宗气的功能主要体现在"走息道以司呼吸，贯心脉以行气血"，而中气的功能除了上文提到的脾胃运化、腐熟及化营卫、清浊外还有一个特殊的功能，就是这里单独说的作为中宫之气以升举脏腑。倘若中气不足，则脏腑维系的升举之力减弱，内脏器官位置相对下移，脾气虚陷，可导致清浊升降失调，清阳不升，浊气不降，故可并见少腹胀满重坠，便意频频之症，可形成胃下垂、肾下垂、子宫脱垂、脱肛等病症。这就是中气下陷证，又可细分出膀胱失约、清阳不升等，补中益气汤正其主方。关于中宫之气推动、统摄、温煦、濡养、气化、防御的细节内涵这里不再论述。

3. "中见之气"

"中见之气"是运气学专用术语，《黄帝内经》有"标本中气论"的论述。《素问·至真要大论》："帝曰：六气标本，所从不同，奈何。岐伯曰：气有从本者，有从标本者，有不从标本者也。帝曰：愿卒闻之。岐伯曰：少阳太阴从本，少阴太阳从本从标，阳明厥阴不从标本从乎中也。故从本者，化生于本，从标本者,有标本之化,从中者,以中气为化也。帝曰:脉从而病反者,其诊何如。岐伯曰:脉至而从,按之不鼓,诸阳皆然。帝曰:诸阴之反,其脉何如。岐伯曰:脉至而从,按之鼓甚而盛也。是故百病之起,有生于本者,有生于标者,有生于中气者,有取本而得者,有取标而得者,有取中气而得者,有取标本而得者,有逆取而得者,有从取而得者。"《素问·六微旨大论》谓:"少阳之上,火气治之,中见厥阴。阳明之上,燥气治之,中见太阴。太阳之上,寒气治之,中见少阴。厥阴之上,风气治之,中见少阳。少阴之上,热气治之,中见太阳。太阴之上,湿气治之,中见阳明。所谓本也。本之下,中之见也。见之下,气之标也。本标不同,气应异象。"

《类经》曰:"中气,中见之气也。如少阳厥阴互为中气,阳明太阴互为中气,太阳少阴互为中气,以其相为表里,故其气互通也。"

实际上,《黄帝内经》指出了"标本中气"的一般分配规律,六气标本中气的分配规律是:少阳以火为本,以少阳为标,以厥阴为中见之气;阳明以燥为本,以阳明为标,以太阴为中见之气;太阳以寒为本,以太阳为标,以少阴为中见之气;厥阴以风为本,以厥阴为标,以少阳为中见之气;少阴以热为本,以少阴为标,以太阳为中见之气;太阴以湿为本,以太阴为标,以阳明为中见之气。总之,上之风寒暑、暑湿燥火的天之六气为三阴三阳之本,下之太阳、少阳、阳明、太阴、少阴、厥阴的三阴三阳为六气之标,而兼见于标本之间者,因阴阳表里相通,如少阳厥阴为表里,阳明太阴为表里,太阳少阴为表里,故彼此互为中见之气。同时,也指出了"标本中气"的一般从化规律:标本同气,皆从本化;标本异气,从本从标;阳明厥阴,不从标本,从化中气。

### (四)中药

《中药学》教材定义中药是"以中国传统医药理论指导采集、炮制、制剂,说明作用机理,指导临床应用的药物""是在中医理论指导下,用于预防、治疗、诊断疾病并具有康复与保健作用的物质"。历代以"本草"将之学问沿袭流传。

#### 1. 中药的"中"是一种"站位",一种"立场"

与"中医"一样,中药的"中"也是一种"站位",一种"立场",提示其必须是在中医药理论指导下的才能叫中药,否则顶多被视为药用植物。在

前文对中医学、古印度医学、敦煌医学的对比中已经提到过，这种原则、立场上的区别，直接决定了是传统医学还是自然疗法，是传统药物还是药用植物。

历代本草种类繁多，其收录记载中药数量也巨丰。敦煌遗书中本草学的卷子也较为丰富，抛开"杂疗经验方剂"和"宗教熏浴香药"，较为完整的"本草"学卷子也就显得弥足珍贵：涉及本草学相关的有 P.3714 卷、S.4534 卷、P.3822 卷及"李氏（即李盛铎）旧藏本"是《新修本草》的古抄本，龙 530 卷为陶弘景《本草经集注》残卷，S.76 卷与 S.7357 卷为孟诜（shēn）《食疗本草》早期写本，S.5968 卷含有《本草经集注》《亡命氏本草序例》中药物总论部分内容，另外 S.5614 卷、P.2882 卷、P.3930 卷及 P.2115 卷中尚提及了"河内牛膝""上蔡防风""中台麝香""泰山茯苓""江宁地黄"等道地中药等。而药用植物上升到中药的层面也必须用中医理论将其作用阐述清楚，如柯子、胡椒、胡黄连、安息香、天竺黄等从西域传入后经中医药理论指导得以实践应用获效。

### 2. 中药还指"中品"

《神农本草经》将中药分为上、中、下三品，其曰："太一子曰：'凡药，上者养命，中药养性，下药养病。'"又说，"上药……为君，主养命以应天""中药……为臣，主养性以应人""下药……为佐使，主治病以应地"。《抱朴子·仙药》篇的"神农四经曰，上药令人身安命延……中药养性，下药除病"也是将这种称谓沿袭，又如《太平御览·方术部·养生》"故神农曰'上药养命，中药养性'者，诚知性命之理因辅养以通也"亦是如此指代。所以中药以"养性"而"应人"，其无毒有毒当斟酌其宜，皆是要在中医理论指导下调节人体气化功能，以平为期，以"中"为期，而"致中和"。

### 3. 中药之"中"是言其可以纠偏扶正

张景岳《类经·本草正》中谓："药以治病，因毒为能，所谓毒者，因气味之偏也。盖气味之正者，谷食之属是也，所以养人之正气，气味之偏者，药饵之属是也，所以去人之邪气，其为故也，正以人之为病，病在阴阳偏胜耳……大凡可辟邪安正者，均可称为毒药，故曰毒药攻邪也。"唐容川《本草问答》中谓："天地只此阴阳二气流行，而成五运，对待而为六气。人生本天亲地，即秉天地之五运六气以生五脏六腑。凡物虽与人异，然莫不本天地之一气以生，特物得一气之偏，人得天地之全耳。设人身之气偏胜偏衰则生疾病，又借药物一气之偏，以调吾身之盛衰，而使归于和平。"又有徐灵胎《神农本草经百种录》谓："物之杂者、偏者，反能以其所得之性补之、救之。"皆是言其纠偏扶正的本质。而中药在天地之中，其物性得天地气化交感而生，其作用于人体之中又是调和机体阴阳气交变化，是生于天地阴阳气化而调和机体阴阳气交变化，是从"气交变"中求"气交中""气交和"。

### （五）中枢、枢纽

《说文解字》谓："枢，户枢也，户所以转动开闭之枢机也。"出入之门有开有阖，门轴则为掌控开阖的枢纽；由于门轴是门上的关键部分，所以引申出重要、关键的意思。《释名》谓："枢，机也，要髀股动摇如枢机也。"所以，枢，即枢机，《易·系辞上》谓："言行，君子之枢机，枢机之发，荣辱之主也。"皆是比喻事物的关键部分和中心环节。与"中"联用时即称"中枢"，则更加体现其重要性，故后来也被代指中央政权的机要部门或职位，也被用来表现机体内最重要、关键的系统，如中枢神经等；与"纽"联用时即成"枢纽"，亦"比喻冲要的地点，事物的关键之处"，后来则又用以说明线路交叉点、设备综合体，如交通枢纽、水利枢纽等。而在人体也有类似于门轴开阖、枢纽的综合内容，即是我们长期以来致力于在敦煌医学文化中挖掘的"三阴三阳开阖枢"气化理论，其中以少阳、少阴为枢。

刘红霞等人运用"少阳为枢"解读了小柴胡汤的方义及其临床应用，指出，"门的开合灵活离不开枢，开合不利多与枢相关。人体之门也是如此，气机升降出入都要依靠门，门开启就是阳气的升和出，门关闭就是阳气降和入，而开合依靠的是少阳之枢来调节，所以调枢机就能调开合，调开合就能调气机的升降出入，枢机可谓牵一发而动全身""少阳经脉循行于表里之间，外则太阳，内则阳明，且'少阳多气少血'，外从太阳之开，内从阳明之合，起到枢机的作用""少阳主枢，如病理因素影响少阳枢机病变，势必将影响太阳和阳明的生理功能正常发挥，犹如门轴坏了，开和关的功能都受影响。所以治疗少阳病主要是调枢机，即和解少阳，《伤寒论》中集中体现在小柴胡汤系列方证中"。并将小柴胡汤调节少阳枢机分为四个方面的核心机理：运转表里、斡旋升降、布达气血、调节阴阳。

"少阳为枢""少阴为枢"首见于《素问·阴阳离合论》。《素问·阴阳离合论》云:"三阳之离合也,太阳为开,阳明为阖,少阳为枢。三经者,不得相失也,抟而勿浮,命曰一阳……三阴之离合也,太阴为开,厥阴为阖,少阴为枢。三经者,不得相失也,抟而勿沉,命曰一阴。""枢"就是门轴一开一阖之间的调节,则有赖于"枢"的功能,少阳为三阳之枢,意言少阳既能枢转太阳使春生阳气上升,阳气上升,万物皆能化生,又能枢转阳明使秋收阳气下降,阳气下降,万物皆能收成。汪切庵注:"少阳乃初生之阳,转输阳气,故为枢。"张景岳云:"少阳为枢,谓阳气在表里之间,可出可入,如枢机也。"人体六经经气处在不断地开阖枢运行变化中,以适应自然界的气候变化,从而维护了人体和自然环境间的协调统一:太阳、太阴为开,转输阳气阴津于周身肤表;阳明、厥阴为阖,闭阖阳气阴血于胃肠肝中;而少阳、少阴为枢,少阳能枢转太阳、阳明之阳气开阖,以少阳胆、少阳三焦为主转输气液,外以助太阳之开,内以助阳明之阖;少阴能枢转太阴、厥阴之阴气开阖,以少阴心、少阴肾为主转输血精,外以助太阴之开,内以助厥阴之阖。足可见,少阴、少阳枢机在开阖枢理论中扮演了中心环节和关键部分的角色。

此外,机体功能上还有诸多可以以"中枢"来命名的系统,如现代医学所谓的呼吸中枢、神经中枢、语言中枢等,其大多是指中枢神经系统的内容范畴。传统医学理论中也有其他"中枢",例如:在人体,心火的下济、肾水的上奉要通过中焦,胃气的降浊、脾气的升清要通过中焦,肺气的肃降、肝气的升发要通过中焦……毫无疑问,中焦是人体气血、阴阳、水火乃至气机升降的枢纽,即为"中焦枢";主要存在于中焦的脾胃之气(尤其是胃气),对机体气血、阴阳、水火乃至气机升降又有主动的调节和控制作用,亦即胃气斡旋气机的作用,即为"脾胃中枢"。因此,所谓"中枢",即占据重要的"位",可以进行核心的"交",能够完成必要的"中",最终达到预期的"和",在自然、机体气交变化全过程中发挥着极其重要的作用。

### (六)《易》经中的"时中"说

倪南等人在探讨"中"字所体现的中国哲学思想精髓时引用了清代惠栋《易汉学·易尚时中说》中的相关内容,较为全面地论述了"中"在《易经》中的文化地位。

在通行本《周易》中，"中"的出现频率高达119次（不包括作为卦名的"中孚"），其中的大部分在《易传》中。作为对前哲学阶段的卜筮之书《易经》的哲学阐发，与"中"相关的重要概念在《易传》中有"中正""刚中""中行""中节""得中""中道""中吉""柔中"及作为易卦卦名的"中孚"。"中"在易卦的卦象体系中原本有特定的指称，即"中位"和"中爻"。六爻中，若以全卦观之，则在六爻中居中的二、三、四、五爻为所谓的"中爻"；若以上、下卦分别观之，则第二爻当下卦之"中位"，第五爻当上卦之"中位"。凡阳爻居中位，则多称为"刚中"，象征"刚健守中"；凡阴爻居中位，则多称"柔中"，象征"柔顺守中"。如果阴爻处于下卦之中位，阳爻处于上卦之中位，则就是所谓的"中正"，是易爻中尤具美善的象征。

《周易》中其他一些与"中"相关的概念也多与卦象的位置之"中"有关。《周易》的六爻卦象是模拟事物运动变化一个相对完整的周期中不同阶段所表现出的不同特征的"图示"体系，六爻的爻位，象征着事物的运动变化过程中所处的或上或下、或贵或贱的地位、条件、身份等不同的状态，其中二爻之位象征事物发展形态初具，朝气蓬勃，时当积极进取；五爻之位则象征事物发展规模完备，功成圆满，时当处盛戒盈。这两爻所象征的发展阶段是事物运动变化周期中的枢纽和关键所在，所谓的"中正""得中""中吉"等多就此两爻发，皆谓持此"中"不偏倚而获吉祥。这就意味着，《周易》之"中"的核心在于"时中"，顺时而行，待机而动，则可"以亨行时中"（《周易·彖传·蒙》），得"中行""中道""中节"而"中正"，"易道深矣，一言以蔽之，曰'时中'"。

"中之义为《易》所摄取，作《易》者的基本认识，是以为宇宙万物均在变化之中……人乘此变化，当处于中正之地位，使对立物无过无不及，使在人事界的变化，可以不至于走到极端（'亢'），因而变化便可以静定下来，地位便可以长久安定（'永贞'）下去。这样便有百利而无一害"（郭沫若《十批判书》）。《周易》的"时中"观念根植于其对世界对立统一矛盾运动的深刻认识和把握。从一卦六爻分别喻示事物发展的不同阶段看，二爻、五爻此两爻因居中位而得道，位尊处优，故每每大吉，从《周易》的成书过程和对后世哲学的影响看，其"时中"思想与儒家的中庸之道是源流相关、一脉相承的。"故尝谓六十四卦，三百八十四爻，一言以蔽之，曰'中'而已矣。子思述孔子之意，而作《中

庸》，与大《易》相表里"（清代钱大昕《潜研堂集·中庸说》）。待机而动的"时中"，是对无过无不及的"中庸"最好的方法论诠释。

不难看出，"中"在易爻中也有着重要的内涵。在"敦煌爻"中已探讨过"易中之爻"，并试图得出"'知位言爻'或为开启易之象数的钥匙"的定论。这些探讨实际上都意在展示卦爻气化层面"中位""中爻"的关键作用。但通过倪氏的论述，可以更为快捷地把握"二五之爻"因占据"中位"而发挥较为关键的"气交"作用，并以此来认定卦爻所体现出来的"刚中""柔中"及"中正"之气。至于其核心"时中"则是对这一系列因"中"而"顺时"发生的气交变化过程的高度总结。由此类比，敦煌文化尤其是敦煌医学文化正占据着中医学、古印度医学和西方医学的"中位"，其关键性地位也就不言而喻了。

# 三、谈神宜中

## （一）喜怒哀乐之未发

《中庸》谓："喜怒哀乐之未发，谓之中；发而皆中节，谓之和。中也者，天下之大本也；和也者，天下之达道也。致中和，天地位焉，万物育焉。""喜怒哀乐之未发"是儒家对"中"的解读，其旨义深奥。《朱子语类·中庸一》谓："答徐彦章问'中和'，云：'喜怒哀乐未发，如处室中，东西南北未有定向，所谓中也。及其既发，如已出门，东者不复能西，南者不复能北。然各因其事，无所乖逆，所谓和也。'"然而，即便这样的解读也能牵引出不一样的解释。

如处室中，在四方中间，可东西可南北，也就是在中央的意思；相仿，对应四种情志，可喜乐可哀怒，可以向着四种情感发展变化，就是在变化之中的意思。前半句可视，后半句可感。这可想到"黄帝四面"，《尸子》曰："古者黄帝四面。"无独有偶，《河图》曰："苍帝方面，赤帝圆面，白帝广面，黑帝深面。"也就是说，上古黄帝居中央而面四方，黄帝就是中央，是四方的核心，他是九州之主，甚至可以理所当然地把他看作宇宙和世间的中心，统治四方，亦象征着中央生出四方、四象，是整个天下的枢纽，亦名"中枢"。

"喜怒哀乐之未发"，四种情志自心中而生，心之中枢动情则发，中枢动则四志生。有人也将其解读为对情感的约束，认为"喜怒哀乐之未发"就是对自我情绪、主观认识的控制和约束，能约束住、控制住就是"中"。更像是把"中"

看成了修养、规矩，这倒也算是"守中"。约束住情绪，或者调畅情志而不发生喜怒哀乐，就是心平气和，就是"中平"。一旦表现出来喜怒哀乐，又能够有礼有节，有一定的度，合乎礼仪法度，也还算"和"。

董仲舒的《春秋繁露》则将"喜怒哀乐"与"春夏秋冬"关联，《为人者天第四十一》谓："人生有喜怒哀乐之答，春秋冬夏之类也。喜，春之答也；怒，秋之答也；乐，夏之答也；哀，冬之答也。"《王道通三第四十四》谓："天有寒有暑，夫喜怒哀乐之发与清暖寒暑，其实一贯也。喜气为暖而当春，怒气为清而当秋，乐气为太阳而当夏，哀气为太阴而当冬。""爱气以生物，严气以成功，乐气以养生，哀气以丧终，天之志也。是故春气暖者，天之所以爱而生之；秋气清者，天之所以严而成之；夏气温者，天之所以乐而养之；冬气寒者，天之所以哀而藏之。春主生，夏主养，秋主收，冬主藏。"蔡杰将董子的这种对应大致解释为：爱气即是喜气，性暖象春，可以化生万物，即"春主生"；乐气性温（暑）象夏，可以养育万物，即"夏主养"；严气即是怒气，性清象秋，可以收成万物，即"秋主收"；哀气性寒，可以终结万物，即"冬主藏"。

董仲舒还说："人无春气，何以博爱而容众？人无秋气，何以立严而成功？人无夏气，何以盛养而乐生？人无冬气，何以哀死而恤丧？"并且"天无喜气，亦何以暖而春生育？天无怒气，亦何以清而秋杀就？天无乐气，亦何以疏阳而夏养长？天无哀气，亦何以激阴而冬闭藏？"也就是说，人本来该有喜怒哀乐四种情志，就好比天地有初夏秋冬四种季节规律变化，春温、夏热、秋燥（凉）、冬寒以主正常气化的生长收藏过程。同样，也可以把"喜怒哀乐之未发"理解为"春夏秋冬之未发""温热燥寒之未发"，这些都是"中"的状态；而一旦发生，只要合乎法度而无太过、不及，则为"和"的状态。

### （二）允厥执中

"允厥执中"词出自《书·大禹谟》，其谓："人心惟危，道心惟微，惟精惟一，允执厥中。"明代方孝儒："圣人之道，中而已矣，尧、舜、禹三圣人为万世法，一'允执厥中'也。"是故"允厥执中"首先就是历代帝王治理天下的修心法则。

朱熹在《中庸章句集注·序》中解释道："盖尝论之：心之虚灵知觉，一而已矣，而以为有人心、道心之异者，则以其或生于形气之私，或原于性命之正，而所以为知觉者不同，是以或危殆而不安，或微妙而难见耳。然人莫不有是

形，故虽上智，不能无人心；亦莫不有是性，故虽下愚，不能无道心。二者杂于方寸之间，而不知所以治之，则危者愈危，微者愈微，而天理之公卒无以胜夫人欲之私矣。"《荀子·解蔽篇》亦有注解谓："故《道经》曰：'人心之危，道心之微。'危微之几，惟明君子而后能知之。故人心譬如盘水，正错而勿动，则湛浊在下，而清明在上，则足以见鬓眉而察理矣。微风过之，湛浊动乎下，清明乱于上，则不可以得大形之正也。心亦如是矣。"皆是从"人心险恶莫测、道心微妙居中"的细微差异中寻找"守中"之道，而其方法就是"明乎君子"，就是"惟精惟一，允执厥中"。

"惟精惟一，允执厥中"有点类似于道家的"抱元守一"，《素问·上古天真论》"恬淡虚无，真气从之；精神内守，病安从来"一句中"精神内守"也是这个意思：精无妄伤，神无妄动，守护中而不妄动发生泄见于外。其中，"允执厥中"的"允"做动词"执"的副词，意为"果真、诚然能够"；"厥"为虚词无实际意义，"执中"即是执守（或坚守）中之"精一"，"精一"即精神元气，亦即"元一"或最初的状态。整个词连起来的意思就是：果真、诚然能够执守中之"精一"。

后来，基本将"允厥执中"引申为一种行为准则在使用：指言行不偏不倚，符合中正之道。典型的如王阳明的"精一为功，知行合一"。这里的"精一"也就成了"专一"的意思，也可说是最初的目标、理想，亦即"初心"。"执中"即是坚守"专一"，就是"不忘初心、牢记使命"。"惟精惟一，允执厥中"就是要求人们行为处事时坚守专一、笃定实干，恪守自己的原则、法度，坚守自己的初心、使命。

另外，"允厥执中"也是一种处事的态度，即"中立"。值得注意的是，"执中"不是毫无原则、立场的"中立"，而是中正独立。《礼记·中庸》曰："中立而不倚，强哉矫。"孔颖达注疏："中正独立，而不偏倚，志意强哉，形貌矫然。"即执中正，执公正，公平正直，没有偏私，甚至可以以此立法度。

### （三）中庸

"中庸"出自《论语·雍也》，其谓："子曰：'中庸之为德也，其至矣乎！民鲜久矣。'"直译为："孔子说：'中庸作为道德标准，可算至高无上了！人们缺少它很久了。'"所以，"中庸"最早是孔子提倡的一种品德、道德。

学者李振国在探析孔子"中庸"思想时指出：《论语》"中庸"思想具有根本

的原则性和权变的灵活性，其基本含义是具体事物具体分析，把握好如何解决事物存在对立两端的矛盾，从而实现"执两用中"和"执礼用中"。所谓"时中"是指要正确地处理好事物中存在的矛盾，即并非简单刻板地"守中"，而是坚持在适中、适度中把握恰当时机。此外，在《论语》中，"中庸"思想的外在体现形式是"度"。《论语》"中庸"思想在为人之道、教学之道、为政之道等方面，皆有具体践行之体现：在为人处世方面，孔子主张"和而不同"价值取向，并指出在人际交往中"君子标准""以直报怨"等为人原则；在教学之方面，孔子主张学与思并重、"因材施教"，注重后天教化之作用，以求达到学以致用的目的；在为政方面，孔子力求实现"德政"，秉持"允执其中"、恩威并济的治国理念，要求统治者修养身心，实现"内圣外王"的"圣人之治"。

李氏的观点值得深思，这是他探析孔子"中庸"之道现代价值的基础内容，尤其是其"非简单刻板'守中'"一观点颇具意义。但这与"守中"之主题并不矛盾：此处称谓的"守中"，在机体是为了重点强调守中正之气，而不失气交之位，倘若气交变易则纠偏复中、以平为期。

学者张盈谓："'中庸'是儒家核心思想，在中国传统文化中具有重要地位。理解中庸的深刻内涵，分析中庸之道的具体体现，研究中庸重要思想的践行，在现代社会仍有重要价值。中庸之道主张'万物并育而不相害'，仍秉承了'中和'的思想；提倡不偏不倚、合理适度的处事原则；倡导治国安邦需为政以德。践行中庸，首先要从自身做起，通过好学来提升自己，并能坚守仁爱，具备慎独品质，追求至诚精神。"

学者赵子贤总结了孔子"中庸"的三重境界：从"无过亦无不及"的无所偏执，到"无适无莫，义之与比"的勿有执着，最终实现"无可无不可"的洒脱。赵氏指出："中庸是人的德行、事物的情状、政策实施的某种应然的理想正态，礼与仁是其内核。"赵氏认为：其一，孔子认为"执中"的第一步就是要端正自己的身心。《论语·尧曰》载："尧曰：咨，尔舜！天之历数在尔躬，允执其中，四海困穷，天禄永终。"刘宝楠《论语正义》注曰："中庸之义，自尧发之。其后圣贤论政治学术，咸本此矣"并认为"执中"是中庸之义的源起。《论语·子路》谓："其身正，不令而行。其身不正，虽令不从。"身正则行事自会中正，何须等待命令的下达。用人唯贤，且得其中，这是重要的政治思想。其二，执中的另

一重要含义则是用刑适度。《论语·为政》谓："举直错诸枉，则民服；举枉错诸直，则民不服。"《论语·子路》强调："礼乐不兴，则刑罚不中；刑罚不中，则民无所措手足。"只有恰当而又适中的刑罚，才能导民向善。其三，在礼崩乐坏的春秋时期，对孔子来说，执中还有一重要的使命则是正名。《论语·子路》："子路曰：'卫君待子而为政，子将奚先？'子曰：'必也正名乎！'"父慈子孝，君主礼贤下士，臣子效忠君主，只要每个人都扮演好自己的角色，社会自会和谐幸福。赵氏还强调，"中庸绝非折中主义"。

总而言之，中庸之为德也，以"中平"为德，以"中和"为德，端正身心，举止不过，行为适度，守"中正"之原则，以礼善待人；中庸之待物也，持"中平"之态度，不偏不倚，不吹嘘褒扬，不过分贬低，实事求是，公正待物；中庸之待事也，恪守初心，始终如一，匠心潜修，精益求精；中庸之视病也，察阴阳之消长，窥正邪之进退，问病症之往来，编寒热之多寡，至于其治则以平为期；中庸之视药也，察四气之偏，求五味之过，归结性味之阴阳，至于其用则纠偏扶正。中庸，即执中平，守中正。

### （四）忠

#### 1."忠"是中华传统美德之一

东汉经学家马融则著有《忠经》一书，系统讲述"忠"之要义与利害关系。《忠经·天地神明章》中说："昔在至理，上下一德，以徵天休，忠之道也。天之所覆，地之所载，人之所履，莫大乎忠。忠者、中也，至公无私。天无私，四时行。地无私，万物生。人无私，大亨贞。忠也者，一其心之谓矣。为国之本，何莫由忠！忠能固君臣、安社稷、感天地、动神明，而况于人乎？夫忠兴于身，著于家，成于国，其行一焉。是故一于其身，忠之始也。一于其家，忠之中也。一于其国，忠之终也。身一则百禄至。家一则六亲和。国一则万人理。《书》云：'惟精惟一，允执厥中。'"将"忠"誉为"至德"，甚至关乎家国社稷，其要义是前面讨论过的"惟精惟一，允执厥中"，同样要求"执中守一"。

#### 2."忠"也是儒家教条信义之一

《论语·述而》谓："子以四教：文，行，忠，信。"《论语·学而》中曾子曰："吾日三省吾身：为人谋而不忠乎？与朋友交而不信乎？传不习乎？"《论语·子路》有"子曰：居处恭，执事敬，与人忠。虽之夷狄，不可弃也。"《论语·礼器》

亦谓："先王之立礼也,有本有文。忠信,礼之本也;义理,礼之文也。无本不立,无文不行。"可以看出,"忠"为儒家学说重要内容,将"忠"推向道德的高度,使之成为为人处世的基准。

《说文解字》谓:"敬也。从心,中声。"言"未有尽心而不敬者"。现在则多将"忠"字解释为对国家、某人及某集体忠诚而无二心,故往往与"义"组合一起:"忠义"就是诚心对待,始终如一。

敦煌写本中就有一书名为《励忠节钞》,原书10卷,今仅残存大约有3卷,共37部(其中第1～10部为第1卷,第11～21部为第2卷,第22～37部卷次不明),是敦煌写本类书中保存写卷和部类较多的类书之一:S.1810、S.1441(复写本P.3657、P.5615、P.4059)号包括序、忠臣部、道德部、恃德部、德行部、贤行部、言行部、亲贤部、任贤部、简贤部、荐贤部、将帅部、安国部、政教部、善政部、字养部、清贞部、公正部、俊爽部、恩义部、智信部、立身部等部类;P.2711号包括诚慎部、谦卑部、推让部、家诫部等部类;P.4026、P.5033号包括谏诤部、梗直部、刑法部、品藻部、交友部、言志部、嘲谑部、阴德部等部类;Д x.10698V、Д x 10838V、P.3871、P.2980、P.2549号包括孝行部、人物部、志节部、贞烈部等部类。兰州大学屈直敏教授认为《励忠节钞》内容和分类体系着眼于人间社会等级秩序中的社会道德伦理规范,特别凸显了人间社会秩序中"帝王"与"臣民"之间关系的道德伦理标准"忠节"。

屈教授将《励忠节钞》所体现的敦煌历史文化与当时的历史政体背景联系起来,以书之"忠节"看待、推测"归义军"统治时代的社会道德秩序,对其进行重建,让其在现代社会也能彰显实用价值。屈教授认为,《励忠节钞》"突显了人间秩序中君臣关系的道德标准是以'忠'为核心,以儒家的'圣忠贤孝、德让智信、勤学修身、诚意正心'等道德原则为重要内容,对广大臣民进行道德伦理教育,从而达到教化世人,维护'立身行事、齐家治国、平天下'等人间秩序的伦理规范,稳定社会政治统治的目的,这无疑对归义军政权政治与道德秩序的重建具有重要意义"。屈教授还把儒、道、释三教文化之并兴作为这一时期的文化特点,又把"忠节"观念当作重建归义军政权政治与道德秩序的核心内容。

其实,仅看"归义"二字,就已经能够想到"归义表忠",其本质则体现的是

华夏民族,尤其是汉民族文化的核心凝聚力和向心力,尽忠归义、回归正统,则名正言顺,终致壮举永垂。屈教授花费近十年光阴,潜心研究敦煌写本《励忠节钞》,守心如初、惟精惟一,这种匠心精神也当算是一种"忠",一种对事业的忠心,一种对自我内心的坚守。"忠节"观念维持的道德秩序下的敦煌社会,其医学文化也一定有"忠"的内涵,这也正是敦煌医学教育官方化与正规化的核心文化因素,其官方化与正规化也是中医学能够在敦煌深深扎根,使得敦煌医学文化得以补充完善、广泛传承及跨时代留存的强有力因素。

只是对于"忠"的内涵,不只是"忠义、忠诚"之类,《说文》以"敬"解之,也只能算是其中一个层面。应该尝试从其造字法中看待,"忠"即"心"字上面一个"中",也就是"把中放在心上";"中"之字义前文已经尽述,从"旗帜、神杆"到"内,正",到"尚中",再到"标准、尺度",把这些文化内涵和道德尺度放在心上就是"忠",即"执中于心即为忠"。简而言之,"忠"之造字,体现的是"允执厥中、惟精惟一",用这种态度对待国家即为"忠诚",对待个人即为"忠义";换言之,"忠诚、忠义"只是"忠"字的一部分延伸意义,却成为后来对此的主要解释,然而更应看中其"执中于心"的核心内涵和造字本义。只有当这样来解读和坚守"忠"时,才不会愚忠!

## (五)中与看中

前文已经提到"中"在河南方言(中原话)里有"行、好、可以"的语义,而其映射着"中"所代表的哲学内涵——凡事以"执其中"为标准。这里还想把Givon的那句话重申一次:"今天的词法曾是昨天的句法。"正如谢玉红女士所谓:"现代汉语河南方言'中'的含义和用法就是对远古先民'中'的哲学思想的语法化。"以"中"来表达中肯的意思,以"中"为衡量、评价事物的标准。

一句"中"作为应答语,语言简练,言简意赅。仔细品之,这个方言不仅能够表达中肯之义,其发音自"中宫"而出,单凭一字就足够体现字正腔圆,更带一股夯实的底气与忠厚的质感;当其发为铿锵有力之声时,则显掷地有声,满满的都是干劲和执行力,比如:"咱们趁着年轻为老百姓把这件事办了,中不中?""中!"当其发为婉约有度之声时,则又显温和柔顺,满满的又是谦顺与亲和力。究其根本,与它背后这个民族的"中正"之气密不可分,这也正是这个民族的核心凝聚力所在,各民族文化、各地域文化皆向此"中正"核心看齐,黄帝居"中正之位"而得四方面朝，中央守中正之道而得四极向往。

倘若把这种"中肯"暂时寄托于心中则为"看中"，或"相中"。比如，我"相中"一位姑娘了，其实在心里大概有这样一个思维过程："这姑娘中不中？""中！"换言之，这姑娘恰合我之心意。"看中"就是"恰合心意"，"恰合"就是刚刚好，方方面面都刚刚好，不偏不倚，说白了就是方方面面都认可她。所以，这里的"中"又成了一种"标准"，成了度量事物的一种下意识"准则"了。但是，从这个语义演变过程中还是能够感觉出来，"中"就是不偏不倚的"恰合"，其虽然是延伸出的新意，却也不离乎"中正"之本义。

### （六）不中与（之）也

"不中与（之）也"中的"中"实际上与上一段的意思很接近，基本上都是以"中"来表达中肯的意思，以"中"为衡量、评价事物的标准。把它单独提出来，主要是因为这个句式在中医临证经典《伤寒论》中出现。

如《辨太阳病脉证并治法上》篇："太阳病三日，已发汗，若吐，若下，若温针，仍不解者，此为坏病，桂枝不中与也。观其脉证，知犯何逆，随证治之。桂枝本为解肌，若其人脉浮紧，发热汗不出者，不可与也。常须识此，勿令误也。"这句条文强调了太阳病发汗后不得解而误吐、下、温针仍不解发展为"坏病"，则不能再用桂枝汤；"不中"就是不能够、不合适、不可以甚至为"特别否定"，"不中与也"句式就是在很明确地指示，如"医门法律"一般。同时针对太阳病变证提出了"观其脉证，知犯何逆，随证治之"的进一步处理原则。并强调"桂枝本为解肌"，遇上"脉浮紧，发热汗不出者"，即太阳伤寒麻黄汤证时，也不可以用。

又有《辨太阳病脉证并治中》篇："得病六七日，脉迟浮弱，恶风寒，手足温，医二三下之，不能食而胁下满痛，面目及身黄，颈项强，小便难者，与柴胡汤。后必下重，本渴而饮水呕者，柴胡汤不中与也。食谷者哕。"这句条文比较复杂，能提取好多信息，学习的时候可以"不点破"，可以联想到熟悉的东西，如"脉迟浮弱"能联想到传少阳时的"血弱气尽"，"恶风寒"像是太阳表证，"手足温"能联想到"系在太阴"，皆为不可汗的证，却被"医二三下之"；下后伤胃气则"不能食"，邪气内陷，出现"胁下满痛""颈项强"，皆是在"少阳部位"，则理所应当想到"与柴胡汤"；但"面目及身黄""小便难者"又是水火湿热交争

的象，又不得不深入考虑湿热消长的对立关系；直到"与柴胡汤"后出现"后必下重，本渴而饮水呕者，食谷者哕"，才联想起这是"茵陈五苓散证"，故"柴胡汤不中与也"。所以，"不中与也"又能体现出这种动态的思维过程和精细的分析思路。

还有《辨太阳脉证并治下》篇："伤寒五六日，呕而发热者，柴胡汤证具，而以他药下之，柴胡证仍在者，复与柴胡汤。此虽已下之，不为逆，必蒸蒸而振，却发热汗出而解。若心下满而硬痛者，此为结胸也，大陷胸汤主之。但满而不痛者，此为痞，柴胡不中与之，宜半夏泻心汤。"这句条文分析了从柴胡证误下后能否再使用柴胡类方的不同情况，若"柴胡证仍在"可以继续用，否则若出现"心下满"则"柴胡不中与之"；而此"心下满，柴胡不中与之"的证又可分为"满而硬痛"的结胸证，以及"满而不痛"的痞证。

"不中与也"在意思上与"不可与也"区别不大，尤其是第一句条文说桂枝汤不能用的时候两种句式都出现了。但是，相比较"不中与也"更有强调意味，很是肯定地指出了不合理性。甚至笔者认为第一句条文中"不可与也"当同样是"不中与也"更为恰当。我们也可以由此窥测出仲景先生临证时对方证之间的对应关系的熟悉程度，其辨证之精准，其选方之得当，用药之"中肯"与否、该与不该皆在这个简单句式中透露出来，"不中与（之）也"正是这种综合分析、细致评价、精确临证的动态过程最好体现。

## （七）中土

对于中医而言，"中土"即是"中央戊己土"的简称，这是五行的哲学概念范畴：东方甲乙木，南方丙丁火，中央戊己土，西方庚辛金，北方壬癸水。其对应于人体，则诚如《素问·金匮真言论》中所言："中央黄色，入通于脾，开窍于口，藏精于脾，故病在舌本，其味甘，其类土……是以知病之在肉也，其音宫，其数五，其臭香。"也就是中土对应的就是脾胃转输之机。

脾胃同居中焦，以膜相连，以经相络，互为表里，脾胃又为气血生化之源，后天之本，共奏受纳、运化饮食水谷而吸收、布散水谷精微之功。脾胃的协调关系则大致体现在：其一，升降气机以健运化转输。周慎斋的《慎斋遗书》谓："胃气为中土之阳，脾气为中土之阴，脾不得胃气之阳则多下陷，胃不得脾气之阴则无运转。"即是生动地描述了"脾升"（太阴开）与"胃降"（阳明合）之间相互为用的关系：脾气主升，转输布散水谷精微，助胃气之通降；胃气主降，通降受纳之水谷，助脾之升运。升已而降，降已而升，升降不息，则脾胃功能无碍，饮食物得以消化，水谷精微得以运化，五脏得充，六腑得养，四肢百骸得以润濡，无不体现着"后天之本"的大用。其二，刚柔相济而得中和正气。尤在泾《医学读书记》曰："土具冲和之德，而为万物之体。冲和者，不燥不湿，不冷不热，乃能化生万物，是以湿土宜燥，燥土宜润，便归于平。"胃属阳土其性刚，脾属阴土其性柔，脾为脏，胃为腑，脏藏腑通，互根互用，太阴湿土得阳始运，宜温宜燥，阳明燥土得阴自安，宜凉宜润；脾湿之柔得胃阳之刚制之则脾不至于过于柔湿，胃燥之刚得脾阴之柔制之则不至过于刚燥。其三，斡旋气机而调五脏平衡。脾太阴本主开，然其为脏属阴土，得胃阳之助则可以升清；胃阳明本主降，然其为腑属阳土，得脾津之滋则可以降浊。脾气升则有助于肝气、肾气升；胃气降则有助于心气、肺气降，二者为中运之轴（中轴），协调肝气升发、肾水上润、肺气肃降、心火下煦，是谓"升降之权，则在阴阳之交"，则人体五脏可处于阴阳互根互用的动态平衡。诚如黄元御《四圣心源》所言："肝藏血，肺藏气，而气本于胃，血本于脾。盖脾土之左旋，生发之令畅，故温暖而生乙木；胃土右转，收敛之政行，故清凉而化辛金""脾升则肝肾亦升，故乙木不郁；胃降则心肺亦降，故金火不滞……以中气之善运也。"

综合而言，大概包括了纳运协调、升降相因、燥湿相济三方面的内容，单此"中轴"则体现的是"脾主为胃行其津液者也"（《素问·厥论》），正如《素问·经脉别论》所谓："饮入于胃，游溢精气，上输于脾，脾气散精，上归于肺，通调水道，下输膀胱，水精四布，五经并行，合于四时五脏阴阳，揆度以为常也。"脾胃居中土，其中"水精四布"一词运用得尤为恰当，《素问·玉机真藏论》中就提出："脾为孤藏，中央土，以灌四傍。"脾属土，位居中央运转输布水谷精微，滋养其他四脏腑。又即《国语·郑语》谓："土与木火金水杂以成百物。"《尚书·正义》曰："土者，万物之所滋生也。"可见五脏气血生化从此"中轴"始，机体津液代谢亦由此"中轴"运。

其实不止如此，脾胃居中土，又最禀坤土至德。"天行健、君子以自强不息；地势坤，君子以厚德载物"，在机体，肺主天气，故健运不止、呼吸不停；脾主地气，故厚德载物、化谷生气。脾胃五行属土，"土爰稼穑"，故受纳、生化而

163

且承载。正如此，《伤寒论》第一百八十四条谓："问曰：恶寒何故自罢？答曰：阳明居中，主土也，万物所归，无所复传，始虽恶寒，二日自止，此为阳明病也。"中土厚德，是说脾胃中焦当有充足的正气，中气厚实和顺，则既可以纳福消受、运化不已，又可以承载生化、托举脏腑。

实际上，敦煌地处"亚洲腹地"，其文化维系着中西方的交际，其医学文化又是诸多文化的融合，也恰似一现实的"中轴"，如同"脾胃中土"一般，不仅主导着中西方、亚欧文明的交往，也承载着多文化数千年的文明结晶与沉积。敦煌位得以重视，敦煌交得以重建，则敦煌中得以健运，敦煌和有望重现！

# 第四章 敦煌和

## 第一节 从"和"开始说起

### 一、和之本义

#### （一）"和"的文字变迁

从现代汉语的角度来看，"和"属于多音多义字，有 hé 、hè 、huó 、huò 、hú 五种读音，有"咊""龢""和"三种字形，有"平和""和谐""连带""结束战争或争执""依照别人的诗词的题材和体裁做诗词""粉状或粒状物掺和在一起"等义项。今人郭盛永甚至为"和"赋予了和谐、公平、友爱、尊重、协调、温善、和睦、连接、合奏、圆满、谐同等十种寓意。其实，大多时候，"和"就是单纯作为连词或介词出现在日常交际中，但实际上这些都是后来才演变出来的样子，而非"和"之本义，自然也不是要在敦煌医学文化中探寻的内容。

杨程程等人对"和"字用法的历史演变做了深入的探析，她指出："在晚唐后期，'和'字的'连带'义使用的频率是相当高的，它虽然还是一个动词，但可以看作连词'和'的前奏。用于两个名词之间的'和'可以看作'伴随，随同'义的动词，也可以看作交与连词。连接词或词组，表示前后成分是并列关系。可译为'与'，或仍作'和'，"又指出："约自唐宋时起，'和'产生了作介词用的'连带'义。'和'用作介词，萌芽于唐代。'和'常和它的宾语一起用于动词前，以引进与动作行为有关的对象。可译为'带……''连……（都）''跟'等。'和'成为介词'与、共、同'的同义词，在宋元时期就有很明显的例子了。"也就是说，自唐宋以后"和"字才向连词、介词虚化，其本身并不是为连词、介

而设,其本义也不是"虚词性质"(图4-1)。

| 金文  | 战国文字  | 篆书  | 隶书  |
|---|---|---|---|

图4-1 "和"的文字变迁

关于和的本义,继续从杨氏这篇《"和"字用法的历史演变》的文章中摘出其"实词含义"并加以重新规整。

(1)《说文解字》释为"和,相应也。从口禾声。户戈切。"本义为唱和义、声音相应义。如叔兮伯兮,倡予和女(《诗·郑风·萚兮》)。

(2)《广雅·释诂》释为:"和,谐也。"是"乐音相应,谐和"的意思,如"音色相合"(《老子·二章》),"和六律以聪耳"(《国语·郑语》)。

(3)后引申之为"调和""和睦""协调"义。如"以善先人者谓之教,以善和人者谓之顺"(《荀子·修身》)、"礼之用,和为贵"(《论语·学而》)。

可以看出,其含义基本上可以确定为"乐音相应"及"调和达睦",即作形容词用时,形容声音或音乐唱和相应;作使动词时,表示"使……谐和",即使音律或其他谐和的意思;作动词时则表示"调和""协调"的意思。换言之,不论其一开始的实词含义还是引申义,都表示一种"和的状态",而其中乐音和谐、唱和相应及最终达到的这种"和的状态"即为它的本义演变的最初内容。

至于"咊""龢"两种字形,分别以"口""龠"为部首。"口"是人类用来发声和进食的器官,与发音、歌唱有关:"和 hé(又音 hè)咊相应也。从口,禾声。古始歌为'唱',随歌为'和'。许以'和'为'随歌'(即跟着唱)之义","咊相应也。从口,禾声。户戈切。[译文]和,相应和。从口,禾声"。而"龢"则是一种古代的吹奏乐器,《说文解字·龠部》载:"龢,乐之竹管,三孔,以和众声也。"《释名》谓:"龢谓之笛,有七孔。"同样与音乐有关。当此二者为部首出现在"禾"的旁边,"禾"又是自然植物的代表,同样可以代表自然界,也就不难让人联想出一个在自然界吹奏、歌唱的和谐画面了。这种人与自然之间和谐相处、以音乐交流的状态,难道不正是"和"之本义吗?所以,"和"之本义既反映

的是人与人之间的"唱和随应",又体现的是人与自然的和谐共处。

此外,"合"也常与"和"混用,很少有人将这两个字放在一起对比,如说到"阴阳交 hé""天地 hé 则万物兴矣"时,似乎两个字都可以胜任。但二者间还是有区别的:"阴阳交合"只是说发生了"阴阳交"的过程,而"阴阳交和"则不仅发生了"阴阳交"的过程还达到了"交而和"的最终状态;"天地合"与"天地和"也是一样,相比较而言,"合"更接近于"交","天地合"即是"天地交"。一开始区分了"位、交、中、和":位是前提条件,交是关键环节,中是重点要求,和是终极结果。所以说:合是关键环节,和是终极结果;合是发生的过程,和是达到的状态。

前面说"和"可以表示"乐音相应",而"合"有时也表示一事物与另一事物相应或相符,如合格、合法、情投意合。合的本义为"器盖相拢",引申为聚集、结合、整体之义。所以这个"合"一部分意思与"和"相近。春秋时期,和、合两字连用并举,表达"协调关系"的意义,如《国语·郑语》云:"商契能和合五教,以保于百姓者也。"从事物的关系而言,"合"未必能"和",而"和"必然包含有"合",现代学者张岱年认为:"用两个字表示,称为'和合',用一个字表示,则称为'和'。"

当然有时也有"和而不合"的时候,如《论语·子路》谓:"子曰:'君子和而不同,小人同而不和。'""不同"就是"不合",即不"同流合污",即"君子和睦相处而不同流合污,小人同流合污而不能和睦相处"。即便如此,"合"的文化内涵也远远比不上"和",其实也算很简单的道理:"合"又往往对应"分",常言"合久必分,分久必合",但这"合"后就不一定那么容易达到"和"了,达不到"和"可能还会"分"。所以尽管二者有时候混用、通用,但"合"完全达不到"和"含有的那种人与人之间的"唱和随应",那种人与自然的和谐共处,"合"体现不出"和谐"。

## (二)"和音"

"和"之初义为"音乐唱和相应";"和"之状态,即是这种"唱和相应"的"和音"。"把声音和进去"或者"把节奏跟进去",搞舞乐的人该是都经历过这样的初级教学,当到声音和舞步跟得上音乐则又算是成功了一半,如果能够完全将它们融合在一起,也才可以称得上艺术,才成了一门和谐的艺术。这种人为的"唱和相应"的状态其实很难达到，但在自然界中它却无处不在，即所谓的"大自然的旋律"，在人则为"天人合一"的状态。

有时候，这种"和"也不一定就非得发出声响，如唐代杜甫《春夜喜雨》之"好雨知时节，当春乃发生；随风潜入夜，润物细无声"，此"细雨无声"即是"春之和音"；如宋代杨万里《小池》之"泉眼无声惜细流，树阴照水爱晴柔；小荷才露尖尖角，早有蜻蜓立上头"，此"泉眼细流"即是"夏之和音"；如唐代刘禹锡《望洞庭》之"湖光秋月两相和，潭面无风镜未磨；遥望洞庭山水翠，白银盘里一青螺"，此"湖光秋月"即是"秋之和音"；如唐代柳宗元《江雪》之"千山鸟飞绝，万径人踪灭；孤舟蓑笠翁，独钓寒江雪"，此"寒江独钓"又是"冬之和音"……正应了那句"此时无声胜有声"，亦不必窥探、猜测诗人内心的情愫，单这些画面都无不勾勒出了一片"无声"之自然和谐；人不突兀，景不突兀，声音亦不突兀。

"和音"有声时，则又以"气交平和"为其状态，以"天人合一"为其内涵。我们团队成员毛慧芳以"乐"论及"天人合一"的状态时将这一"和音"把握得最为恰当："《乐记·乐礼》云：'地气上齐，天气下降，阴阳相摩，天地相荡，鼓之以雷霆，奋之以风雨，动之以四时，暖之以日月，而百化兴焉，如此，则乐者天地之和也。'认为音乐源于并反映'天地之和'，天地万物'流而不息，合同而化，而乐兴焉'。礼乐的制作必须遵循天地的法则，'大乐与天地同和'（《乐记·乐论》）。又认为礼乐的作用也在于达到'天地之和'。即音乐秉承天地自然之道，运用于构建社会制度，维护社会和谐。"她还认为："乐理以音乐为外在表现形式，以中国古代哲学为内涵。《吕氏春秋·大乐》曰：'音乐之所由来远矣，生于度量，本于太一。太一出两仪，两仪出阴阳，阴阳变化，一上一下，和而成章。'道出音乐起源于'太一'，指出音乐的本质是宇宙阴阳的消长变化，具生命之气势、阴阳之灵变、宇宙之情调。东汉《太平经》运用阴阳学说解释音乐的起源，认为音乐的发展是顺应宇宙万物阴阳相生、动静相应的规律的。"而后又提到了五音、五行、五脏"同频共振""同气相求"而以音乐为一种治疗思路和方法则又是更为深奥的内容。

其实，这种能够自然阴阳动态平衡规律的音乐就是"和音"，也可以说"和音"就是体现"天人合一"的和谐音乐，"和音"可以引导社会和谐，可以辅疗机

体健康。位、交、中的道理在前面已经基本上论述到了，"和音"自然也满足这个过程："位交至中和"！

当然，"和音"也是个体化感觉，同中医所说的气机一样，都具个体化的特点。一些音乐着实好听，容易惹人陶醉，琴瑟琵琶合奏霓裳羽衣，琴箫吹弹醉梦歌舞升平，但在"诗豪"刘禹锡一类的居士看来，倒不如那"调素琴，阅金经，无丝竹之乱耳，无案牍之劳形"。"和音"即非乱耳之声、非扰神之音；"和音"不扰他人，即与"噪声"相对，"噪声"就好理解多了：凡是妨碍人们正常休息、学习和工作的声音，以及对人们要听的声音产生干扰的声音都可以叫"噪声"。一言以蔽之，"和音"就是和谐的声音；"噪声"就是不和谐的声音。

### （三）"和谐"

"和谐"一词都不陌生，有时也作"谐和"（与"协和"义近）。谈论"和谐"的人多了去了，思想家说它，哲学家说它，政治家说它，社会学家也说它；暂且可以较为简单地将它理解为和睦协调或使和睦协调，以及人与人、国与国、人与社会、人与自然之间的和睦共处。"和谐"也是"和"的状态，是由"和"之本义引申出的最具社会实际意义的内涵。

### （四）"卫气不共荣气和谐"

中医学基础中有好多"和谐"的关联，如肝脾和谐、胆胃和谐、木土不和则病：胃痛之肝气犯胃的柴胡疏肝散证、胃痞之肝胃不和的越鞠合枳术丸证、呕吐之肝气犯胃的四七汤证、泄泻之肝气乘脾的痛泻要方证等等皆是此类。《伤寒论》中也有类似"调和"使恢复"和谐"的体现，如调和营卫的桂枝汤（第三百八十七条），和解少阳的小柴胡汤类方（第九十六、二百三十条），调和肝脾的四逆散类方（第三百一十八条），调和胃气的小承气汤（第二百零八、二百零九、二百五十、二百五十一条）及调胃承气汤（第七十、七十一条），以及调理寒热的诸泻心汤方等。其他的尚有升降和谐、表里和谐等，总之人体气血、阴阳、水火乃至气机升降发生"位交中和"后的平衡，都称为"和谐"。

"和谐"一词最早明确出现在医药书籍中，见于《伤寒论·辨太阳病脉证并治》篇中，即条文第五十三、五十四条："病常自汗出者，此为荣气和。荣气和者，外不谐，以卫气不共荣气和谐故尔。以荣行脉中，卫行脉外，复发其汗，荣卫和则愈，宜桂枝汤。病人藏无他病，时发热自汗出，而不愈者，此卫气不和

169

也。先其时发汗则愈，宜桂枝汤主之。"后世以此条文为据将"伤寒群方之冠"的桂枝汤称为"调和营卫"的基础方，正如清代徐彬言："桂枝汤，外证得之，解肌调营卫；内证得之，化气调阴阳。"

"荣卫和谐"也算是机体较具特色的一对经典平衡关联，亦称"营卫和谐"。

《素问·痹论》谓："帝曰：荣卫之气，亦令人痹乎。岐伯曰：荣者水谷之精气也，和调于五藏，洒陈于六府，乃能入于脉也；故循脉上下，贯五藏络六府也。卫者水谷之悍气也，其气慓疾滑利，不能入于脉也；故循皮肤之中，分肉之间，熏于肓膜，散于胸腹，逆其气则病，从其气则愈。不与风寒湿气合，故不为痹。"《灵枢·营卫生会》谓："黄帝问于岐伯曰：人焉受气？阴阳焉会？何气为营？何气为卫？营安从生？卫于焉会？老壮不同气，阴阳异位，愿闻其会。岐伯答曰：人受气于谷，谷入于胃，以传与肺，五藏六腑，皆以受气，其清者为营，浊者为卫，营在脉中，卫在脉外，营周不休，五十而复大会，阴阳相贯，如环无端。"《难经·荣卫三焦》谓："三十难曰：荣气之行，常与卫气相随不？然：经言人受气于谷。谷入于胃，乃传与五藏六腑，五藏六腑皆受于气。其清者为荣，浊者为卫，荣行脉中，卫行脉外，荣周不息，五十而复大会。阴阳相贯，如环之无端，故知荣卫相随也。"

足可见，荣气（营气）与卫气同源而异流，均是由"中焦化气"而成，以饮食水谷精气为其主要的生产来源，其成后皆出入脏腑，流布经络，洒陈周身。然而，其性质、分布、功能上少有区别：营气性柔顺精粹，主内守而属阴，具有营养周身，化生血液之功；卫气性慓疾滑利，主卫外而属阳，具有"温分肉、充皮肤、肥腠理、司开合"（《灵枢·本藏》），以及温养脏腑、护卫肌表之能，且其昼夜循行又与人体"昼精而夜瞑"（《灵枢·营卫生会》）的正常生理息息相关。至于二者的循行，虽有"营行脉中，卫行脉外"之常态，但更是营中有卫、卫中有营，二者阴阳相随、外内相贯、相互济养，并行不悖。简言之，脉内脉外是其"位"，内外相贯成其"交"，卫外守内得其"中"，阴阳相随致其"和"。

所以，只有"荣卫和谐"，协调运行，不失其常，才能维持腠理的开阖、体温的恒定、寤寐的适时及机体防御抗邪的能力。否则，因于外感或杂病，"荣卫和谐"的平衡被打破，则发寒热，引起异常汗出，或无汗，不得安眠，甚至"易感"而不得抗邪。《伤寒论》第十二条"太阳中风，阳浮而阴弱，阳浮者热自发，

阴弱者汗自出,啬啬恶寒,淅淅恶风,翕翕发热,鼻鸣干呕者,桂枝汤主之"即是外感致荣卫不和而出汗的情况;《伤寒论》第五十三、五十四条即是杂病导致荣卫失和而汗自出的情况(图4-2)。

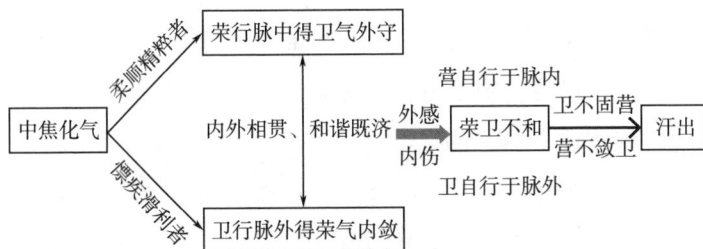

图4-2 杂病导致荣卫失和而汗自出

其治也,则是调和营卫、阴阳,以"桂枝 + 甘草"辛甘搭配,得鲜姜之助,"辛甘化阳",化阳实卫;以"芍药 + 甘草"酸甘搭配,得大枣之滋,"酸甘化阴",化阴和营:"荣卫不和"因于外感者,桂、姜解肌表而发汗,助太阳、太阴之开,以祛邪外出、解肌散热,又得芍、枣敛阴生津而不至过汗;因于杂病者,辛甘组合使营阴外达,酸甘组合又使卫阳内济,而致营卫相交,终使二者贯穿济养而互根互用,刚柔相济而相辅相成,交变和谐而并行不悖,正所谓"位交而致中和"(图4-3)!

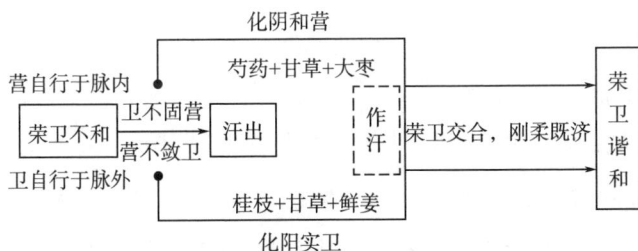

图4-3 桂枝汤治疗下"位交而致中和"

## 二、"和思维"的概念及特点

### (一)中和思维

"和思维"其实也在"中和思维"的范畴,这里将"中和思维"一起探讨。中之本义之前已经提到了,既是包含了"中庸""尚中""中正"的哲学内涵,也是

反映、表达"中肯"一类的标准和尺度;中之本义则更多的是"乐音相应""调和达睦",以及人与人之间的"唱和随应"和人与自然的"和谐共处"。将二者紧密联系,就有了"中和思维",即是"尚中和"的一种思维,进一步可以定义为一种"在观察分析和研究处理问题时,注重事物发展过程中的各种矛盾关系的和谐、协调、平衡状态,而不偏执、不过激的思维方式"。而与"中和"概念相关的词如中庸、尚中、尚合、尚同、中道、时中、中道、中行、和调、和谐、和治、冲和、平衡等,都能体现"中和"的思维方式。

"中和"一词始见于《礼记·中庸》:"喜怒哀乐之未发,谓之中;发而皆中节,谓之和。中也者,天下之大本也;和也者,天下之达道也。致中和,天地位焉,万物育焉。"这段话的内涵在前面章节中已经探讨过,这里不再赘述。但需要指出的是,"中和"一词虽始见于此,但其思维方式却一早有之,中和思维发端于《易》(一曰《连山》,二曰《归藏》,三曰《周易》):中国古代哲人既看到事物的差异性及矛盾的对立性,同时也看到了事物的关联性和阴阳的和谐性,而将其完美地对立统一,即是易理。

《周易》将"太和"当作追求的至高境界,《乾·彖传》曰:"大哉乾元、万物资始,乃统天。云行雨施,品物流形。大明终始,六位时成,时乘六龙以御天。乾道变化,各正性命,保合太和,乃利贞。首出庶物,万国咸宁。"这里有必要逐字逐句地解读。"大哉乾元、万物资始,乃统天",元即是"本位",万物因乾元而始,即有了"天地位"以及其间周流的"一元阳气",知之而后方能"守本位"。"云行雨施,品物流形","云雨"即是天地、阴阳交合的状态,正《系辞·传下》"天地氤氲,万物化醇;男女构精,万物化生"所谓也,也是万物生成变化的关键环节,同时也是"中和思维"的体现。

"大明终始,六位时成,时乘六龙以御天","大明"即"日月合和"的大象,日月的"终始"构架了整个时空(日月的流转不仅代表的是空间象,还有时间象),同"四方上下曰宇,往古来今曰宙"一般,日月亦即阴阳,"大明"又是阴阳和合的状态,也就是道;卦有六爻,六爻即六位,亦即六种不同的"时空位",乾元之气正是在这六种"时空位"中周流而引导乾天之变化。

"乾道变化,各正性命,保合太和,乃利贞",乾阳、坤阴二气(合则一元,分则乾坤)在"时空位"中不断交合变化、周而复始,万物才禀赋自然之差异、顺应自然之变化而各得其所、各得其正。"保"即维持、常存、守住的意思，"太和"则如朱熹所言，乃"阴阳会合冲和之气"，即阴阳冲和的状态，"利贞"也是中和、平衡的状态（笔者平素习惯将"元亨利贞"解读为元始、亨通、利和、中正，其中"中正"即是平正、平衡的意思）；此语连贯而言，乾坤"永动交合"、万物各守其"中正"，天地大象方能维持使"阴阳冲和"的和谐状态而使之常存，如此方达"利贞"，方达中和平衡。"首出庶物，万国咸宁"可以看作是对这段话做的最后总结，这也符合人们常说的深入浅出的说理手法，体现从"一气周流"到"万物利贞"的整个过程，到"中和平衡"时，即人们所追求的"和谐社会"，很接近"国泰民安"的状态。所以，单从这一段"易理"就可以看到"位交中和"的整个哲思过程，也很清楚地彰显了中国古代哲学对"中和思维"的重视。同时，这也决定了，"注重自然界万事万物的均衡性、和谐性，以及事物行为的适度性、平正性"就成了"中和思维"最基本的特征。

儒家的另一部经典《循天之道》，更是将"中和"作了剖析，细分了天地阴阳生、成、中、和的态势，点明了应当以"中和"养生，甚至治理天下，其所言"循天之道"即是"循天地之'中和'之道"："循天之道，以养其身，谓之道也。天有两和以成二中，岁立其中，用之无穷。是北方之中用合阴，而物始动于下；南方之中用合阳，而养始美于上。其动于下者，不得东方之和不能生，中春是也。其养于上者，不得西方之和不能成，中秋是也。然则天地之美恶，在两和之处，二中之所来归而遂其为也。是故东方生而西方成，东方和生北方之所起，西方和成南方之所养长。起之不至于和之所不能生，养长之不至于和之所不能成。成于和，生必和也；始于中，止必中也。中者，天地之所终始也；而和者，天地之所生成也。夫德莫大于和，而道莫正于中。中者，天地之美达理也，圣人之所保守也。《诗》云：'不刚不柔，布政优优。'此非中和之谓与？是故能以中和理天下者，其德大盛；能以中和养其身者，其寿极命。"

北方之合阴得东方之和而变化为春生，南方之合阳得西方之和而变化为冬藏，完成这样生成、中和的变化才勾勒出了春生、夏长、秋收、冬藏的自然四季。阴得阳助则生长，阳得阴和则收藏，顺应自然阴阳互根互用、消长平衡、对立制约的变化规律，才能达到、保住阴阳冲和的状态，这就是养生的道理。至于将之运用于秉公执政、治理国家，则须并重刚柔、文武之平衡，共图内政、

外交之和谐,坚守"和谐社会"之大道,信仰"人类命运共同体"之建设,如此才能永葆太平,才可持续发展。

何为太平?儒家经典《韩诗外传·卷三》中曾畅言"太平",其谓:"太平之时,民行役者不逾时,男女不失时以偶。孝子不失时以养;外无旷夫,内无怨女;上无不慈之父,下无不孝之子;父子相成,夫妇相保;天下和平,国家安宁;人事备乎下,天道应乎上。故天不变经,地不易形,日月昭明,列宿有常;天施地化,阴阳和合;动以雷电,润以风雨,节以山川,均其寒暑,万民育生,各得其所,而制国用。故国有所安,地有所主,圣人刳木为舟,剡木为楫,以通四方之物,使泽人足乎水,山人足乎鱼,馀衍之财有所流。故丰膏不独乐,硗确不独苦,虽遭凶年饥岁,禹汤之水旱,而民无冻饿之色。故生不乏用,死不转尸,夫是之谓乐。"

其实不难发现,这段文字所阐述的东西是《乾·彖传》中的"易理",同样很重视"天施地化,阴阳和合"的冲和状态,同样重视万物各得其所、各守其正的平衡状态,同样重视天地、民生、自然之和谐。儒家一度将"阴阳和合,雨露之泽,万物以成,百姓咸飨"的画面视为"仁者之所以乐乎山"的原因(《孔丛子·论书》),山林"直而无私",其"四方皆伐"也仁,这也是人与自然和谐共处、可持续发展的体现,彰显了"中和思维"。

## (二)中医学中和思维

### 1. 阴阳五行之中和

阴阳五行学说是中医经典基础理论,也是最能体现中医中和思维的学说,可细分为阴阳学说和五行学说。

(1)阴阳动态中和:阴阳学说本是研究阴阳概念的基本内涵及其运动规律的,并用以解释宇宙万物发生、发展和变化的哲学概念,中医学将其发展充实,至少在《黄帝内经》时代就已经构建了其独特的阴阳理论体系。中医阴阳学说讲求阴与阳之间的平和、协调、互动的关系,认为人之气、形、神在阴阳的平衡状态下才能协调一致,机体也才能表现出其正常的生理功能与状态,认为阴阳冲和即健康,也就是人们常说的"阴平阳秘"(《素问·生气通天论》)。"阴平阳秘"也称为"阴阳匀平",如《素问·调经论》所谓:"阴阳匀平,以充其形,九候若一,命曰平人。""平人"即健康无病的人,"中正平和"的人,这样的

人阴阳匀平、气血充沛,三部九候脉象谐和统一,形肉气血相称,无太过、不及,这样的平衡即意味着健康。

"阴平阳秘"是中医对健康机体状态的认识,指阴气平顺,阳气固守;《素问·生气通天论》谓:"阴者藏精而起亟也,阳者卫外而为固也。"释为:"真阴要有收敛、潜藏阴精、真阳的作用,并能滋养真阳生发(即为阴平),真阳要有生长、升发抵御外邪并固束真阴不让其妄泄的作用(即为阳秘)。"然而,二者并不能单纯分开来说,要意识到这是一种动态的平衡,即阴阳动态中和:阴与阳相互交感,引发对立制约和此消彼长,又因其互根互用而不断相互转换,以求其统一,最终取得阴阳之间的相对的动态平衡,方为"阴平阳秘"。

不仅如此,这种阴阳的动态中和还离不开环境(自然环境、社会环境),中医以"天人合一"将其概况言之,认为人体脏腑运作、气血周流与天地四时阴阳变化同步相应,人生志趣情志、所作所为与社会氛围、观念习俗等协调一致。这也就要求要遵循自然界的阴阳变化规律来调理人体的动态阴阳,使人体的阴阳与自然界的阴阳能够动态地维持统一、协调,共同达到阴阳动态中和。诚如《灵枢·本神》所谓:"故智者之养生也,必顺四时而适寒暑,和喜怒而安居处,节阴阳而调刚柔,如是则僻邪不至,长生久视。"

(2)五行动态中和:"天地之气,合而为一,分为阴阳,判为四时,列为五行。"不仅阴阳学说要求达到动态中和,五行学说同样需要达到动态中和。中医五行学说"生克制化"的关系说明人体以五脏为核心的脏象系统中,各个部分不是孤立的,而是协调平衡,配合运作的。

五行有相生、相克的顺序,如班固《白虎通德论·卷三·五行》所谓:"五行所以更王何?以其转相生,故有终始也。木生火,火生土,土生金,金生水,水生木……五行所以相害者,天地之性,众胜寡,故水胜火也;精胜坚,故火胜金;刚胜柔,故金胜木;专胜散,故木胜土;实胜虚,故土胜水也。"五行生克之至理即是《素问·六微旨大论》的"亢则害,承乃制"一句。正因如此,中医五脏系统之间亦相互协同(五行相生:如肝木生心火,肝藏血主疏泄,调节血流量、参与生血,辅助心完成推动血液循环运行的功能;如肺金生肾水,肺主行水,协助肾完成水液代谢等;又如毛知母可以通过滋养肺阴以生肾水而清相火,知柏地黄丸之制也)、互相制约(五行相克:如肾水克心火,肾阴制约心阳,防

止心阳偏亢,从而维系心肾既济的平衡;如脾土克肾水,脾主运化水液,防止肾所主的水液泛滥为患),以维系机体整体的平衡。

我们研究团队认为"五行互藏"理论是五行生克制化发生的内在原因。所谓"五行互藏",是指五行中任何一行皆包含有其他四行。五行互藏的思想,在《黄帝内经》中早有蕴涵。《素问·阴阳别论》曰:"脉有阴阳……凡阳有五,五五二十五阳。"《灵枢·阴阳二十五人》划分人的体质类型时就是按照五行互藏的思想分类的。明确提出"五行互藏"这一概念的是明代著名医家张介宾,《类经图翼·五行统论》曰:"五行者,水火木金土也……,第人皆知五之为五,而不知五者之中,五五二十五,而复有互藏之妙焉。"明代医家赵献可对五行理论有精辟的论述,在《医贯·五行论》中指出,"五行各有五,五五二十五,五行各具一太极,此所以成变化而行鬼神也。"并以水火为例加以阐释:"论五行各有五,以火言之,有阳火,有阴火,有水中之火,有土中之火,有金中之火,有木中之火……以水言之,有阳水,有阴水,有火中之水,有土中之水,有金中之水,有木中之水……此水中之五行也。明此水火之五行,而土木金可例推矣。经曰:纪于水火,余气可知。"指出五行之中又寓五行,而每一五行皆是一生化之机,即五行互藏之义。

由此亦可以推导出机体"五脏互藏",就是说,五脏中的每一脏又蕴含五脏。正如张介宾《脉神章》所言:"凡五藏之气,必互相灌濡,故五藏之中,必各兼五气。"这里显然强调了五脏的每一脏中均含有他脏之气,与其中任何一脏都密切相关。并进一步解释"五脏五气,无不相涉,故五脏中皆有神气,皆有肺气,皆有脾气,皆有肝气,皆有肾气。"如脾为后天之本,五行属土,以长养万物,转输水谷精微于五脏,维持全身的生理活动,故与四时相应,不独主时。《素问·太阴阳明论》云:"脾者土也,治中央,常以四时长四脏,各十八日寄治,不得独主于时也。"脾土寓于四时,脾气亦藏于五脏。故补土派医家周慎斋有"心之脾胃,肝之脾胃,肺之脾胃,肾之脾胃,脾胃之脾胃"之说。即五脏中的每一脏功能均受其他四脏的影响,同时又调控着其他四脏的功能,任何一脏的病变也均不同程度地波及其余四脏,五脏之间相互依存,相互制约,相互资助,相互渗透,共同构成了"五脏互藏"的功能结构,这使得五脏之间的联系变得更加清晰而明了,这也就是敦煌遗书《辅行诀五脏用药法要》中的五脏互藏

五味的关联本质。

所以，五行所达到的平衡，不是绝对的静止，而是基于运动、变化着的平衡，《黄帝内经》等经典医籍中这些表面上看起来周而复始的阴阳、五行循环，实际上反映了生命体整体的和谐与动态的平衡，也正是我们致力于要在"敦煌医学文化"中深入挖掘的"位、交、中、和"的气机动态运化的主要内容。

### 2. 阴阳五行之失和

其实阴阳之气交的内容，在前面章节中已经详细地探讨过了，至于其"失和"还是那句："变易之两个方面：正常的称为'阴阳交'，异常的称为'阴阳交变'，即《伤寒论》所谓'阴阳交易，人变病焉'。"

《素问·生气通天论》谓："岐伯曰：阴者，藏精而起亟也，阳者，卫外而为固也。阴不胜其阳，则脉流薄疾，并乃狂。阳不胜其阴，则五藏气争，九窍不通。"又有《素问·阴阳应象大论》谓："阴胜则阳病，阳胜则阴病。阳胜则热，阴胜则寒。""阳胜则身热，腠理闭，喘粗为之俯仰，汗不出而热，齿干以烦冤，腹满，死，能冬不能夏。阴胜则身寒汗出，身常清，数栗而寒，寒则厥，厥则腹满，死，能夏不能冬。此阴阳更胜之变，病之形能也。"《素问·调经论》亦说："阳虚则外寒，阴虚则内热，阳盛则外热，阴盛则内寒。"

这些都是意在阐述外感内生邪气导致阴阳太过、不及抑或阴阳失调的病机变化，倘若这种阴阳"失和"发展到阴阳双方难以维系的程度，则又如《素问·生气通天论》所说："阴阳离决，精气乃绝。"所以，阴阳"失和"是疾病发生、发展、变化的根本原因。所以，机体阴阳的两个面一定不能孤立分割来看，其中和、失和皆与阴阳二者动态平衡的维系和打破息息相关。

同样地，孤立五行，太过则郁，《素问·六元正纪大论》谓："岐伯曰：木郁达之，火郁发之，土郁夺之，金郁泄之，水郁折之，然调其气，过者折之，以其畏也，所谓写之。"另外，五行克制太过，亦会病，如《素问·宝命全形论》所谓："岐伯曰：木得金而伐，火得水而灭，土得木而达，金得火而缺，水得土而绝，万物尽然，不可胜竭。"

五行中的某一行太过（太强）或者不及（太弱），则出现"乘"或"侮"的不正常情况，如《素问·五运行大论》所说："气有余，则制己所胜而侮所不胜；其不及，则己所不胜侮而乘之，己所胜轻而侮之；侮反受邪，侮而受邪，寡于畏也。"

自此，五行固有的和谐、平衡状态被打破，也就产生了疾病。当然了，当五行出现相乘、相侮异常克制时，机体又会遵循"亢则害，承乃制"的规律而力图维护、弥补这种固有平衡，则出现抵御外邪、自我修复的反应，这也反过来印证五行之间总是不断发生"生克制化"的"气化交变"而维系动态平衡的关系。

又有《素问·六节藏象论》谓："帝曰：五运之始，如环无端，其太过不及何如。岐伯曰：五气更立，各有所胜，盛虚之变，此其常也。帝曰：平气何如？岐伯曰：无过者也。帝曰：太过不及奈何。岐伯曰：在经有也。帝曰：何谓所胜。岐伯曰：春胜长夏，长夏胜冬，冬胜夏，夏胜秋，秋胜春，所谓得五行时之胜，各以气命其藏。帝曰：何以知其胜。岐伯曰：求其至也，皆归始春，未至而至，此谓太过，则薄所不胜，而乘所胜也，命曰气淫。不分邪僻内生，工不能禁。至而不至，此谓不及，则所胜妄行，而所生受病，所不胜薄之也，命曰气迫。所谓求其至者，气至之时也。谨候其时，气可与期，失时反候，五治不分，邪僻内生，工不能禁也。帝曰：有不袭乎。岐伯曰：苍天之气，不得无常也。气之不袭，是谓非常，非常则变矣。帝曰：非常而变奈何。岐伯曰：变至则病所，胜则微，所不胜则甚，因而重感于邪，则死矣。故非其时则微，当其时则甚也。"

不仅机体如此，天地"五运气交"亦如此，当其"五运气交变易"时，人身感受而发为病。五行"失和"同样是疾病发生、发展、变化的根本原因。

### 3. 阴阳五行之求和

从《素问·生气通天论》"凡阴阳之要，阳密乃固，两者不和，若春无秋，若冬无夏，因而和之，是谓圣度。故阳强不能密，阴气乃绝，阴平阳秘，精神乃治，阴阳离决，精气乃绝"中提炼出"因而和之，是谓圣度"。从《素问·至真要大论》"帝曰：治之奈何。岐伯曰：上淫于下，所胜平之，外淫于内，所胜治之。帝曰：善。平气何如。岐伯曰：谨察阴阳所在而调之，以平为期，正者正治，反者反治"一句中提炼出"察阴阳所在而调之，以平为期"。这两句即是《黄帝内经》主张"治病求和"的学术思想。阴阳和合，疾病方愈，《伤寒论·辨太阳病脉证并治》亦谓："凡病若发汗、若吐、若下、若亡津液、阴阳自和者，必自愈。"

又有《素问·阴阳应象大论》谓："黄帝曰：阴阳者，天地之道也，万物之纲纪，变化之父母，生杀之本始，神明之府也，治病必求于本。"而其《素问·生气通天论》与《素问·六节藏象论》中皆有"夫自古通天者，生之本，本于阴阳"一句，则求阴阳之"平和"，以中医之手段，行药石针灸之手法，恢复阴阳状态的相对平衡，达到阴阳乃至四象、六经之"气化交变"的气机中和的最佳状态，正是中医学一切临床理论与实践的根本初心和最终使命。

至于其治，则如《素问·宝命全形论》谓："一曰治神，二曰知养身，三曰知毒药为真，四曰制砭石小大，五曰知府藏血气之诊。五法俱立，各有所先。今末世之刺也，虚者实之，满者泄之，此皆众工所共知也。若夫法天则地，随应而动，和之者若响，随之者若影，道无鬼神，独来独往。"又如《灵枢·九针十二原》谓："凡用针者，虚则实之，满则泄之，宛陈则除之，邪胜则虚之。句中'虚者实之，满者泄之'与《管子·小称》'是以长者断之，短者续之，满者洫之，虚者实之'当属同取象，皆是补不足而泻有余之法。"

又如《素问·至真要大论》谓："帝曰：善。五味阴阳之用何如。岐伯曰：辛甘发散为阳，酸苦涌泄为阴，咸味涌泄为阴，淡味渗泄为阳。六者，或收，或散，或缓，或急，或燥，或润，或耎，或坚，以所利而行之，调其气，使其平也。帝曰：非调气而得者，治之奈何。有毒无毒，何先何后，愿闻其道。岐伯曰：有毒无毒，所治为主，适大小为制也。帝曰：请言其制。岐伯曰：君一臣二，制之小也，君一臣三佐五，制之中也，君一臣三佐九，制之大也。寒者热之，热者寒之，微者逆之，甚者从之，坚者削之，客者除之，劳者温之，结者散之，留者攻之，燥者濡之，急者缓之，散者收之，损者温之，逸者行之，惊者平之，上之下之，摩之浴之，薄之劫之，开之发之，适事为故。"其所罗列的皆是求阴阳之"平和"的具体措施。

此外，中医学同样重视求五行之"平和"。首先，自然与机体自身就有一套自我五行系统修复的能力，即所谓"五行胜复"理论，如《素问·气交变大论》："帝曰：善。其德化政令之动静损益，皆何如。岐伯曰：夫德化政令灾变，不能相加也。胜复盛衰，不能相多也。往来小大，不能相过也。用之升降，不能相无也。各从其动而复之耳。"至于其"报复"的力度，则"微者复微，甚者复甚"。这与前面所说的"当五行出现相乘、相侮异常克制时，机体又会遵循'亢则害，承乃制'的规律而力图维护、弥补这种固有平衡，就会出现抵御外邪、自我修复的反应"是同一个内容。其次，中医学还通过调节五行生克制化关系来求五行之"平和"。如"虚则补其母，实则泻其子"（《难经·六十九难》）、"子

能令母实，母能令子虚"(《难经·七十五难》)、"见肝之病，则知肝当传之与脾，故先实其脾气，无令得受肝之邪"(《难经·七十七难》)、"迎而夺之者，泻其子也；随而济之者，补其母也"(《难经·七十九难》)。又如宋朝医家徐大升《五行相生相克宜忌》谓："强金得水，方挫其锋；强水得木，方缓其势；强木得火，方泄其英；强火得土，方敛其焰；强土得金，方化其顽。"

其他如治疗肝肾阴虚或肝阳上亢的滋水涵木法、治肺脾气虚的培土生金法、治肺肾阴虚的金水相生法、治肝旺脾虚或肝气犯胃的抑木扶土法、治肝火犯肺的佐金平木法、治心火旺肾阴虚的泻南补北法等。又如肝郁生火时，除了可以直接疏肝气、养肝血，柔肝助木条达，尚可以根据五行生克理论清心火（泻子虚母）、养肾水（滋水涵木）、健脾土（培土侮木）及宣肺气（悲胜怒）等方法来抑制肝火。其中"悲胜怒"为中医从五行生克中总结的"以情制情法"，出自《素问·阴阳应象大论》和《素问·五运行大论》，如"悲胜怒"（金克木）、"恐胜喜"（水克火）、"怒胜思"（木克土）、"喜胜忧"（火克金）、"思胜恐"（土克水）。

敦煌遗书《辅行诀五脏用药法要》尚有"五脏互藏五味"理论："经云：在天成象，在地成形，天有五气，化生五味，五味之变，不可胜数，今者约列二十五种，以明五行互含之迹，以明五味变化之用。"又如："味辛皆属木，桂为之主。生姜为火，附子为土，细辛为金，干姜为水。味咸皆属火，丹皮为之主。大黄为土，葶苈子为金，泽泻为水，旋覆花为木。味甘皆属土，人参为之主。甘草为金，茯苓为水，薯蓣为木，炙甘草为火。味酸皆属金，麦门冬为之主。枳实为水，芍药为木，萸肉为火，五味子为土。味苦皆属水，地黄为之主。黄芩为木，黄连为火，术为土，竹叶为金。此二十五味，为诸药之精，多疗五脏六腑内损诸病，学者当深契焉。"可以作为依据五行组方遣药的内在依据。

不仅如此，针药手法同样"求和"而不至于太过，如《素问·五常政大论》所谓："岐伯曰：病有久新，方有大小，有毒无毒，固宜常制矣。大毒治病，十去其六，常毒治病，十去其七，小毒治病，十去其八，无毒治病，十去其九。谷肉果菜，食养尽之，无使过之，伤其正也。"又有《灵枢·五禁》谓："黄帝曰：余闻刺有五过。岐伯曰：补写无过其度。"皆是言针药时必"中病即止"，手法适中。可以说"求和"思维贯穿于中医认识机体生理、病理以及治病、防病的各个环节，是中医"和合思维"的重要体现。

综上所述，阴阳五行之中和、失和、求和，都不离乎"气化交变"之位交中和的动态过程，中医正是在这个动态过程中求其平衡，在其平衡中求取"气化和合"的最佳状态。

# 第二节 敦煌医学文化和

## 一、"和而不同"论生存

### （一）"和而不同"

此前，着重论述了"和"之内涵、外延，意在求"致中和"之理，探讨"中和"的意义，求取"和谐"的重要性。再次回归到"敦煌和"的命题上，不得不从"和而不同"入手，从另一个角度给予补充和完善，期待尽可能地将更为完整的"和思维"呈现给大家。

"和而不同"的辩证实际上在春秋时期甚至更早就有了。如《论语·子路》中："子曰：'君子和而不同，小人同而不和。'"这里的"和"更近乎和睦相处的意思，而"同"则是同流合污，即是说君子在一起总是和睦相处但不会相互同流合污，小人在一起多同流合污而不能和睦相处。又如《中论·法象》谓：《诗》云：'靖恭尔位，正直是与。神之听之，式谷以汝。'故君子之交人也，欢而不媟，和而不同；好而不佞诈，学而不虚行；易亲而难媚，多怨而寡非；故无绝交，无畔朋。"这句话阐述了"君子之交"的特点：相互取乐但不轻慢侮辱，和睦相处但不同流合污，好客逢迎但不巧言欺诈，求学笃实绝不虚假作为，平易近人却不谄媚奉承，虽然有所抱怨但很少责怪非难……其中就有"和而不同"。

自此以降，"和而不同"大都取义于此，如《申鉴·政体》谓："君臣亲而有礼，百僚和而不同，让而不争，勤而不怨，无事惟职是司，此治国之风也。"又有《汉纪·孝武皇帝纪一》谓："以文会友，和而不同，进德及时，乐行其道，以立功业于世。以正行之者，谓之君子。"又有《后汉书·文苑列传下》谓："是以君子之行，周而不比，和而不同，以救过为正，以匡恶为忠。"其中"周"即随和

于众、亲平于民，"比"即前后紧随、结党为奸，"周而不比"意为亲和而不勾结，可以算作是"和而不同"的近义词，类似的还有"群而不党""和而不流"，皆为夫子垂教遗训。

虽然"和而不同"的内涵很是明确，无须辩解，但是如果借鉴过来解读"敦煌文化"则有待翻新。"和"之义前文已经叙述详尽，即交汇融合、调和达睦而至"和谐"；至于"同"，如果理解为"同流合污"，那么"不同"，则提示各类文化在敦煌交汇融合的时候要摒弃"流俗""污秽"。这只能体现西方文化在"中化"、蜕变成敦煌文化的过程中所表现的"去其糟粕""存其精华"的行为特点，敦煌医学文化相比融入进来的西方医学文化元素究竟有无"倒退式"的保留则不好评价。显然，这还远远不能尽情表述敦煌医学文化动态之和。

重新追究"和而不同"，可参考《国语·郑语》中"以他平他谓之和，故能丰长而物归之；若以同裨同，尽乃弃矣"之义。这里的"和"是将一种事物"平齐"另一种事物，即"相济"，相互补充、发展；而"同"则是将一种事物"接续"另一种事物，即单纯的"堆叠"。所以"和而不同"就是说要高度地和合既济，不能简单地堆叠续接！

这提示研究者不能单纯地将敦煌医学文化认识为只是简单地在其组成的单元上发生了数量的"堆叠"。同样，在剖析敦煌医学文化内涵时亦不能简单地作数学上的分割，低级地认为它只是"组成多元"的；相反，应该从这些组成敦煌医学文化的文化单元中探索它们交汇融合而又互相补充发展的规律，这样才能发现并理解它是"文化多元"的。其实，这也是敦煌医学文化能够存留至今最根本的原因：中医学、西方医学，中医学、古印度医学，儒、道、释教义和百家思想以及不同历史时期多民族文化在敦煌相遇后并没有单纯的叠加，而是不断交汇融合，不断碰撞摩擦，不断补充发展，不断汲取创新，最终变化为调和达睦的多元化的敦煌医学文化。

"同"尚有"同化"的作用，"被同化"的结果就是不断失去自我，"同化"的结果就是越来越单一；可以毫不客气地说，文化层面的"同化"无疑等同于"消灭""湮灭"。"和而不同"也有"融合"但不能被"同化"的这一层道理，这也顺应事物生存发展的固有规律，以保证事物能够多元化留存而不被完全"同化"至"消亡"。其实，传统中医学一直遵循着这样一种"和而不同"的规律，传承并创新着自我，统一并丰富着自我，和合并完善着自我。所以，即便是在当下这般，中医药大学高等教育的体制与中医药执业资格考试的高度"统一"下，中医药的传承仍然是多元化的、多学派的，依然呈现着百家争鸣的大好势头，这很大程度上归功于"民间中医"的"执着存在"与"笃定坚守"。但让人惋惜的是好多流派并没有很好地得以传承，个中缘由值得自上而下的中医药人士思考。

不仅如此，在交流探讨时，并没有把敦煌医学中的中医学部分完全列属于中医学，而是辩证地看待并深入挖掘其核心体系在数千年的历史长河中的不易与变易，并深刻剖析其方方面面的影响因素；换句话说，大家从没有将之简单地等同于中医学的任何一个分支，相反，尊重每一种医学文化发生发展的过程。同时也没有将敦煌医学之中宗教医学的部分单纯地归功于儒、道、释三家，也同样没有将其中的"舶来品"完全独立、坚决剔除或是被"拿来主义"，而是珍视这不同医学文化大融合的难得，珍视其中多种文化元素的独特魅力与特有高度。不得不感慨：敦煌医学文化就是多种医学文化发生"位、交、中、和"完整过程的最完美的艺术品！

无论是调和达睦而不同流合污，还是内涵多元而非数学分割，抑或是交汇融合而不被同化消灭，都便于人们认识、解读、挖掘敦煌医学文化的本质，而将这些解读的方法转化为现代价值，也就正是"和而不同论生存"。

### （二）敦煌地貌不同

敦煌之地域，汇揽西域之风姿，有着与中原地区不一样的风貌，其"南枕气势雄伟的祁连山，西接浩瀚无垠的库姆塔格大沙漠，北靠嶙峋蛇曲的北塞山，东峙峰岩突兀的三危山，地处青藏高原北部边缘地带"，是沙漠、戈壁、绿洲、沙床、河流等不同地理元素调和达睦、和谐造化的结果，是河西走廊弥足珍贵的"凹地""绿洲"。大可以这样来勾勒它的风貌：是被西北沙漠戈壁与东南起伏山地"混淆"着的异样大陆。也的确当用"异样"来形容它，因为很少有一个地方能够看到这么多天然地貌，而且无一处相同。

他处有山，但敦煌的山不一样。三危山之"危峰东峙"，有"三峰耸立，如危欲坠"之奇象，主峰设"王母宫"，腹地有"观音井"，前坊立"南天门"，整体一个佛道圣地、通天宝境。三危山通体上下并无几棵参天林木，顶多是些西北特有的矮小灌木，稍带绿色，乍一看，就整个一体的敦厚石土颜色。每每夕

阳西斜，落日余晖半掩于三危山顶，从三危两肩罅隙里透射出万丈光芒，再与山石映衬，就更显苍老慈祥、敦厚善良，如若又披戴云霞，则几近普照佛光。据《莫高窟记》一文知，前秦建元二年（公元 366 年），游僧乐僔就是路过三危山时见此佛光才顿然感悟、立身成佛，开凿了第一个佛窟予以香火供养。那时，这里早就被认为是道教西王母的行宫，有王母信使三青鸟常常出没，由此还能牵扯出西王母与周穆王间一个又一个的美丽传说。可想而知，佛道大义皆视此处为修行圣地，文化之汇聚交融已成必然。

他处有河，但敦煌的河不一样。疏勒河的分支从肃北开出，自东南向西北继续绵延，经地表、地下毫无障碍地直达鸣沙山，继而在沙枣园"党河峡口"进入党河水库，后竟峰回路转、改向东北，形成党河积扇，不断补充月牙泉水，随后又灌溉敦煌绿洲，最终消耗、迷失于"敦煌西湖"。一条党河，时出于地表，时入于地下，经流不息，却又难以接续，天然的冰川雪水是其来源，稀罕的大气降雨是其补给，承载着边陲战马与将士的鲜血，净化出能够养育百姓的甘泉，流经千年，依然圣洁。据说最早时候的党河还能继续向西，又重回疏勒河的怀抱，并与之相拥追逐，担负着西行哺育生灵的使命，最远可以到达新疆罗布泊腹地。党河本身就是西域变迁的见证，几乎所有的敦煌传说都能与之联系起来，这大概也是每一条"母亲河"所共有的高贵：育养生灵而不计回馈，盛衰变迁而不止流行。

他处有湖，但敦煌的湖不一样。党河所经之地，成就了多个沙漠戈壁特有的湿地、沼泽，"敦煌西湖"就是最为传奇的一个。说是"西湖"，却不似杭州西湖那般绿意盎然，没有柳条垂丝，没有烟波咏钓，也没有断桥春潮，甚至记忆里都不曾有过多深的水。然而，它却能阻断库姆塔格大沙漠（传说其"长八百里，古曰沙河，目无飞鸟，下无走兽，复无水草"）向东侵蚀，终将成为守护敦煌绿洲的一道湿地屏障。因为它有"和而不同"的品质，所以始终坚守着自己的使命与本真。正因此，天公造化，在沙漠戈壁的一端，恩赐予它活千年、死千年、腐千年，并能与汉代烽燧一起屹立千年的胡杨林，枯朽就是它的生命力，色彩虽然单一，气度绝然不凡。虽没有多少游鱼水珍、飞鸟水鸭，但却不乏湿地芦苇、红柳植被，尚有西部特有的野生骆驼和奔马。

他处有泉，但敦煌的泉不一样。《后汉书·郡国志》引南朝《耆旧记》云：

"敦煌'山有鸣沙之异，水有悬泉之神'"，鸣沙山下月牙泉从古至今都盛名在外。鸣沙山为流沙积成，因沙动成响而得名；月牙泉处于鸣沙山环抱之中，其形酷似一弯新月而得名。"山泉共处，沙水共生"的奇景吸引了不少中外游客，"滑沙"是最受欢迎的游玩项目之一。且不说鸣沙山的这股"和而不同"的傲气，单是这千年弯月自守贞洁而不与风沙共同风蚀枯竭就让人向往不已。清泉水澈，流沙细腻，心静时天地间万物都显得温柔和睦。

### （三）天地人和而不同

中国古代哲学认为自然界是一个统一的整体，天有日、月、星，地有水、火、风，人有精、气、神，天、地、人三者之间维系着感而相应的关系，这也正是中国古代易理哲学"三才思想"的分属内容，即如《易·系辞下》所谓："有天道焉，有人道焉，有地道焉。兼三才而两之，故六。六者非它也，三才之道也。"自此，天、地、人有了"三才"的称谓，并流传至今。

《春秋繁露·立元神》的"天地人，万物之本也"一句更是将它推向了一个"万物之本"的高度，几近极致地凸显了其重要性与根本性。又曰："天生之，地养之，人成之。天生之以孝悌，地养之以衣食，人成之以礼乐，三者相为手足，合以成礼，不可一无也。"则又是说天教人以孝悌，即天在道德的层面感召着人；地养人以衣食，即地在物质的层面供养着人；人以"礼乐"来完善自我，即在文化的层面成全了自己，而将三者合起来就是所谓的"礼"，亦即提出了"三才合一"的思维模式。

"三才合一"的思维模式恰好是对"道生一（即一气），一生二（即阴阳），二生三（即三才）"的思维模式的逆向补充，它阐述了"合则一气，分则三才"的原理，这是道家认识、总结事物普遍规律的思维与方法，也是儒家用来教化众俗并成全礼乐的说理工具和教义信条。不同的宗教赋予其不同的内涵和用途，这也是"天地人和而不同"观最浅层次的体现。

"三才"思维在中医学基础理论中同样发挥了其独特的价值。

首先，"天人合一"是"三才合一"思想的一个特殊而具体的体现。关于"天人合一"的内容，在前面的章节中已然详尽探析，尤其是在"敦煌医学文化交·神气交"部分，更是将之提升到最核心的"神气交"的地位，这里不再赘述。

其次，运用"三才"思维同样能够解读人之生理与病理。如《素问·宝命全

形论》有言："夫人生于地，悬命于天，天地合气，命之曰人。"这体现了中医学特别重视天、地对人的影响，"天地合气"是人赖以生长和收藏的本质原因和基本条件：天地各守其位，气交于中即为人。

又如《素问·阴阳应象大论》谓："故清阳为天，浊阴为地。地气上为云，天气下为雨；雨出地气，云出天气。故清阳出上窍，浊阴出下窍；清阳发腠理，浊阴走五藏；清阳实四肢，浊阴归六腑。"天者，聚清气而成，为阳也；地者，集浊气而成，为阴也；天地阴阳不孤生孤长，必居其"位"而发生"气交"；天气下降，地气上升，中而冲和即为人。同样，人禀赋天地"位交中和"之气化过程，必以其理而发生生长化收藏，故而于人也有天地、阴阳"位交中和"的气机变化。

又如《素问·三部九候论》所谓："帝曰：愿闻天地之至数，合于人形血气，通决死生，为之奈何？岐伯曰：天地之至数始于一，终于九焉。一者天，二者地，三者人，因而三之，三三者九，以应九野。故人有三部，部有三候，以决死生，以处百病，以调虚实，而除邪疾。"则又是将人体察色诊脉分成了三三得九候。同样在该篇经文中详细地归纳总结了"三部九候"，为中医诊断学的内容一直沿用至今。

此外，诸如此类的还有"三焦""三脘"等的概念，亦是按"三才思维"分属归纳的。《难经·三十一难》曰："三焦者，水谷之道路。"《医学发明·三焦统论》曰："三焦者，主持诸气，以象三才之用，故呼吸升降，水谷往来，皆得此以通达"。又有《脾胃论·脾胃虚则九窍不通论》云："天气、人气、地气，乃三焦之气，分而言之则异，其实一也，不当作异名异论而观之。"三焦之功用则又如《灵枢·营卫生会》所谓："黄帝曰：善。余闻上焦如雾，中焦如沤，下焦如渎，此之谓也。"《扁鹊神应针灸玉龙经·标幽赋》则谓："天地人三才也，涌泉同璇玑、百会。"百会在顶应天，主气；涌泉在足应地，主精；璇玑在胸应人，主神；精、气、神同样可以被称为"三才"。

亦有"三脘"部位、功能之分属：《医碥》之"上脘名贲门，在脐上五寸。"《针灸大成》之上脘主"翻胃呕吐食不下"；《针灸甲乙经》之"中脘一名太仓，胃募也，在上脘下一寸，属心蔽骨与脐之中"，《难经·三十一难》之中脘主"腐熟水谷"，《针灸大成》之中脘主"食饮不化"；下脘别名幽门，《针灸大成》之"在建里下一寸，脐上二寸，穴当胃下口，小肠上口，水谷于是入焉"。整体上中医学

认为上脘主"受纳"，中脘主"腐熟"，下脘主"通降"及"排泄"。又如上脘穴、中脘穴、下脘穴之谓，不受纳可刺上脘，不腐熟可温中脘，不通降则刺下脘。

再次，"三才思想"在中药里也有体现。中药有以"三才"命名的一组药，即"三才汤"（《温病条辨》卷三），由天冬、地黄、人参组成：天冬甘润苦寒之性较强，可以养阴润燥、清肺生津，肺在人体象"天"；人参甘温补虚，为补脾气之要药，脾在人体象"人"；地黄甘寒质润，可以滋肾阴而降虚火，肾在人体象"地"。三药之名取三才之法，三药功用守三才之效，三药中的（dì）之脏又分属三才之象，故而以"三才汤"命名，"两复阴阳，而偏于复阴"，以治"暑温日久，寝卧不安，不思饮食，元气阴液两伤者"。

实际上，机体单是"天地人"之分属顺序就已经有不同的内容了。《释序卦》曰："三才之序，先天地而后万物，万物盈天地之间，人居万物之中。"说明先天地，而后生人，天气与地气相交成万物，即从哲学角度明确了天、地、人的顺序。《素问·三部九候论》之"一者天，二者地，三者人，因而三之，三三者九，以应九野"所谓，又有《素问·六微旨大论》之"上下之位，气交之中，人之居也"所谓，可见《黄帝内经》之中既言天、地、人之顺序，又言天、人、地之顺序。人处于天地"气交"之中，天、人、地的顺序则更侧重于"以人为中心"或"以人为本"。

《灵枢·岁露》篇谓："人与天地相参也，与日月相应也"。这里的"参"和"应"不仅要言其位置相参，更要言其功能相应。所以不论"三才"的顺序怎么变，都仍然不离"象法天地"。其中上天、中人、下地，是自然界对人体气化交感的顺序；而上焦、中焦、下焦则是人体这一小宇宙之内发生的气的"位交中和"：心肺居其上焦，宣发卫气，布散水谷，犹天气雾露之溉，应天；脾胃居中焦，泌糟粕，蒸津液，化精微，生养全身，犹土长万物之性，应地；肾居下焦，藏精，主生长发育和生殖，精血化源相同，血充其脉，其精来源于父母，又为生命之本源，故肾应人。

所以，得出"天地人和而不同"的结论：天地阴阳交感，中而冲和为人，这是自然界大宇宙的"气交"规律和状态；上焦如雾——上脘主受纳——心肺之鼓动气血应"天行健"之乾象，中焦如沤——中脘主腐熟——脾胃之运化水谷、承载转输应"地势坤"之土德，下焦如渎——下脘主通降、排泄——肝肾主藏精血而泄糟粕应乎人。这是人体小宇宙气机之"位交中和"的动态规律。

### （四）人不同

人有男有女，有商贾有学究，有君子有小人，有官僚有民众，有常人有奇人，有敦煌人有外地人……，因所处不同的生理病理、时空位置和身份地位而人人有别。

人之生理、病理因其"地理位"而不同，如《素问·异法方宜论》所谓："黄帝问曰：医之治病也，一病而治不同，皆愈何也？岐伯对曰：地势使然也。故东方之域，天地之所始生也。鱼盐之地，海滨傍水……故其民皆黑色疏理，其病皆为痈疡。西方者，金玉之域，沙石之处，天地之所收引也……其民不衣而褐荐，其民华食而脂肥，故邪不能伤其形体，其病生于内。北方者，天地所闭藏之域，其地高陵居，风寒冰冽，其民乐野处而乳食，藏寒生满病。南方者，天地之所长养，阳之所盛处也……故其民皆致理而赤色，其病挛痹。中央者，其地平以湿，天地所以生万物以也众，其民杂食而不劳，故其病多痿厥寒热。"

这段文字并不深奥，大可不必上升到"五行"统摄分类的哲学高度，一句简单的俗语即可完美概况："一方水土养育一方人！"这正是文中所提到的"地势使然"。然而，只是学医做学问时又要求我们珍惜每一句医籍经典，也就要求我们不仅要从中解读出"五行"分类原则（东方甲乙木，南方丙丁火，中央戊己土，西方庚辛金，北方壬癸水），还要解读出"五方人"的禀赋（东方人食鱼嗜咸、皮肤色黑而腠理疏松，南方人食胕嗜酸、皮肤色赤而腠理致密，中央人食杂而不劳，西方人华食、脂肥，北方人野畜、食乳），还要读出"五方病"，同时还要读出"五方治"……还要知道"药、石、针、灸"等医疗手段的出处。这也进一步说明了敦煌土著居民同外来移民在生理结构、病理特点上确实存在细微区别。

又如《素问·阴阳应象大论》谓："天不足西北，故西北方阴也，而人右耳目不如左明也。地不满东南，故东南方阳也，而人左手足不如右强也。帝曰：何以然？岐伯曰：东方阳也，阳者其精并于上，并于上则上明而下虚，故使耳目聪明而手足不便也。西方阴也，阴者其精并于下，并于下则下盛而上虚，故其耳目不聪明而手足便也。故俱感于邪，其在上则右甚，在下则左甚，此天地阴阳所不能全也，故邪居之。"这也是"地势使然"，天地所受阴阳、清浊之气不

同，而人以"天地之气生，四时之法成"（《素问·宝命全形论》），"天人相应"，则人全然是自然的"全息"产物，人的结构、生理、病理皆与自然相应。

人之生理、病理还因其"社会位"而不同，如《灵枢·根结》："黄帝曰：逆顺五体者，言人骨节之大小，肉之坚脆，皮之厚薄，血之清浊，气之滑涩，脉之长短，血之多少，经络之数，余已知之矣，此皆布衣匹夫之士也。夫王公大人，血食之君，身体柔脆，肌肉软弱，血气慓悍滑利，其刺之徐疾浅深多少，可得同之乎。岐伯答曰：膏粱菽藿之味，何可同也？气滑即出疾，其气涩则出迟，气悍则针小而入浅，气涩则针大而入深，深则欲留，浅则欲疾。以此观之，刺布衣者，深以留之，刺大人者，微以徐之，此皆因气慓悍滑利也。"布衣、匹夫固然与王公、大人之生活条件不同，饮食起居习惯不同，同样影响到人体生理，使得腠理疏密、经穴深浅等不同，这也就直接影响到了针刺治疗时选择针的大小和刺的深浅不同，所以也可以看出"社会位"与人之生理、病理及治疗息息相关。虽然当下人们之生活皆以"小康"为准，但社会之分工越来越细，行为之工种越来越多，同样有不同的身份、不同的境遇、不同的"地位"，所以临证时更当"因时、因地、因人"而宜。

五方之"地势使然"，贫富之"处境使然"，决定了人有不同的生理结构、病理特点，这些普遍存在的人体生理、病理特征分类法内容构成了中医最基本的体质学说——五行体质。当然，"五行体质"学说的内容远不止如此，《黄帝内经》中有《灵枢·阴阳二十五人》篇之更为详细的专述，其将"五行人"（亦称"五态人""五形人"）按五五二十五类细分，以五行为纵，以五音为横，相较简单的"阴阳体质"和"五行体质"则更为丰富、细致。

诸如此类，《黄帝内经》关于体质划分的描述内容很多，如《灵枢·通天》等根据人体阴气与阳气的多寡和盛衰不同，将人分为太阴、少阴、太阳、少阳、阴阳和平五种体质类型；在《灵枢·逆顺肥瘦》《灵枢·卫气失常》《灵枢·寿夭刚柔》《灵枢·论勇》等多篇中分别依据人的生理形态和功能特征将人划分为肥人、瘦人、壮人，并进一步将肥人划分为膏人、脂人、肉人，同时根据人的心理和行为特征分别将人分成"刚、柔"和"勇、怯"等体质类型；《素问·血气形志》将体质又分为形乐志乐、形苦志乐、形苦志苦、形乐志苦、形数惊恐五种体质类型；《灵枢·本脏》则根据内脏的解剖形态、位置、坚脆等进行了较为详细的分类。当然，如卞镝所言，在《伤寒杂病论》中尚有某"家"的"病理体质学说"，在《金匮要略》中尚有"平人""盛人""瘦人""素盛今瘦""尊荣人"等的体质学名词出现。

现代还有比较经典的体质学说，如王琦教授根据阴阳、气血、津液的偏颇失衡为命名依据提出平和质、气虚质、气郁质、血瘀质、痰湿质、湿热质、阴虚质、阳虚质、特禀质等九种体质；赵进喜教授根据"三阴三阳"六经理论将人体分为三阳体质（太阳体质：卫阳充实、卫阳虚弱、卫阳亢盛；阳明体质；胃阳亢盛、胃热阴虚、胃寒气实；少阳体质：少阳气虚、少阳气郁、少阳郁热）、三阴体质（太阴体质：太阴气虚、太阴阳虚、太阴湿阻；少阴体质：少阴阳虚、少阴阴虚、少阴阴阳具虚；厥阴体质：厥阴阳亢、阴虚阳亢、虚阳亢奋）等一十八种体质；黄煌教授提出的"药人体质"（有"桂枝体质""麻黄体质""柴胡体质""大黄体质""黄芪体质""半夏体质""人参体质""当归体质""芍药体质"等）和"方人体质"（有"温经汤体质""三黄泻心汤体质""炙甘草汤体质""黄芪桂枝五物汤体质""桂枝茯苓丸体质""桂枝加龙骨牡蛎汤体质""大柴胡汤体质""四逆散体质""当归芍药散体质""防己黄芪汤体质""防风通圣散体质"等）则又是从方证、药症角度基于"方—病—人""方证三角"的中医思维模型对体质的又一种分类。当然，还有男、女之不同，还有老、少之特殊。

尽管人们因先天禀赋、后天境遇还有"地理位""社会位"乃至"时空位"的不同影响，导致人与人生理结构、病理特征存在差异，但是医者临证时，除了细致区别辨证论治外，还要严格秉承"若有疾厄来求救者，不得问其贵贱贫富，长幼妍蚩，怨亲善友，华夷愚智，普同一等，皆如至亲之想"的精诚大医之道，这样才能在"不同位"中求得"人和"。

### （五）敦煌民族、风俗、文化等不同

敦煌，"敦者，大也；煌者，盛也"，取"盛大辉煌"之意。这是自东汉应劭解读后流传至今很普遍的一种解释，可见敦煌在历史上也曾有过极其鼎盛的时刻，至少在文化、军事、政治、经济地位上都可能曾有过极其辉煌的时代。所以，解读敦煌及其文化，尤其是"敦煌医学文化"时，必须立足于"时空位"的视角，以历史发展变化的眼光才能尽可能地洞察敦煌民族、风俗、文化之不同。否则，大家能看到的就只是敦煌现存汉族、回族、藏族、蒙古族、哈萨克

族、土族、侗族、苗族、满族、裕固族等民族分布之间的不同。

正如前文多次提及，敦煌文化的盛衰与其政治命运息息相关，坚持以"文化历史动态"来加以概括阐述，但尚且不能将其历史动态尽数表明。只因为其太过丰富，而可考究之史实资料又不尽如人意的多，所以所涉猎之内容尽量设定在敦煌学术界几近被公认的史料背景下，以此为"敦煌历史位"来阐述其文化之"位交中和"的动态过程，也方便进一步探讨其现代价值的命题相关。

敦煌民族、风俗、文化之不同又可以从其历代"移民活动"中得以领会。

从历史、神话涉及的时代，就有"迁三苗于三危"的"移民"记载，如《尚书·舜典》记载："（舜）流共工于幽州，放驩（huān）兜于崇山，窜三苗于三危，殛鲧（gǔn）于羽山，四罪而天下咸服。"又如西晋杜预《左传·昭公九年注》谓："允姓，阴戎之祖，与三苗俱放于三危者。瓜州，今敦煌。"《史记·五帝本纪》同样载："三苗在江淮、荆州数为乱。于是舜归而言于帝，请流共工于幽陵，以变北狄；放驩兜于崇山，以变南蛮；迁三苗于三危，以变西戎；殛鲧于羽山，以变东夷：四罪而天下咸服。"又有唐《通典·卷一百七十四·河州条》载："河州，昔舜流三苗于三危，即其地也，其后子孙为羌戎，代有其地"，所以从西戎到羌戎，其文化也在不断变革，狩猎、畜牧、农业育养了文化的不同。

秦时，河西广大地区为月氏占据，直到汉文帝六年（前174年）"匈奴入居敦煌祁连间"（《敦煌县志·编年志》），匈奴大败月氏，月氏人被迫西迁，整个河西地区全为匈奴人占据，匈奴与月氏虽都是马背上的民族，但野蛮与温顺一觑两般。到了西汉在敦煌设郡以后，政治因素影响下的"氏族移民"才逐步形成。西汉王朝实施"徙民实边政策"（《汉书·西域传》载"设置酒泉、敦煌郡后稍发徙民充实之"），在从中原引入劳力人口的同时，还将世家大族迁至敦煌，也就是前面提到的"敦煌世家大族"的来历。他们有的为戍守边地而来，如李广、张奂等；有的是避难西移而至，如张襄等；更多的则是贬官远徙，如索抚、氾雄、曹良才等，当然也有很多"隐居"的儒道学者，如《尚书记难》的作者张奂，还有其子"草圣"张芝，"亚圣"张昶（chǎng），另外，还有宋纤、索袭、敦禹等。如S.1889《敦煌氾氏人物传》中提到的氾雄在汉成帝时任御史中丞，后徙居敦煌，又S.390《氾嗣宗和尚邈真赞并序》中"济北名家，敦煌鼎族"，又P.4638中记曹良才"乃是亳州鼎族，因官停（辙）于龙沙"。

敦煌氏族多源出中原官宦大家，且能与中原政治势力取得、保持联系，配备较为成熟、先进的生产力与文化，氏族之间又多采取通婚联谊来发展、巩固其在敦煌的社会地位，就这样顺利地成就了两汉、隋唐时期的敦煌大姓望族的历史文化动态。索氏第 12 窟，李氏第 332、148 窟，阴氏第 231 窟，翟氏第 85、220 窟，曹氏（与阴氏合凿）第 61、55 窟，慕容氏第 12 窟等就足以说明"世族大家"是敦煌文化的主要传播力量。汉唐时期佛教在经敦煌内传中原的过程中也为敦煌文化平添了不可磨灭的宗教色彩，一直融合发展成为敦煌医学文化的一大特色，这一点在"宗教的历史动态"一节中已经详细论述过了，这里不再赘述。

唐灭后敦煌经历了甘州回鹘人的控制（1036—1068 年），独特的回鹘佛教又成了敦煌文化历史动态的一枝独秀。其后敦煌又属西夏（党项族）统治（1068—1227 年）（中原正值两宋更替），这一时期汉传佛教、藏传佛教、回鹘佛教有机结合，莫高窟也随之开凿、丰富。1227 年西夏灭，蒙古汗国（即孛儿只斤·铁木真于 1206 年建立的大蒙古国）占领敦煌，蒙古游牧文化进驻沙漠绿洲，马奶酒与葡萄酒陶醉敦煌大地。

至明朝以后"敦煌位"一凋再凋，敦煌文化一衰再衰。明初于敦煌有置沙州卫，但到明正统以后，其国势渐衰，敦煌等地渐次丧失，最终到嘉靖初又"尽徙关西汉民，退守嘉峪关"（《明史》卷三百三十《西域传二·西番诸卫》）。嘉靖七年（1528 年）敦煌直接为吐鲁番部族（信仰伊斯兰教）占去，敦煌佛教及莫高窟衰败一时，相继出现"佛像毁坏、龛（神龛）亦为沙所埋"之情形。

此后，至清初近两百年间，敦煌等地旷无建制，遂成为蛮荒之区；同时，满族主信萨满教，中国佛教文化也在敦煌与"路上丝绸之路"的传播开始凋敝。直到雍正时期（雍正元年，1723 年）在敦煌又设沙州所，雍正三年（1725 年）又升沙州所为沙州卫，属安西同知管辖，随后即开始了又一次大规模的移民、实边、屯垦，"农坊制度"也由此而诞生，为数众多的如肃州坊、兰州坊、靖远坊、宁州坊、清源坊等。到康乾时期，敦煌人口有所增加，农垦有所进步，随即大量开凿水渠以备灌溉之需，当时敦煌水利之便宜尚成就了"北流润野"的盛景，农耕、灌溉文化趋于主导，而石窟、宗教早已被尘封于地下似与这一时期无半点瓜葛。

漫漫历史长河，政治更替、主权纷争，"敦煌位"上民族、风俗、文化也随之变化不定，其间虽有交融、和合，但细节上终究各有差异、特色，其异同之处又难以尽数，总体上也呈现着"和而不同"。然而，不变的却是"敦煌位"包容、承载之坤德，敦煌文化也正是在这样"和而不同"的历史特色下保持着发生、发展以及变化的动态规律，正如此，所谓的"敦煌文化"也由此"生而存在"了下来，即敦煌文化之"和而不同论发展"。

## 二、"和实生物"论发展

### （一）"和实生物"

《国语·郑语》中就记载："公曰：'周其弊乎？'对曰：'殆于必弊者也。'《泰誓》曰：'民之所欲，天必从之。'今王弃高明昭显，而好谗慝暗昧；恶角犀丰盈，而近顽童穷固。去和而取同。夫和实生物，同则不继。以他平他谓之和，故能丰长而物归之；若以同裨同，尽乃弃矣。故先王以土与金木水火杂，以成百物。是以和五味以调口，更四支以卫体，和六律以聪耳，正七体以役心，平八索以成人，建九纪以立纯德，合十数以训百体。出千品，具万方，计亿事，材兆物，收经入，行姟极。故王者居九畡之田，收经入以食兆民，周训而能用之，和乐如一。夫如是，和之至也。于是乎先王聘后于异姓，求财于有方，择臣取谏工而讲以多物，务和同也。声一无听，物一无文，味一无果，物一不讲。王将弃是类也而与剸同。天夺之明，欲无弊，得乎？'"

史伯，西周末期思想家，太史官，自此史伯（伯阳父）提出了"和实生物，同则不继"的重要哲学命题。显然，这里的"和"与"同"意义不同，"和"是将一种事物平齐另一种事物，即"相济"；而"同"则是将一种事物接续另一种事物，即单纯的"堆叠"。前者会产生新的事物，即"和实生物"；后者只会引起数量的改变，不能产生新生事物，终究于事无补而被抛弃。最简单的道理：若同为一种声音，则单调得没法听；若同为一种风景，则单调得没办法看；若同为一种口味，则单调得令人生厌……"和实生物"最基本的形式就是"以土与金木水火杂，以成百物"，这是物质层面的实践写真，将之上升为思维哲理就是"和实生物"，可以说这一思想对后世的影响极其重要。

自此两百多年之后，著名思想家、政治家晏婴即向齐景公谏言"和同之

别"，其说理与史伯"和实生物"说略同，可见晏婴是接受史伯该思想观点的，甚至可以说就是对该思想的一大继承与发挥，其论述可在《左传·昭公二十年》《晏子春秋·外篇·景公谓梁丘据与己和晏子谏》等多篇史书类文章中窥见。

景公至自畋，晏子侍于遄台，梁丘据造焉。公曰："维据与我和夫！"晏子对曰："据亦同也，焉得为和。"公曰："和与同异乎？"

对曰："异。和如羹焉，水火醯醢盐梅，以烹鱼肉，燀之以薪，宰夫和之，齐之以味，济其不及；以泄其过，君子食之，以平其心。君臣亦然。君所谓可，而有否焉，臣献其否，以成其可；君所谓否，而有可焉，臣献其可，以去其否。是以政平而不干，民无争心。故《诗》曰：'亦有和羹，既戒且平；奏鬷无言，时靡有争。'先王之济五味，和五声也，以平其心，成其政也。声亦如味：一气，二体，三类，四物，五声，六律，七音，八风，九歌，以相成也；清浊，大小，短长，疾徐，哀乐，刚柔，迟速，高下，出入，周流，以相济也。君子听之，以平其心，心平德和。故《诗》曰：'德音不瑕。'今据不然，君所谓可，据亦曰可；君所谓否，据亦曰否。若以水济水，谁能食之？若琴瑟之专一，谁能听之？同之不可也如是。"公曰："善。"

晏子其论更将"和实生物"具体到了烹饪味道、声色音乐及君臣职责、百姓礼仪当中，并言明这种"和实生物"即是"相成""相济"，调和而成。正如此，味不同才有烹饪调和之丰富口味，声不同才有动人和声之五音六律，色不同才有让人流连忘返之景，见识不同才有百家争鸣之时，然而这些都又是"和合"的结果。这意在体现君臣和睦相处并不是说互相阿谀奉承，不是君王说什么臣子就"和"（奉承附和）什么，而是说要在适当的时候直谏君王之过错，指出君王之不是，这样才能互相在思维见解上有所补给，才能碰撞诞生新的更综合、更高深、更有利于实际势态的新思想，这样有利于发展。

据"和实生物"之义，"敦煌"一词是否也可以解释为：敦者，大也；煌者，荒也。即取其"地大而荒"之意，不也是河西走廊地广人稀的真实写照吗？至少，这样的解释又是敦煌文化历史动态衰落时期的写实，也刚好是对其"盛大辉煌"的补充。所以也可以看出不只是物质上可以"和实生物"，更重要的是要在思想上"和实生物"。从这得到的启示是，管理者与实操执行者之间同样

要有这样的互相补给思维、指出不足的意识与肚量,当然现实中由于"德位不配"的普遍现象致使实现这种人际关系有一定难度,但这种人际配合有其积极意义,值得推广。

当然,孔老夫子与七十二贤的"君子和而不同、小人同而不和"(《论语·子路》)也是这一思想的延续:君子和睦相处而不同流合污,小人同流合污则不能和睦相处。这是将"和实生物"具体到了人际关系上,君子之交如水清澈,不同流合污,未曾将自我恶习带入大众视野,未曾合谋做出影响集体声誉的事;相反地,小人群聚,看似可以连恶习粗野都能融洽相继,但实际上为个人利益往往各怀鬼胎,最终不能和睦长久。前者值得提倡,后者应当杜绝。当人与人交往都表现出君子之和睦时,则意味着大家都可以"守其正"而同处共事,又可尽可能避免"近墨者黑"而笃守本真与自我,将自己的优势尽情地发挥、团结创新、竞争进取,不断地为集体创造出新的东西,并能将已有成绩较好地延续。所以,虽然以"和而不同"为题,但实际上也能演变为"和实生物"在社交人际中的现实意义。

孔子之孙子思,糅合孔子的中庸思想,在《礼记·中庸》中作了更高理论阐述:"喜怒哀乐之未发谓之中、发而皆中节谓之和。中也者,天下之大本也;和也者,天下之达道也。致中和,天地位焉,万物育焉。"这又是将"和实生物"思想进一步做了升华、界定,明确指出和即"发而中节",是将"发生"与"和"完全有条件性地对应了起来,并表明"致中和"是"万物育"的基本条件和根本原因。

今之学者如钱耕森先生则直接提出了"和生学":以史伯"和实生物"说为"和生学"的开创标志,以老子"道生万物"说为"和生学"的建成标志,以二者共同强调的"和气生万物"为"和生学"的思想根基。近年来,钱氏有相关专著问世,《衡水学院学报》则辟有"大道和生学研究"专栏,这可以说是"大道和生学"的一个理论阵地,所以相关内容之论述已然颇丰。

实际上,不论怎样去辩证地看待"和实生物","生物"的过程都必然要经历位、交、中、和四个步骤,明白这个道理,便可以理解现存"敦煌医学文化"到底是怎样一个"主题"的存在:不同地域、民族、风俗、文化与不同的自然疗法、医学实践在"时空位"上发生了碰撞、交汇、融合、选择、补给,最终达到"中和"的状态,从而产生的一种全新的、独立的、综合的、多元的文化体系。

所以，可以说"敦煌医学文化"是"和实生物"学说最典型的例证，自然"和实生物"也是解读、挖掘"敦煌医学文化"及其现代价值并推进其进一步完善、优化、发展的思维导向和有利学说。

### （二）三才之和实生物

在人之生理、病理发生的过程中，是"三才"气机之整体动态综合影响了人的机体。前文已经详尽讨论了天地人三才之"和而不同"，并用大量篇幅探讨了不一样的"三才格局"，包括三焦位、三部脉、三才脏等，下面就简单以"三才藏"为重点，尝试紧紧围绕此例证、理清三才之"和实生物"的命题。

首先，"天地生物"的大道与人生"三才之和"息息相关。《素问·天元纪大论》篇谓："帝曰：上下周纪，其有数乎。鬼臾区曰：天以六为节，地以五为制。"这正构成了天地之"六节五制"之论，而"所谓五者，生、长、化、收、藏，而成木、火、土、金、水是也；所谓六者，少阳、阳明、太阳、厥阴、少阴、太阴，以奉寒、暑、燥、湿、风、火是也"（清代罗美《内经博议·六节五制生五论》）。其中生、长、化、收、藏构成了人体阴阳气机发生、发展、变化的基本过程，木、火、土、金、水又为五行、五运的组成要素；其中少阳、阳明、太阳、厥阴、少阴、太阴为机体三阴三阳六经开阖枢的具体内容，寒、暑、燥、湿、风、火则为六气、六淫的组成要素，而这些都是在机体阐释其生理、诊治其病理的关键内容。然而诸如此类都离不开"天地六节五制"，都离不开天地气交，都离不开"三才"。

又如《春秋左传·昭公·昭公元年》中谓："天有六气，降生五味，发为五色，徵为五声，淫生六疾，六气曰阴、阳、风、雨、晦、明也，分为四时，序为五节，过则为灾，阴淫寒疾，阳淫热疾，风淫末疾，雨淫腹疾，晦淫惑疾，明淫心疾，女，阳物而晦时，淫则生内热惑蛊之疾。"天地应征，气机交变，地之五味、五声皆感天气而生，天地之气在四季更替变化，其气"过则为灾"，"不及亦为灾"（生克制化，有太过就有不及），最终淫害于人身则发为六大类典型的疾病。

一言以蔽之，天地与人身不和则病而殃！但是不论怎样都不能过分放大"三才"之天地因素，而忽视"三才"之机体因素，当时刻谨记岐黄医学"邪之所凑，其气必虚"之垂训！从"三才"整体中找原因，找"三才和"影响生理、病理的综合机制，同样也是"和"的重要内容。

其次，人生依赖于"三才之和"。《道德经》中提到"谷神不死，是谓玄牝，玄牝之门,是谓天地根。绵绵若存,用之不勤。"而《老子河上公章句·道经·成象》中注解道:"谷,养也。人能养神则不死也。神,谓五脏之神也。肝藏魂,肺藏魄,心藏神,肾藏精,脾藏志,五藏尽伤,则五神去矣。言不死之有,在于玄牝。玄,天也,于人为鼻。牝,地也,于人为口。天食人以五气,从鼻入藏于心。五气轻微,为精、神、聪、明、音声五性。其鬼曰魂,魂者雄也,主出入于人鼻,与天通,故鼻为玄也。地食人以五味,从口入藏于胃。五味浊辱,为形、骸、骨、肉、血、脉六情。其鬼曰魄,魄者雌也,主出入于人口,与地通,故口为牝也。"

结合人之机体观察,不难发现,育养人之后天神机的气机交换都是以口鼻为"玄牝之门":口通于地气(又入通于人身之脾胃),其主要功能为食饮水谷五味以摄取赖以生存的营养物质,即"地藏"为"脾本";鼻通于天气(又入通于人身之肺),主要功能为吐纳天之清气、氧(阳)气并完成气体交换,即"天藏"为"肺本"。若这两个门户不利、功能失司,则会导致疾病,所以又有"病从口鼻而入"一说。另外,人们普遍认为,人之"人藏"为"肾本",藏先天之精,而又能不断接受脾肺及其他脏腑之精的充养补济。天藏肺本、地藏脾本、人藏肾本共同构成了人体的"三才藏象",从气(阳)、精(阴)的层面不断发生"相成""相济""调和而成"的动态变化(图4-4)。

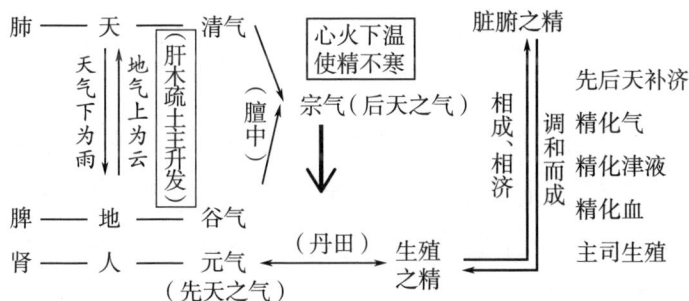

图4-4　人身"三才藏"之"和实生物"

人体之精是由禀受于父母的生命物质与后天水谷精微相融合而形成的一种精华物质,是气的高度聚集状态;前者谓之先天之精,后者谓之后天之精。先后天之精的来源即如《灵枢·决气》所谓:"两神相抟,合而成形,常先身生,是谓精。"所谓,两神者,即是阴阳,在先天便是男女,在后天便是天地(肺和脾)。后天之精的生成又有赖于先后天之气的给养才得以聚集补充,在天肺主

生清气,在地脾主生谷气(脾之升,赖于肝木之升),二气聚于膻中合而为一汇成宗气,这便是后天之气;而藏于肾中的元气便是先天之气。脾气散津,使充足的谷气得以上达于肺;地气上升,则天气下降,肺之清气便会下济,与之相合汇成宗气。宗气挟心火一道下济丹田聚而为精,最终完成先后天之气聚为先后天之精的生理过程,在生理上"致中和"。而这个状态下的"精"才能如期地完成化气、化津液、化血以育养后天而主生殖的功能,从而实现"和实生物"。

可以看出,三才和合的核心内容,是天地阴阳二气在人身机体内不断发生的"交变中和"、生克制化的动态过程。这与最开始就罗列的"位交中和"的核心主题内涵相契合——"位是前提条件,交是关键环节,中是重点要求,和是终极结果",而三才和合的直接意义就体现为"和实生物",体现在精气血津液等基础物质不断化生而育养人之后天使其不夭,可以说,生命不息,变化不止,气交以平,中和生新!

### (三)敦煌人伦之"和实生物"

三才平衡,即为平人,机体三才和合,才有后天生克制化的动态生理,这是从脏腑气机的层面讨论"和"的问题,而"和为贵"则是从人际交流、礼教道德的层面谈"人之和"。《论语·学而》谓:"礼之用,和为贵",本是想强调"礼"的现实价值体现在可以引导、约束世人以和为贵,若人人以礼相待,则处处和顺融洽。不过,这里要说的"和",虽然亦为"贵",但不单单是以"和"来礼待他人、他事。

最简单、朴实而又微妙难明的"人之和",即"生殖之和":男女气血阴阳因房交而和,贵在和,而非交! 对于中医而言,这并不该是有多避讳的人事,反倒同样值得研究。关于这个话题,也并非异想天开,"子嗣门""房中术"等都是古代医籍中可以随时读来的文章段落。自东汉马王堆汉墓出土(1973年·长沙)的医学帛书竹简(其中有《天下至道谈》曰:"七损,一曰闭,二曰泄,三曰竭,四曰勿,五曰烦,六曰绝,七曰费;八益,一曰治气,二曰致沫,三曰知时,四曰畜气,五曰和沫,六曰积气,七曰待盈,八曰定倾。")中更是将中医经典《黄帝内经》中"七损八益"的命题直接明确到了房事养生,这些内容的现代价值就是将传统以享乐、生育为主要功能的性提升到健康的层面。

从春雨教授《敦煌中医药精萃发微》一书中有《论马王堆简书、敦煌遗书

中"房事养生"的历史价值及其临床意义》一文，详细著述了"藏精勿泄论""七损八益论""神合意感论"，现将其中"七损八益"的内容悉数摘录于下，以备研习领悟。

七损："一曰闭，是指在交接时阴部疼痛，或精道闭塞，乃至无精施泄，故谓之'内闭'；二曰泄，是指入房汗出淋漓不止，精气走泄，谓之'外泄'；三曰竭，是指房事不节，交接无度，谓之'竭'；四曰勿，是指交接时阳痿不举，或举而不坚，勉强交合，谓之'勿'；五曰烦，是指交合时神烦意乱，气喘息疾，谓之'烦'；六曰绝，是指女方不欲，强行交合，对女方的身心健康有害，谓之'绝'；七曰费，是指交接时过于急速施泄，虚耗其精，谓之'费'。"

八益："一曰治气，是指交合之前，双方先操习房中气功导引术，使其周身气血流畅，达到精气充沛，故称之为'治气'；二曰致沫，是指收缩肛门，吞咽津液，使阴精之气通达下部，故称之为'致沫'；三曰知时，是指男女'神合意感'之后，选准最佳时机进行交合，故称之为'知（智）时'；四曰畜气，是指交接时将背部放松，作收缩肛门的动作，引导内气下行，从而蓄积阴精之气，故称之为'畜气'；五曰和沫，是指交接时'勿亟勿数，出入和治'，'但当从容安徐，以和为贵'，动作徐缓，吞引津液，故称之为'和沫'；六曰积气，是指适度交合，勿太过或不及，以积蓄精气，故称之为'积气'；七曰待盈，是指临结束前，静待不动，并配合吐纳运气，使其精持盈而不泄，安静地休息以待精力的恢复，故称之为'待盈'；八曰定倾，是指房事结束时男女双方都要使精神与体力迅速恢复常态，以防出现损阳或伤阴之象，故称之为'定倾'。"

显然，丛老这段注解里着重描述了两个"人之和"（交之和）："神合意感"是首要的一个"和"，"从容安徐"则是另一个重要的"和"；一个从心理暗示、情感默契层面表露，一个在吐纳运气、动作适度方面体现。只有做到这两个"和"，才能从房事修为中得益健康，才能有一定的"可持续性"，亦即"和实生物论发展"的又一体现。也足可见，丛老所说的"和为贵"特指的即是"房事之和""夫妻之和"。而"房事之和"不论从其"秘术"，还是从其"方药"，在敦煌医学文化中都有其残影余韵，且大都值得进一步开发、挖掘，以转换、呈现其现代实用价值。其实大可以将"神合意感"与"从容安徐"的精神内涵推广到所有的有感情的人事交际："神合意感"是人与人情感进一步发展升华所必需的默契，类似于

流行语说两个人"来电"并可以"合得来",类似于两情相悦的那种"心有灵犀";"从容安徐"是人与人彼此间的珍惜,可以是柔情似水般的缠绵,可以是长时间的不离不弃,也可以是热情起来恰到好处,感情的温度恰到好处,不冰不灼,而这种关系发展得又很有节奏,也很节制,很适合"以礼相待"。

至于将此与敦煌医学联系起来也并非原创,早在1993年8月,亚洲性学联会主席、香港大学吴敏伦教授,台湾冯榕教授,台湾文荣光教授,亚洲性学联会副主席上海刘达临教授和甘肃省性学会会长史成礼教授一行人就发起、组织了多达26人次的性学专家组沿古丝绸之路进行了性文化考察,其中就涉及"敦煌性文化",考察的成果最后在"中国古代丝绸之路性文化座谈会"上进行了交流。

此外,对敦煌医学房中术方药的挖掘也是敦煌医学文化的重要内容。陈明教授指出:"敦煌出土文献中保留了一批有关性学的文书,大体上可以分为两类,第一类为医学范畴的房中术,第二类为术数之学的媚道。房中术文献中最著名的为 P.2539《天地阴阳交欢大乐赋》(唐代白行简撰),已有不少学者从不同的角度进行了研究。与媚道有关的文书主要有 P.2610《攘女子妇人述秘法》以及 P.2661、P.2666、P.3749 等文书中的零散记载。对媚道文献的定名、性质等方面,高国藩、刘瑞明、刘乐贤、夏德安(Donald Harper)等人已先后作了探讨。在俄藏文献中还有一件文书 Дx00924《单药方残卷》(乙本),其中有与《攘女子妇人述秘法》相似的内容,值得进一步地研究。"并指出,"敦煌的房中方药内容主要见于 P.3960、S.4433、S.6030 等,其中以 S.4433 的内容相对丰富。"其所列还有 P.2882、P.3596 的残卷内容。

其实,基本上可从敦煌遗书 S.4433 中的内容看出当时人们对"两性和谐"的开明态度、享乐追求以及健康愿望,S.44335 卷子(现存英国博物馆,中国科学院图书馆复制有缩微胶片)首尾残缺,残留部分尚存医方 27 首,学者孙守华将其综合命名为《求子方书》,收录了以房中方药为主的内容,如治男令大方、疗长方、女人快乐男子强好方、治人玉门宽方、治阴冷大方、治阴冷使热方、治阴令急热方等。

治男令大方:肉苁蓉、牡蛎、石斛各两。和香脂涂阴茎即大,验。

治男令大又方:柏子仁五分、马阴茎四分、术七分、桂心二分、附子二分,

上散，酒服方寸匕，日再服，二十日倍。

疗长方：山茱萸二两、食茱萸二两、天雄二两，上捣筛，蜜和为丸如梧子，一服二丸，日三服，日觉倍。

女人快乐男子强好方：五味子、远志、蛇床子，三物等分，末，着阴头，内子道中，令深，良久乃摇头。

女人快乐男子强好又方：五味子、桂心、白敛三分，筛末，唾和丸如米，着阴深处，须臾出，大热快。

女人快乐方：川芎、吴茱萸、蛇床子、桂心□，内玉门中，须臾摇动，极佳。

治人玉门宽方：取石硫黄末两指撮，内酒中，以洗玉门，便小。

治妇人阴宽大方：兔屎二分，干漆一分，鼠头骨二枚，雌鸡肝三枚，阴干百日。四味捣筛。和丸如小豆。初月七日，合时著一丸阴头，令徐徐内之。三日知，十日小，五十日如十五岁童女。治妇人阴宽大，令小。

治阴冷大方：白薇、桂心、甘草、苦参、附子等分，以水一斗煮，取洗阴中香，热急有子。

治阴冷热方：内食茱萸牛胆中，令满，阴干百日。每取二七枚，绵裹齿嚼令碎，内阴中，热。

治阴冷急热方：吴茱萸、五味子、石硫黄等分，上捣筛，蜜和为丸如梧子。内玉门立差。

夫妻虽以"房事之和"为秘要，但这也必然是为了进一步促成爱情而做出的身体、生理上的牺牲。

"家和"的相关，自不必多言，生活琐碎，千家百态，考验着物质与感情，维系着亲情与爱情……现仅在这里尝试编凑出一句话来破题：缘分编织出难分难舍的脉络，交结着将一眸倾情之水硬是用爱之心阳的温度炼化成赤红的血，再一脉相承，沉淀出爱的结晶，用饮食五谷哺养稚嫩后天，以身试教着上奉下济，交泰天地、忍让成全，让爱的束缚不太过与不及，让父母和，让夫妻和，让子女和，让公婆与媳和，即便冰火也熔炼一炉，只为求一份动态的"家和万事兴"。

抛开房事（性）之和与爱情之和，夫妻间还有一种不得不提及的"和"，即"礼教之和"（伦理之和），敦煌遗书中并不乏这些内容。敦煌文化学者买小英将敦煌文书所见的中古时期的夫妻伦理关系总结为"生死相依，患难与共"，并按"缔结良缘之时"（如 P.3350《咒愿新郎文》、P.2976《咒愿新女婿》、P.3350《咒愿新妇文》、S.5546《咒愿壹本》、P.3893《咒愿女妇文》等）、"病痛患难之际"（如 S.5561《丈夫患文》《俗丈夫患文》《难月文》等）和"逝者亡故之后"（如 P.2622《新集吉凶书仪》、P.2237V《亡妇》、S.2791《大般涅槃经氾仲妃题记愿文》等）等三个不同阶段对敦煌地区夫妻关系做了分别探析，并将之与佛教"自觉觉他"的伦理精髓予以联系，使这种"夫妻礼教"之和披上了宗教面纱，则更显得贴近敦煌文化的历史实际。

以 P.2976《咒愿新女婿》为例：夫妻之道，天地齐生。承家继嗣，守节怀贞。

（按：中古家庭伦理思想下的夫妻各司其职，丈夫以承继香火为任，妻子以保守贞节为责，在现代只需将此理解为夫妻互相尊重、支持更好。）

伏愿某郎：夫妻和睦，兰桂同荣；子孙昌盛，进士明经；衣朱拖紫，三公九卿；保宜上下，敬重亲情；仓储山积，金帛丰盈；奴仆罗列，申车马纵横；吉庆千年万岁，覆荫六亲宗盟；荣盛与王凤并贵，富饶等石崇齐名。所求皆得，所愿必成。今日结亲已后，恒愿鸾凤凤同鸣。

愿某郎：忠孝两全，文武双美；花萼芬芳，金章益贵；一门宠南国之荣，二亲庆北堂之喜；家积珍珠，庭饶侍仪；敦煌播礼乐之风，墨沼揖清真之志；室娉吴姬，同荣桃李；琴瑟和谐，子孙盛矣；福禄穰穰，功名不坠；藉甚洋洋，保其终始。

庭前池水，金木为栏。借问姑妇，体内平安？

庭前池水，龙鱼共居。借问刺史，体内何如？

足可见"家庭荣盛"的前提就是"夫妻和睦"，而这些都意在说明夫妻之间只有"互信互谅、相敬如宾"，才能交变、诞生、发展、维持稳定和睦的家庭关系。"二仪相好，运合阴阳"（S.5546），也只有夫妻和睦才能为平凡的家庭增添新的生命、新的气息、新的生机，其哲学内涵亦不离"和实生物"的命题。

# 主要参考文献

[1] 张介宾.类经(上、下册)[M].北京:中医古籍出版社,2016.

[2] 张介宾.类经图翼[M].周劲草,校注.太原:山西科学技术出版社,2023.

[3] 黄帝内经·素问[M].北京:中国医药科技出版社,2018.

[4] 黄帝内经·灵枢[M].北京:中国医药科技出版社,2018.

[5] 杨继洲.针灸大成[M].北京:人民卫生出版社,2018.

[6] (日)稻叶克,和久田寅.腹证奇览[M].梁华龙,陈玉琢,陈宝明,编译.北京:中国中医药出版社,2017.

[7] 张仲景.伤寒论[M].钱超尘,整理.北京:人民卫生出版社,2005.

[8] 张仲景.金匮要略[M].何任,整理.北京:人民卫生出版社,2009.

[9] 叶天士.临证指南医案[M].北京:人民卫生出版社,2006.

[10] 左季云.伤寒论类方汇参[M].北京:中国医药科技出版社,2017.

[11] 马继兴.敦煌古医籍考释[M].南昌:江西科学技术出版社,1988.

[12] 丛春雨.敦煌中医药全书[M].北京:中医古籍出版社,2000.

[13] 丛春雨.敦煌中医药精萃发微[M].北京:中医古籍出版社,2000.

[14] 刘喜平.敦煌古医方研究[M].北京:科学普及出版社,2006.

[15] 刘喜平.敦煌医方理论与实践[M].北京:中医古籍出版社,2012.

[16] 张弘强,杜文杰.敦煌石窟气功·一分钟脐密功[M].兰州:甘肃科学技术出版社,1990.

[17] 张弘强,张帆.敦煌脐密梦谈[M].兰州:甘肃科学技术出版社,1994.

[18] 田永衍.敦煌医学文献与传世汉唐医学文献的比较研究 [M].兰州:甘肃文化出版社,2018.

[19] 李应存,李金田,史正刚.俄罗斯藏敦煌医药文献释要 [M].兰州:甘肃科学技术出版社,2008.

[20] 潘文,袁仁智.敦煌医学文献研究集成 [M].北京:中医古籍出版社,2016.

[21] 袁仁智,潘文.敦煌医药文献真迹释录 [M].北京:中医古籍出版社,2015.

[22] 王亚丽.敦煌写本医籍与日本汉籍比较研究 [M].上海:上海古籍出版社,2022.

[23] 衣之镖,赵怀舟,衣玉品.《辅行诀五脏用药法要》校注讲疏 [M].北京:学苑出版社,2009.

[24] 彭子益.圆运动的古中医学 [M].李可主,校.北京:中国中医药出版社,2007.

[25] 郭强中.白话讲伤寒:一本你可以读得懂的伤寒入门书 [M].北京:人民军医出版社,2007.

[26] 李梴.医学入门 [M].北京:人民卫生出版社,2018.

[27] 杨维杰.董氏奇穴针灸学 [M].北京:中医古籍出版社,1995.

[28] 廖育群.阿输吠陀:印度的传统医学 [M].沈阳:辽宁教育出版社,2002.

[29] 希波克拉底.医学原本 [M] 李梁,译.南京:江苏人民出版社,2011.

[30] 陈明.印度梵文医典《医理精华》研究 [M].北京:中华书局,2002.

[31] 陶弘景.本草经集注 [M].尚志钧,尚元胜,辑校.北京:人民卫生出版社,1994.

[32] 葛洪.抱朴子内篇 [M].张松辉,译注.北京:中华书局,2020.

[33] 葛洪.抱朴子外篇(上、下册)[M].张松辉,译注.北京:中华书局,2013.

[34] 娄绍昆.中医人生:一个老中医的经方奇缘 [M].北京:中国中医药出版社,2012.

[35] 太平惠民和剂局.太平惠民和剂局方 [M].宋白杨,校注.北京:中国医药科技出版社,2020.

[36] 汪昂 . 医方集解 [M]. 苏礼, 等整理 . 北京: 人民卫生出版社, 2006.

[37] 张璐 . 伤寒绪论 [M]. 许敬生, 等校注 . 北京: 中国中医药出版社, 2015.

[38] 王子接 . 绛雪园古方选注 [M]. 谷建军, 校注 . 北京: 中国医药科技出版社, 2019.

[39] 钟赣生 . 中药学 [M].3 版 . 北京: 中国中医药出版社, 2012.

[40] 皇甫谧 . 针灸甲乙经 [M]. 周琦, 校注 . 北京: 中国医药科技出版社, 2019.

[41] 吴瑭 . 温病条辨 [M]. 南京中医药大学温病学教研室, 整理 . 北京: 人民卫生出版社, 2005.

[42] 罗美 . 内经博议 [M]. 杨杏林, 校注 . 北京: 中国中医药出版社, 2015.

[43] 魏伯阳 . 周易参同契 [M]. 北京: 中华书局, 2020.

[44] 刘大钧 . 易传全译 [M]. 成都: 巴蜀书社, 2020.

[45] 江慎修 . 河洛精蕴 [M]. 北京: 学苑出版社, 2007.

[46] 论语·大学·中庸 [M]. 陈晓芬, 校注 . 北京: 中华书局, 2015.

[47] 蔡礼旭 .《朱子治家格言》讲记 [M]. 北京: 世界知识出版社, 2015.

[48] 幼学琼林 [M]. 张慧楠, 译注 . 北京: 中华书局, 2013.

[49] 斯坦因 . 西域考古记 [M]. 向达, 译 . 北京: 商务印书馆, 2016.

[50] 山海经 [M]. 方韬, 译注 . 北京: 中华书局, 2011.

[51] 水经注 [M]. 陈桥驿, 校注 . 北京: 中华书局, 2016.

[52] 淮南子 [M]. 陈光忠, 译注 . 北京: 中华书局, 2022.

[53] 鲁迅 . 中国小说史略 [M]. 北京: 商务印书馆, 2011.

[54] 班固 . 汉书·后汉书 [M]. 范晔, 整理 . 沈阳: 辽海出版社, 2014.

[55] 孙占鳌 . 敦煌文化与敦煌学 [M]. 兰州: 兰州大学出版社, 2013.

[56] 窦侠父 . 敦煌史迹 [M]. 兰州: 甘肃人民美术出版社, 2012.

[57] (英)奥雷尔·斯坦因 . 西域考古图记 [M]. 中国社会科学院考古所, 译 . 桂林: 广西师范大学出版社, 2019.

[58] 姜伯勤 . 敦煌社会文书导论 [M]. 台北: 新文丰出版公司, 1992.

[59] 李良松 . 佛医知识问答 [M]. 北京: 学苑出版社, 2014.

[60] 陈明著 . 敦煌的医疗与社会 [M]. 北京: 中国大百科全书出版社, 2018.

[61] 卢央 .《京氏易传》解读 [M]. 北京: 九州出版社, 2004.

[62] 墨子［M］.方勇，译注.北京：中华书局，2011.

[63] 孙子兵法［M］.陈曦，译注.北京：中华书局，2022.

[64] 王树英.印度文化简史［M］.北京：人民出版社，2011.

[65] 黄正建.敦煌占卜文书与唐五代占卜研究［M］.北京：学苑出版社，2001.

[66] 刘进宝.敦煌学述论［M］.兰州：甘肃教育出版社，1991.

[67] 陈垣.敦煌劫余录［M］.广州：中研院－历史语言研究所，1931.

[68] 姚卫群.佛教思想与印度文化［M］北京：北京大学出版社，2018.

[69] 苏宝荣.说文解字今注［M］.西安：陕西人民出版社，2003.

[70] 汤可敬.说文解字今释［M］.长沙：岳麓书社，1997.

[71] 国语［M］.陈桐生，译注.北京：中华书局，2013.

[72] 晏子春秋［M］.汤化，译注.北京：中华书局，2015.

[73] 范崇峰.从《黄帝内经素问》看阴阳五行实质［J］.中医学报，2018，33（12）：2362-2365.

[74] 郑国庆，吴正国.柴胡临床应用心得［J］.时珍国医国药，1999（5）：44-45.

[75] 李健，杨学.再议"柴胡劫肝阴"［J］.中医药导报，2011，17（12）：1-4.

[76] 刘惠琴，陈海涛.商业移民与部落迁徙：敦煌、吐鲁番著籍粟特人的主要来源［J］.敦煌学辑刊，2005（02）：117-125.

[77] 李正宇.唐宋时代的敦煌学校［J］.敦煌研究，1986（1）：39-47.

[78] 李亚婧，梁玲君，李良松.《医说》中佛医医案的治疗特色探析［J］.医学与哲学，2021，42（8）：77-80.

[79] 郑炳林，高伟.从敦煌文书看唐五代敦煌地区的医事状况［J］.西北民族学院学报（哲学社会科学版.汉文），1997（1）：70-75.

[80] 赵健雄.敦煌遗书医学卷的学术价值［J］.甘肃医药，1992，11（5）：257-259.

[81] 李金田，朱向东，李应存，等.敦煌医学宝藏奇葩：敦煌医学的学术和研究价值探析［J］.中国现代中药，2013，15（2）：166-168.

[82] 史光伟，王凯莉，郭宏明，等.敦煌卷子《张仲景五脏论》研究概况与探析［J］.中医研究，2018，31（3）：63-68.

[83] 汪雪义,梁永林,贾晓彤.论敦煌壁画中的女医童与中国护士的萌芽[J].护理研究,2014,28(13):1660–1661.

[84] 梁永林.在敦煌壁画中寻迹古代护士的萌芽[N].健康报,2017–05–12(008).

[85] 王凝,梁永林,赵志伟,等.论传统哲学"天人合一"观对敦煌中医药文献的影响[J].中国医学人文,2019,5(12):15–19.

[86] 郭宏明,史光伟,李萍,等.开阖枢理论新探及其在小柴胡汤中的运用[J].中医研究,2018,31(10):8–10.

[87] 刘小斌,邱仕君,郑洪,等.邓铁涛"五脏相关"理论研究[J].中国中医基础医学杂志,2008(1):20–22.

[88] 王旭,吴爱华,刘雁.脏腑别通理论的源流和机理及其应用[J].广州中医药大学学报,2007(5):427–429.

[89] 程炜.孙子"交胜"战略思想及其当代价值[J].理论导刊,2013(5):110–112.

[90] 韩琦,王凯莉,史光伟,等.中国敦煌医学与印度医学的医学背景探析[J].甘肃中医药大学学报,2016,33(4):114–116.

[91] 张安平,赵玲.中医任督经穴与印度阿育吠陀医学三脉七轮初步比较研究[J].亚太传统医药,2014,10(1):4–6.

[92] 郭宏明,史光伟,梁永林.《内经》河图数理探析[J].甘肃中医学院学报,2015,32(1):20–23.

[93] 史正刚,李金田,刘喜平,等.敦煌医学及其文化内涵探析[J].甘肃中医学院学报,2014,31(5):64–68.

[94] 张轩辞.本原与气化:古希腊医学四元素说与中医五行思想[J].同济大学学报,2013,24(1):88–94.

[95] 毛世昌.恒河:象征印度文化的圣河[J].科学·经济·社会,2010,28(121):177–183.

[96] 谢玉红.河南方言"中"字语法化的语用文化动因[J].中共郑州市委党校学报,2018(4):104–108.

[97] 朱建平."中医"一词前世今生考[N].中国中医药报,2017–06–23(003).

[98] 朱建平."中医"名实源流考略 [J].中华中医药杂志,2017,32(07): 3043-3047.

[99] 李如辉,王静波,张卓文,等."中医"名实考 [J].中国中医基础医学杂志,2015,21(3):233-234,243.

[100] 梅松政.读中医易,读懂中医难 [N].中国中医药报,2012-5-10(003).

[101] 孔令俭.中医执中致和源自《中庸》[N].中国中医药报,2014-06-23(004).

[102] 袁冰,石东平.略论儒家中庸思想对中医方剂学的影响 [J].中华医史杂志,2002(01):33-36.

[103] 李应存,张士卿,王道坤,等.实用敦煌医学汇讲教学心得 [J].中医教育,2006(3):33-35.

[104] 田永衍,秦文平,梁永林.近三十年敦煌医学文献研究概况 [J].中国中医基础医学杂志,2014,20(10):1445-1447.

[105] 刘长林.易象阴阳与复杂性 [J].周易研究,2015(5):5-12.

[106] 马德.敦煌的世族与莫高窟 [J].敦煌学辑刊,1995(2):41-47.

[107] 刘佳.敦煌世家大族崇佛及其社会教化:以索氏家族为例 [J].甘肃广播电视大学学报,2009,19(3):8-11.

[108] 王子昱."中国"一词的周朝最早出处及涵义用法研究 [J].美与时代(中),2019(2):131-132.

[109] 孙海波.卜辞文字小记 [J].考古,1935(2):53-74.

[110] 孙海波.卜辞文字小记 [J].考古,1936(1):11-21.

[111] 孙海波.卜辞文字小记续 [J].考古,1936(2):45-57.

[112] 姚荣龄.寻根记 [J].山西文史资料,1999(Z1):286-291.

[113] 童辉.浅析传统民居的中轴精神:雷畅故居中轴空间分析 [J].四川建筑,2004(4):59-60.

[114] 徐应锦,王冬.从对称到礼制:浅析巍宝山道教建筑的"中轴"精神 [J].华中建筑,2019,37(4):103-106.

[115] 吴志远."肥人多痰湿"探讨 [J].浙江中西医结合杂志,2004(10):28.

[116] 曲淑艳,侯丽辉,吴效科.《傅青主女科》肥人不孕的探析 [J].中国中医基础医学杂志,2008(11):822-823.

[117] 吴宾雁, 陈丽笙, 林岚.《傅青主女科》瘦人不孕的探析 [J]. 云南中医中药杂志, 2018, 39(8): 100-101.

[118] 徐宁.《内经》中"正气"的含义 [J]. 陕西中医, 2009, 30(9): 1186-1188.

[119] 刘红霞, 李荣. 浅谈"少阳为枢"及小柴胡汤临证应用 [J]. 新中医, 2006 (6): 64-65.

[120] 倪南, 冯涛."中"论: 一个字所体现的中国哲学思想精髓 [J]. 西安交通大学学报(社会科学版), 2000(4): 84-88.

[121] 蔡杰."喜怒哀乐"与"春夏秋冬"合类说: 以董仲舒《春秋繁露》为中心 [J]. 衡水学院学报, 2018, 20(6): 23-29.

[122] 李振国.《论语》中庸思想研究 [D]. 河北大学, 2019.

[123] 张盈. 中庸思想的内涵解读与价值践行 [J]. 邢台职业技术学院学报, 2019, 36(6): 91-95.

[124] 赵子贤. 孔子中庸思想之解析 [J]. 长治学院学报, 2016, 33(01): 45-48.

[125] 屈直敏. 从敦煌写本类书《励忠节钞》看唐代的知识、道德与政治秩序 [J]. 兰州大学学报, 2006(2): 22-32.

[126] 屈直敏. 从《励忠节钞》看归义军政权道德秩序的重建 [C]. 敦煌归义军史专题研究四编: 兰州大学敦煌学研究所, 2009, 319-343.

[127] 郭盛永."和"字十说 [J]. 今日浙江, 2009(02): 57.

[128] 杨程程."和"字用法的历史演变 [J]. 文学教育(中), 2011(3): 116-117.

[129] 王小平."和合"是《内经》理论体系的核心思想 [J]. 山东中医药大学学报, 2000(6): 407-409.

[130] 毛慧芳, 安冬, 李璐, 等. 基于乐谈天人一理 [J]. 中医药信息, 2019, 36 (4): 32-34.

[131] 梁永林, 刘稼, 李金田, 等. 敦煌遗书《辅行诀五脏用药法要》中的五脏互藏五味 [J]. 时珍国医国药, 2012, 23(02): 432-433.

[132] 卞镝.《伤寒论》"家"病理体质与当代体质学说之比较 [J]. 中国中医基础医学杂志, 2019, 25(6): 721-723.

[133] 赵进喜. 三阴三阳辨证与糖尿病 [J]. 中国中医药现代远程教育, 2004, 2 (12): 31-33.

[134] 刘西强 . 浅谈黄煌体质学说 [J]. 辽宁中医杂志, 2008( 8 ): 1166–1167.

[135] 杨柱才 . 钱耕森先生 "和生学" 的意义 [J]. 衡水学院学报, 2014, 16( 2 ): 58–59.

[136] 史成礼 . 敦煌性文化初探 [J]. 性学, 1995( 1 ): 23–24.

[137] 孙守华 . 敦煌遗书性爱和谐医方探析 [J]. 西部中医药, 2012, 25( 3 ): 44–48.

[138] 买小英 . 生死相依 患难与共: 敦煌文书所见中古夫妻伦理关系 [J]. 石河子大学学报( 哲学社会科学版), 2015, 29( 4 ): 22–28.

[139] 辛鸣 . 为世界谋大同的中国方案 [N]. 经济日报, 2020–10–09( 001 ).